家庭数字的力量

家庭数字的力量

发现数字的能力
让你的家庭更加和谐兴旺

杰西·凯尔西

JESSEKALSI LLC

版权© 2023 (第四版) 杰西 凯尔西. www.jessekalsi.com | 510-353-3563

版权所有，违者必究。本作品由Jessekalsi LLC出版。未经出版商书面许可，不得以任何方式对本书的任何部分进行使用或复制包括以图像、电子或机械方式进行复印、记录、录音或用于任何信息存储检索系统等，但评论文章和评论中包含的简短引文除外。

感谢辛西娅·凯斯希尔顿，本书编辑、研究员和作者助理，QuiltTechEd@comcast.net。

还要感谢编辑莎拉·罗森，SaraRosen888@yahoo.com。

杰西·凯尔西的照片由 © 2023 达纳·鲁宾摄影。封面设计 KillerCovers.com。

杰西·凯尔西已将商标/服务标志短语"数字修补"注册用于商业目的。禁止所有其他人在商业上使用该短语来推销业务或进行财务咨询服务。

尽一切努力保护个人客户的隐私；公众人物是以他们的公众名字被大众所熟知的。

由于互联网的动态特性，本书中包含的任何网址或链接自出版以来都可能发生了变化，可能不再有效。本作品所表达的观点仅代表作者个人，并不一定代表出版商的观点

出版商特此声明不对其承担任何责任。

本书作者在没有医生直接或间接建议的情况下，不会提供医疗建议或规定使用任何技术作为治疗身体、情感或医疗问题的一种形式。作者的意图旨在提供一般性的信息，以帮助你寻求情感和精神上的幸福。如果你选择为自己使用本书中的任何信息，这是你的合法权利，作者和出版商对你的行为不承担任何责任。

于美利坚众合国印刷。

国际标准书号ISBN: 979-8-9905812-6-5 (sc)
国际标准书号ISBN: 979-8-9905812-7-2 (e)
美国国会图书馆控制号: 2023908299

献词

敬致贾斯万特·考尔·凯尔西和哈金德·辛格·凯尔西,
祝我的父母永远安康,
还有凯伦、阿姆利塔和艾珊。

目录

前言 ix

介绍 xiii

第一章：数字的魔力 1

第二章：我特殊的数字修补体系 19

第三章：太阳：数字 31

第四章：月亮：数字 53

第五章：木星：数字 77

第六章：天王星：数字 101

第七章：水星：数字 121

第八章：金星：数字 137

第九章：海王星：数字 157

第十章：土星：数字 173

第十一章：火星：数字 195

第十二章：协调的数字 215

第十三章：著名的地址，政客和名人 223

第十四章：金刚菩提和水晶 243

前言

　　书中的内容都是真实的。这些都是我在过去三十年内遇见过的无数人中真实发生的故事。我从他们的家庭号码、工作号码、工作地址、银行账户号码、社保号码和许多其他类型的数字中单独或以组合的形式读到了他们的能量。我用直觉和知识，以及在上帝的恩泽下，幸运地帮助了成千上万的人们。而在我通过电台、电视以及社交媒体和更多的人相识的过程中，这些能量也在随之增长逐渐壮大。

　　我深刻地认识到，使用自己的个人数字会让我受益匪浅，当我忽视数字告诉我的信息时，我会给自己带来不必要的阻碍。我曾经是一个身无分文的移民，来到这个国家只有两个信念：对上帝的完全信仰，以及对数字的了解，而他们从未让我失望过。

　　我通过阅读大量书籍和与人及其数字打交道的经历自学了玄学和数字命理学，然而我并没有在每一步都得到了支持。我来自一个虔诚的锡克教徒家庭，我父亲曾在印度空军服役，每天早上都会去锡克教寺庙，我妈妈每天醒来都会听圣歌。我记得我在父母家长大，在那里我总是讨论生活中的玄学。而我的想象力总是让我的家人取笑我，因为他们认为我的话很好笑。我记得坐在餐桌旁的时候，父亲和兄弟会特意说："所以今天还有什么关于数字的新鲜事吗？"

　　我作为廓尔喀步枪队的队长在印度军队服役了近九年。我被派往印度的"北部边境"，靠近查谟-克什米尔边境（2005年10月的一场大地震残忍地摧毁了这个地方）。晚上，我们随时都可能看到步枪闪光，知道有人"在那边"向我们开枪，我们也向他们开枪，但我们不知道他们是谁，也不知道他们家里是否有家人。1988年初夏，当我在纠察队上下走动时，一件奇怪而难以形容的事情开始在我周围发生。我感到一股能量向我倾轧而来，听到有人对我说："你是谁，竟然杀人？你到底是谁？你现在做的事没有任何意义。"

就像步枪闪光一样，在这一瞬我的心态发生了转变。我不想再呆在这样杀人的地方。在我和父母讨论不想再参军这个问题的时候，他们非常不高兴。印度是一个第三世界国家，找到一份好的终身工作，比如在军队服役，是一件非常幸运的事情，不是每个人都能得到这样的工作。但我还是想要辞职。我个人的服务记录很好，所以指挥官不愿意签署甚至都不愿意看我的辞职信。

但我对上帝的信仰胜过了人类的陈规。我参观了离我的派遣处不远的Vaishnodevi神庙。我觉得这个地方好像突然在召唤我似的；我感到有必要去一趟。所以我像朝圣者一样爬上了那座大山，祈求上帝帮助我解除兵役。

印度的政治局势正在恶化，锡克教社区是印度教主导的政府的目标。最终，我的指挥官同意签署我的辞职文件并将其转交给上级，但他非常不屑地笑着说："好吧，如果你认为自己想要这样的话。但我知道你会回来的，我现在同意只是因为你太坚持了。"

然后奇迹发生了。当这些文件被转交给陆军总部时，印度政府接受了，认为这"只是又一名普通的锡克教徒军官辞职"而已。我提前三个月收到了解职通知。我非常激动，因为几年前我已经持旅游签证去过美国，而且我很想再回去。我当时只是粗浅地了解了一些数字艺术，但我知道"美利坚合众国"、"美国"、"美洲"——无论用哪个词来描述这个国家，它在命理学上来说，与我自己的数字都是最兼容的。这对我来说会很有帮助。

我在1985年去美国看望过亲戚。而后1988年，当我再次持旅游签证回到美国时，我记得随身携带了《格兰特·沙哈卜》（锡克教圣经）。住在德克萨斯州休斯顿的阿姨曾向我母亲要过一本，所以我是特地带过来给她。进入纽约的移民检查局时，我记得他们问我："你前不久刚来过。为什么这么快就又回来了？"我告诉他们，我得把这本圣经交给在德克萨斯州休斯顿的阿姨，随后就获得了进入这个国家的许可。我就是这样来到美国的。

起初，我并不知道自己有一种因果责任或者说是一种义务，去和他人分享我的数字天赋。我最初并没有把这种天赋作为生活的重点。然而，我对数字的"涉猎"很快就变得超越想象了。

当我住在加利福尼亚州尤巴市的一个牧场外屋时，早些时候遇到过的一个温和的男人碰巧和他住在湾区的兄弟回来了，他说他想向我咨询一些数字。我们聊了大约30分钟后，他问："我需要付给你多少钱呢？"我惊讶地说："哦，20美元。"

我感到很奇怪，那人坚持要给我40美元——而这正是我偿还手头债务所需的金额。他走后不久，我走到农夫跟前，把欠他的钱给了他。多年来，我逐渐意识到，这是圣灵在告诉我，"这是你要走的路，这是你与世界互动的方式，这就是你应该做的事情。"随着时间的推移，我搬到了湾区，做过很多不同的工作，从送披萨到洗车，再到在硅谷科技公司做夜间保安，只为在这个国家站稳脚跟。

当我离国时，我想学习开飞机，而后来根据我的军事背景，我建立了一所飞行学校。用离开印度时带的钱，我最初在德克萨斯州沃思堡的米查姆球场待了一段时间，去考了私人、仪器和商业飞行员的评级。我记得在旧金山湾区的海沃德综合机场做过各种各样的零工，而且在考认证飞行教练证书的时候也真的很难。但我对自己的信念是如此坚定，我努力地推动着自己，最终还是获得了CFI。

在教课不到一年后，一位律师联系了我，她像天使一样来到了我身边帮助我。当时，许多印度人来了美国，而律师需要翻译来帮助她在移民局的移民工作。因为我在印度的经验和语言知识，她可以借助我来帮助许多其他人。

后来我获得了房地产许可证，并在成为经纪人后开了自己的公司。有一段时间，我忘了数字对我有多重要。大约就在这个时候，我遇到了我的妻子，而她的意见对我来说变得很重要。因为她在这个国家出生和长大，我觉得她可能比我懂得多。我搬到了海沃德的一个办公室，我们没有根据数字，而是根据地点来选择的。我记得，在海沃德工作的那四年里，我又很难维持生计，钱很紧，但我还是继续用意志力和决心在努力拼搏。

最后我终于意识到，应该回头看看自己最熟悉的东西：数字。我决定提前30天通知房东退房，但当时还不知道下一步会去哪里。此时圣灵的指引再次伸出援手，最终我在弗里蒙特得到了许多帮助。（从那以后，我换了工作地点，现在主要在家工作，就像很多人一样）之后我就再也没有回头过。多年来，我一直在买卖房产，从不放弃自己最擅长的东西，而我做过的交易在经济上一直有所回报。

介绍

我的个人数字号码

　　正如许多在新的国家重新开始的移民，我在来到美国后也经历了许多问题和困难。我很幸运，因为拥有数字的知识，而在摸爬滚打的这些过程中，我利用数字充分发挥了自己的优势。

　　我住的第一个地方是弗雷斯诺的锡克教寺庙，位于南樱桃大道3060号（这个地址有火星能量，因为有3和6，而且两个0放大了能量）。寺庙的长老们让我在那避难了一个多月。后来我了解到尤巴市附近有一个大型的锡克教社区，就又去到了那里避难。

　　我当时身无分文，遇到了一位锡克教绅士，他在巴特县的小镇格里德利开了一家便利店。我们约定，我可以住在他公寓里的一个房间，但必须在他的商店工作。我和他聊过几次数字，而后这位精明的商人马上就开始在当地广播电台打起了广告。当我在他的便利店担任收银员时，开始联系我的人数之多让我感到非常惊讶。最终，我意识到这个人是在利用我在商界推销自己。所以不久之后，我决定辞职。我宁愿生活拮据地搬进尤巴市的一间小屋，也不愿被利用。但许多人，包括锡克教徒和非锡克教徒，都一直在联系我，询问关于自己的数字号码的事情。

　　有一间棚屋位于露丝大道1156号（天王星能量，加起来是13）后面。住在这里的业主们生活也非常困难，我以每月70美元的价格得到了这个地方，而后在那住了四个多月。这段时间是我一生中最艰难的时期。我经常想自己为什么会陷入这种境地：我来自一个在印度非常成功和幸福的家庭。在退出军队后，是我父亲将我赶出了他的房子。然后我成了一个流浪者，或许自己还在寻找答案。

我记得有一天晚上在棚屋。不知为何,我现在还时常会回想起那段经历。半夜我突然醒来,或者可以说是有人将我唤醒的。我闻到了一股浓烈的香气,是令人印象深刻的香水味。我起身,然后在夜半时分开始独自在棚屋里跳舞,而后我获得了一个非常强烈的信息,它告诉我,"别担心,一切都会好起来的。"

午夜事件后不久,我的移民身份就发生了变化。我意识到自己无法融入一个农业社区,于是决定搬到湾区。我拿着一张湾区的小地图,开始观察不同的城市,寻找正确的数字共鸣。我被圣莱安德罗吸引住了,它的名字上有强烈的火星能量。在我从尤巴市搬到圣莱安德罗后,一位最近认识我的先生联名为我签下了一套公寓。我有选择的空间,所以选择了27号(火星),因为它和我的能量可以很好地相互流动。我也知道这种能量有利于生活的调整,但对财务方面来说并不理想。

搬进27号公寓后一年内,我收到了绿卡,这让我非常兴奋。我做过很多工作:在一家高科技公司的装配线上上夜班、做过保安、做过披萨送货员、在弗里蒙特的一家拍卖行做过洗车服务员,还做过移民律师的翻译。这种情况持续了几年,我还是几乎无法维持生计。住在27号公寓时,我也很努力地获得了认证飞行教员(CFI)执照,而且也短时间做过教练。

有一天,我决定补上我公寓的数字号码。于是我在数字27周围贴上了数字3、3和6来给它更多的木星和金星能量。我的公寓经理是个好人,从不关心我在门上贴了什么。但这个数字的变化给我带来了奇迹!不久之后,我成为了一名律师助理,开始忙碌了起来,并与许多律师有了合作。

这在当时应该是一个明确而强烈的信息:数字命理学是我应该走的道路。但出于某种原因,我仍然没有"理解"它。我更渴望获得CFI评级并建立一所飞行学校,而不是为人们咨询数字。数字命理学来得如此容易;这怎么可能是"工作"呢?与此同时,我还在继续学习,后来又获得了房地产执照和房地产经纪人执照。

多年来的生活经历彻底改变了我的看法,让我对自己的人生目标更加清晰。虽然我现在是一名成功的房地产经纪人,但我每天都会为人们提供家庭和个人数字号码的咨询服务。我还意识到,咨询人员对我的业务有协同效应:尽管我没有要求数字命理学客户来我这里买什么，但电话还是开始不停地响，让我和手下员工都忙了起来。我认为这意味着目前走的道路是正确的。

在更改了公寓号码后，我遇到了我的未婚妻，并在一年内买下了我在卡斯特罗谷的第一套房子（地址是里奇伍德大道6300号[火星，63，能量放大两次]）。我选择6300号是因为它具有强烈的金星和木星能量。我在这所房子里住了三年多，个人生活和职业方面都非常地顺利。我和妻子也在这所房子里结婚了。

一个晴朗的早晨，我妻子突然说："弗里蒙特的观澜湖地区正在建设一个新的开发项目，那将是一个非常适合居住的地方。"我对搬到那边有些犹豫不决。我当下什么也没说，但让她去研究了一些可能需要的搬家事项。她在现在被称为阿瓦隆庄园的小区外露营，并且坚持要买一栋更大的房子。我考虑了这个变化对目前的住房支出和财务状况意味着什么，于是告诉她，只有在家庭号码正确的情况下，我才会同意搬家。幸运的是，我最终在弗里蒙特阿瓦隆庄园地区的伍德赛德露台3003号（金星能量，33，放大两次）买了一处房产。

2000年初，我告诉妻子，把这处房产放到市场上卖掉是个好主意。听到这个消息，她一点也不高兴：她喜欢可以欣赏海湾的景色，也喜欢这座5000多平方英尺的房子的大小。但她还是同意了。当时，第一次互联网热潮正处于顶峰，资金在湾区像水一样流动。我在2000年2月1日签下了"待售"的牌子。第一次开放日的时候，下着倾盆大雨。我很惊讶有这么多人签名打算来看房：而第一天就有近75人看了房子！

三天后，我收到了两份书面报价。其中一笔是190万美元，可以全现金支付。提出报价的房地产经纪人在当地以销售高端住宅而闻名。当她走进我的办公室时，我可以看出她真的很想和我谈下这笔交易，如果我还想抬价的话，她甚至准备跟着修改自己的报价。

我打电话给妻子，让她也来看看报价。她第一次看到这么大数额的报价的时候，眼睛里难掩惊讶：如果交易成功，我们可以赚100多万美元。我让她签下了合同中属于她的那部分，她照做了。按照合同约定，代管支付会在整10天后完成。我现在还清楚地记得手里拿着那张大支票去银行时候地心情，仍然非常难以置信。

这个家庭数字号码改变了我的生活，进一步加深了我对家庭数字号码力量的信念。卖掉这栋房子后，我们忙着找新家。在东湾开车时，我们发现一个巨大的水库后面正在建造一个新的小区。

销售代表说，这个小区已经"完全售罄"，但还有一种可能性——她当天刚提的一个报价订单，买家"不确定"是否能完成。她让我们下午3点左右再回来看看情况。我们提前半个小时到了那里，然后就被告知我们"很幸运"，因为计划买房的那对夫妇确实改变了主意。销售代表说，如果我们想要这处房产，我们应该"马上"支付押金。所以我又不得不回到大约10分钟路程的办公室去拿支票簿。当我们再回去销售办公室地时候，又有两对夫妇在等着。如果我们不出现的话，他们等十分钟就可以接下这个房产订单。我们刚一进门，销售代表就说："哦，他们来了。"当时可以明显看到其他人脸上的失望。我买了这处房产，就在一条小溪旁边，位置非常舒适。这所房子的原始门牌号是37794(30，木星能量)。

当我买这所房子时，我并不没有关注门牌号，部分原因是因为别无选择：只有一套房子可供选择，我妻子坚决要搬进这个特定的小区。但是，在圣莱安德罗的公寓里进行了数字修补后，我知道，即便我们的新房子没有正确的数字，我也可以很容易地通过添加正确的行星能量来转变这扇门上的能量。我利用木星、土星和太阳来转变了房子的能量。搬进37794号住宅后，发生了几件有利的事情：

1. 我把办公室搬到了一个更大而且更新的地方，这里有更多的木星和水星能量。

2. 搬进新办公室后不久，《圣何塞水星报》联系了我，让我做一篇关于住宅数字命理学的文章的主题。我非常惊讶地发现报纸在商业版块上放了一整版的文章。

3. 在搬办公室后，我在西海岸各地广播电台的露面次数增加了。一些有兴趣为我安排节目的著名电视制作人和记者联系了我。

我来自一个虔诚的锡克教徒家庭，家里没有人理解甚至愿意听我谈论数字、数字命理学或其他相关的话题。这一切对他们来说都是没有任何意义的。但几年前我去访问印度时感到非常惊喜,因为这是我父亲第一次想和我坐下来讨论他的银行账号。这感觉很奇怪,但他向我询问数字以及我对数字的看法的语气和态度让我很惊讶。这本书第一次印刷后,他甚至还向我索要了副本,寄给他的朋友和商业伙伴!

我相信父亲终于开始欣赏我这个人以及我取得的成就了,尽管这和他想象中的我长大后会变成的样子差得很远。我还记得父亲曾经对我的愿景:像许多锡克教徒一样,在军队服役到生命的尽头。但实际上的结果却截然不同。无论是在这里还是在印度,我的道路与我的父亲、兄弟或其他家庭成员所走的道路都无法相提并论:每个人都必须活出自己的命运。

多年来,我为数千人提供了咨询服务,在办公室搬到弗里蒙特后,我的人际圈变得越来越大。当我把办公室搬到纽瓦克时,圈子又扩大了。我对自己的工作以及数字对家庭和企业的影响力的信念已经一次又一次地得到了证实。

第一章

数字的魔力

数字是有生命的

　　数字命理学有很多流派。其中的大多数都注重于，将重要的数字或数字序列（出生日期、家庭号码等）加起来产生一个位数的结果。但每个数字实际上都代表着一颗行星，它们有自己的品质、能量、水晶以及与其他行星的相互作用。在我的实践中，我总是把数字看作行星，而不是"数字"。我从来没有像其他数字命理学家那样把它们加起来得到复合结果。每个数字都很重要，因为它本身就是一个行星。

　　所有学派都认为数字是充满能量的。从1到9的每个数字都带有独特的性质，这些特质会以物理能量的形式表现出来。我们的生日就是最好的例子：你出生的日子、月份和年份就像你的个人记录。它包含了你在地球上的经历、特点、倾向和目标。当你的出生日期成为你永恒的一部分时，你的灵魂归位就是必然发生的事。除了你的生日，你周围的数字也决定了命运：电话号码、银行账号、商业和居住号码可以决定你的收入水平、你的健康状况，以及你与伴侣和家人的相处方式。你甚至可以通过调整名字的字母，或者完全改变它来改变自己的能量！这些可调整的数字可以带来富有或贫困、和谐或不和谐、健康或疾病的重大转变。与你的生日不同，你可以自由地去改变这些数字，并根据自己的利益进行调整。

　　许多人都对某些特定的数字感到有莫名的吸引力，或者说觉得某个特定的数字会给自己带来好运，但不知为何。但如果对数字命理学的规律没有足够的了解，我们更可能会选择那些不仅不会带来好运，反而可能对自己完全不利的数字。你可以想象，学会如何选择看起来有吸引力或具有文化意义，同时又能保护并帮助我们朝着目标前进的正确数字是至关重要的。

这本书特别深入探讨了家庭数字。一个人的基本数字命理必须与他们的居住地址相匹配，这样这个人和他们的家人才能和谐生活。我的第二本书《关于数字的一切》是以个人数字为基础的。我们要明白，商业地址解决的是区域分离的问题，其运作方式与住宅地址不同，这一点也很重要。因此，本书中的信息应仅适用于住宅数字号码，不可以和商业数字号码结合使用。

本章将简要介绍从1到9的每个数字的含义，以及具有能量放大功能的0。记住，数字不会只以个位数的形式共鸣；复数还携带特定的能量，这取决于当前的数字、它们出现的顺序以及是否有任何放大器(0)。例如，在第3章(太阳)中，我将讨论数字0的许多方面。10是1，19是1，28是1，但它们都传达了不同的能量。37、46、55，它们的映像也都是"一"。大多数数字命理学家会说它们都是相同的一，但由1+9组成的一与由2+8、3+7或任何其他一个组合组成的一没有相同的特征。

在1+9的情况下，"一"由太阳+火星组成。但在2+8的情况下，"一"由月亮+土星组成——情况完全不同！这两者都与由5+5组成的"一"非常不同，双倍水星，这里有不同的挑战。这也侧面说明了数字10对于那些只把数字加起来而没有意识到数字"10"中涉及的行星能量的人来说，是什么样的。每当地址中出现零时，它都会放大已经存在的能量，无论是好是坏。

多年来，当我为客户和来电者读取能量时，我意识到某些不断重复的行星能量会产生相互冲突的情况。例如，太阳和木星就像一个团队中的两个队长，双方都想要掌控全局。天王星+金星则相互吸引，产生一些麻烦的问题，阻碍良好关系的建立，而且会创造短暂的、无法长久的关系。天王星有强烈的吸引力去吸引更多的天王星和/或土星能量，每次这种组合发生时，它都会带来强烈的负螺旋。土星本身就是一种非常困难的能量。虽然它代表着大笔金钱和大生意，但土星也有以多种形式吸引更多土星和/或天王星能量的倾向，这种组合总是会缓慢而残忍地吞噬受害者。

一旦识别出这种相互冲突的能量，就可以通过引入其他数字来改变行星的影响，或者通过改变名称数字或"修补"一个不好的家庭数字来协调能量，从而很容易地得到纠正。数字修补是指将一个号码简单地添加到家庭或公司地址中。每次我修补地址的时候，都会对结果感到惊喜。

在不了解基本姓名和出生日期的情况下"修补"数字可能是灾难性的（下一章会专门讨论数字修补）。我有一个客户遇到了很多问题，我帮她修补了一所房子的数字。不久之后，她结婚了。然后，她告诉朋友们在家里挂上各种号码，却没有意识到这些号码对应的力量。其中一位朋友后来联系了我，她很不幸，给自家的门加上了能量，而这与她自己的基本能量相矛盾。突然之间，她的情况就变得糟糕了起来。

当我接受客户咨询并要求他们在门上添加某些数字时，我是在告诉他们添加某些行星能量，这样房子才能更好地符合或与他们的个人能量协调。在过去的20年里，我对这项技术进行了大量的研究，并将其应用于我自己的家中；这需要专业知识和经验。在将任何数字添加到自己（或他人）的家中之前，应该要咨询专家。任何能量都可以得到改善，每种能量都有对应的补救措施。

在决定购买、租赁或居住房屋之前，查看家庭或公寓号码，或者查看住宅入口门上出现的任何号码，这一点也很重要。如果有人住在3C号公寓，能量更多的是3而不是C，但字母确实会有一定的影响。我认识许多成功人士，他们在人生达到某个阶段后，突然决定改变住所，却没有意识到其中潜在的危险。他们陷入了由家庭数字的负组合制造的陷阱，却没有意识到到底发生了什么。具体来说，一个居住在好的家庭数字房屋里的家庭更加容易吸引到财务上的成功，以至于他们会决定"需要"一个更大的房子。当他们搬进一个更大的房子时，里面可能会有一个不幸的数字，然后突然间，他们所有的钱就都花光了。不幸的是，这种情况是经常发生的普遍现象。

举个例子，我之前的办公室地址充满了水星能量，它把我吸引到了另一个水星能量的办公室，也就是我现在的办公室。但是，家庭数字上的某些负面能量也将继续吸引类似的负面能量，无论是在电话号码、汽车登记号码还是其他方面，这都需要外部干预来扭转局面。

数字总结

以下是每个数字的总结及其可能的映像和组合：

数字一

数字一代表着太阳。虽然太阳可以在家庭中提供领导力和力量，但如果一个地方太多太阳的话会使关系和行动失去平衡。每当数字1，太阳，在一个家庭号码中重复两次（例如11）的时候，它总是会带来人际关系上的困难。当它在一个家庭号码（例如111）中重复三次时，它会带来大笔资金的能量。银行和金融机构的地址通常包含1的三倍。每当它重复四次（例如1111）的时候，就会在金钱和玄学上取得巨大的成功。

一

数字一有很多种表现形式：1本身，10，19，28，37，46，55，它们的映像都属于数字一的色调，太阳能量。下列是我对不同色调的数字一进行的各种案例研究。

一零

如果一个地址的组成部分加起来是10，那么这就是一个太阳地址，即便太阳能量不明显。

一九

1 + 9是太阳+火星的组合。每当这个组合出现，比如19或91，他们总能带来成功、好运和幸福。

二八

这是数字一的新色调。28代表着月亮+土星能量，非常强。当28出现在名字或是生日中时，那么就代表着这个人是非常有影响力并且强大的。许多著名的国家元首、企业高管和艺人的名字和出生日期都有月亮+土星能量。但当28出现在住宅地址上时，会带来金钱和人际关系方面的问题。因此，住宅会完全改变名字和/或出生日期的能量对人的影响方式。

三七

木星+海王星的能量是抽象的，也是善良的。它也能带来很多认可和伙伴关系。但因为木星和海王星之间的磁场舞动，3+7的能量也会有些神秘；所以它可以给任何名字组合为3+7的人带来了很多好运和发展前景！

四六

天王星+金星(4+6)或金星+天王星(6+4)出现在门牌号上代表了一种无关性别的丑闻的能量。

五五

数字5代表水星。水星代表智慧。当5出现两次，放大水星能量时，它代表了增强智慧的能力。

六四

这种能量和46的共鸣类型相同，只是强度稍弱一些，因为行星的位置互换了。

九一

这个行星组合类似于19号行星，但强度较弱。

数字二

数字2，代表着月亮。它的表现形式有很多：2本身、11、20、29、38、47、56等等。以此类推，还有同样规律的：65、74、83等。在我与众多客户的遵循过程中，我从他们的名字、出生日期和家庭中读取到了月亮的能量。我了解到，月亮的能量对名字和出生日期的影响比对家庭的影响要大得多。如果你正在追寻生活中的成功以及维护良好的关系，那么当我在本章中描述的能量出现在你的家庭号码上的时候，请务必规避！

二

单独的二代表月亮能量。

一一

　　这个数字代表双倍的太阳能量。众所周知，数字11是一个"主"数字，这是许多大家经常在电视或银幕上见到的名人的名字号码。出生日期和名字为11的能量非常强大；很多著名演员、名人和运动员都有这样的名字。带有这种能量的政客会遭受强烈的反对，但却总是能占上风。

　　但每当这种能量出现在住宅上时，都会带来严重的人际关系问题。任何形式的数字11的能量，与任何行星，都会带来人际关系上的困境。多年来，我遇到了其他推进玄学的人，他们和我成为了朋友。其中许多人选择这种"11"的能量作为他们的住所，因为他们知道"主"数字有多强大，但他们没有意识到的是，它会对家庭号码造成严重破坏性影响。

二零

　　20带有月亮能量，并且由0放大了能量。

二九

　　2 + 9包含了月亮+火星能量，会造成人际关系的问题。就像是蜜蜂围绕着蜂蜜转一样，带有这种能量的生日或家庭号码的人会不断地在主要的人际关系上遇到困难，这种情况可能会很多。

三八

　　38包含了木星+土星能量，这是一个非常强大的行星组合。但不幸的是，如果这个组合出现在家庭号码上的时候，会产生冲突。

四七

　　47有着天王星+海王星的能量，是一个很强的组合，因为这两个行星能够很融洽地组合在一起。这个组合出现在名字上的时候会更好，在家庭号码上的时候就稍显逊色。许多著名电视和媒体名人的名字都带有47的能量。

五六

　　5 + 6有着水星+金星的能量，这也是一种非常强大的行星组合。当它们出现在出生日期和姓名号码上时，可以发挥神奇的作用，而众所周知，它们在贸易和金融方面也能够取得巨大的成功。但是当它们出现在住宅里时，则会带来金钱和人际关系方面的问题。

数字三

代表木星的数字3有多种形式：3本身，以及数字12、21、30、39、48、57、66等。以此类推还有同类型的其他形式：75、84、93。木星是扩张、好运、高等教育、出国旅行的象征，也掌管着法律领域的事务。

在东方世界，男性习惯在右手食指上佩戴黄色蓝宝石，女性则在左手食指上佩戴，以吸引好运和应对法律方面的问题，这是很常见的。据说黄色蓝宝石可以让你免于法律纠纷，而根据我的经验，这的确是真的。而且木星也是财富和成功的象征。

三

数字3的归属是木星，它带有木星能量的所有积极品质。非常重要的是，对于拥有数字3能量的家庭号码的居住者来说，他们的出生日期或姓名中不能带有任何与之冲突的（尤其是太阳）能量。太阳和木星是相互冲突的，就像俗话说的：一山不容二虎。

如果住宅居住者的出生日期和名字中有木星和/或金星的能量，那么数字3号码的住宅将把木星的所有优良影响带到他们的家中。但是，无论是在名字还是出生日期上，木星与太阳的结合都会带来不必要的麻烦和厄运。

一二

每当木星与太阳一起出现，然后紧接着月亮的时候，比如数字12，就会带来金钱、厄运、酒精和药物滥用的问题。

二一

当月亮出现在太阳之前时，比如数字21，木星的能量会正向流动。拥有这个数字能量的家庭会感受到所有木星能量的积极影响。

三零

　　30是木星的"平均"振动水平。在1到10的等级范围内，它大约是6左右。但如果完整的号码中有其他组合，那么振动强度取决于该组合中发现的每一个行星能量。比如9993与7869就是完全不同的概念。

四八

　　4+8的能量相当于天王星+土星。出于某种原因，天王星和土星能量一贯倾向于一起出现在名字、数字或出生日期中带有天王星和/或土星能量的人身上。

五七

　　5+7的能量相当于水星+海王星，家庭号码的这种组合会不断地带来财务和健康方面的问题。

六六

　　6出现两次代表金星的振动。这种能量在门牌号上的作用是非常微弱的，但当它出现在名字号码上时，会带来巨大的艺术能力、名声和成功。

七五

　　75和57的振动强度非常相似。

数字四

　　代表天王星的数字4有多种形式：4本身，以及数字13、22、31、49、58和67，以及它们的映像。天王星是科学、正义和媒体的象征，因此也代表着电视、广播和电影。

四

　　单独的数字4归属于天王星。

一三

　　数字13本身是一个深刻的精神数字。它是许多著名研究人员、科学家、著名媒体人物和强大法学家的出生日期。值得一提的是，那些在出生之日就有这种能量的人需要不断地以慈善和捐赠的形式将能量给予外界，才能接受到能量。一旦他们忘记给予，他们就接受不到了。

　　对于想要出现在屏幕上的人来说，无论大小，13都是一个很好的名字数字。马丁·辛、戈尔迪·霍恩、拉吉·卡普尔和斯里·德维等著名演员的名字中都有天王星能量。然而，天王星能量作为名字号码和家庭号码的表现形式非常不同。

　　每当太阳+木星的1+3组合以任何形式出现在住宅上时，都会带来严重的财务和健康问题。出于某种原因，它会吸引土星和天王星能量生日的人，而这样的组合使它更加具有破坏性。

二二

　　2+2也被称为"主数"，因为它是两倍的月亮能量。每当月亮能量出现在一个名字上两次时，它就会带来名声和媒体的关注。但每当这种能量出现在家庭号码上时，都会带来混乱和财务问题。多年来，我看到过许多直觉主义者试图想要用22作为家庭号码，而且也看到过他们在认为自己成功之后开始痛苦挣扎。

三一

　　31的能量相当于木星+太阳能量。这些行星在门牌号上的时候不能够协同工作，因为能量会发生碰撞和冲突。而如果居住者带有天王星或土星能量的名字或出生日期，这种影响可能会进一步加剧。这不是一个适合住宅和家庭的数字，因为它会吸引负能量，让居住者感到困惑。但如果这个数字出现在名字上，它的振动则完全不同。

四九

　　数字49归属于天王星+火星。这是难以让人居住的归属。

五八

数字58归属代表水星+土星,在住宅上的影响很弱,但它在名字上可能会比较吉利。

八五

数字85归属代表木星+水星,和58非常类似但在能量上的强度要稍弱一些。

数字五

代表水星的数字5有多种形式:5本身、14、23、32、41、59、68、77、86和95。这些数字都能带来力量,而且如果它们恰好拥有正确的能量的话,可以创造巨大的财富。五也是智力、媒体、通信公司、著名作家和汽车行业的代表数字。

水星恰好是我最喜欢的能量。就我个人而言,它对我的业务以及我与非房地产业务合作伙伴进行的许多其他交易都有好处。这个数字的能量是有时限的。了解如何最大限度地利用这种能量至关重要,因为如果时间到期,能量就会开始衰弱,所有获得的财富都会很快消失。强大的水星数字就像一个命运之轮:它可以让你振作起来,但当它们出现在家里时,也可能会让你沮丧。

五

单独的数字5归属于水星。

一四

数字14是一种狂热的水星能量。这是一个很好的数字,可以在家里使用,但只能在短时间内使用。它可以让你变得富有,但也可能会带走你的钱。当水星能量出现在你的住所或出生日期上的时候,就要小心了。

二三

23是水星的顶级能量。与1+4或4+1的组合不同,这种能量可以无限期地使用。但非常重要的是,这些家庭号码的居民在他们的出生日期和名字上一定也有正确的对应能量，这样他们才不会和这个强大的水星数字相冲突，如果它与居住者的能量契合，就可以带来巨大的成功。

三二

32和23有着相同的能量，但是略弱一些。但对于运动员来说，如果本身懂一点数字命理学知识的话，这会是一个很好的球衣号码。

四一

41的能量相当于天王星在太阳之前的能量。能量略低于14的组合，与14一样，有利于赚钱，但钱必须在特定时间内产生，否则能量会转移。

八六

86拥有土星+金星的能量，是一个强大的行星组合。土星+金星的组合就像戴着一颗镶有钻石的蓝色蓝宝石一样，这是一种强烈的水晶振动，它代表着巨大的金融和创造性能量。

数字六

代表金星的数字6有很多种形式：6本身, 15, 24, 33, 42, 51, 69, 78, 87和96。当这些数字组合出现在家里时，它们都代表着爱和金钱，当它们作为名字数字出现时，能量也同样强大。但重要的是，这些数字不能与土星或天王星的能量相结合作用，因为可能会带来不幸和灾难。这类能量经常出现在法律领域、金融机构和美国国税局的人群的能量中。美国国税局的标志是一只鹰，嘴里叼着正义的天平，但我对它的印象是一块海绵，能够不断吸收越来越多的财富！

金星出生日期的人善于接受别人的礼物。但这些人也可能是吝啬鬼，不愿意放弃他们的任何钱。那些拥有强大金星能量的人必须学会平等地接受和给予。就我个人而言，我喜欢将水星和金星的能量给买家的身份。但只有在我检查了他们的其他信息以确保它对他们不会冲突时,这样才有效。

六

单独的数字6归属于金星。

一五

数字15具有太阳+水星的能量,这是一个强大的组合。出生在每个月15日的人很幸运,他们很会说话,而且对钱也很小心,有时甚至会有些贪婪。15在住宅上的作用可能很强大,但只有当出生日期与金星能量很好地流动时才能起作用。在许多组合中,数字15作为家庭数字的话会非常灾难,但在许多其他组合中,它却会非常成功。这种能量对名字有很强的影响:许多著名的体育运动员和媒体人士的名字中都有这种能量。

二四

24具有月亮+天王星的能量,这是一个强大的组合。24是一个高端的金星组合,如果它与一个人的姓名和出生日期相匹配,那么在家庭住址上也会是一个很好的数字。众所周知,它可以带来许多关系的建立,但并非所有关系都合法。这也是一个代表着敏锐的头脑和智慧的数字。

三三

33是金星最强的振动,因为它包含了双倍的木星能量。这也是我最喜欢的数字之一。

四二

42具有天王星位于月亮之前的能量,这也是一个非常强大的组合。如果它被放大(也就是说数字组合的任何地方出现零的情况),能量就会变得更加有效。例如,如果居住者的出生日期没有天王星或土星的能量,那么数字402就会带来经济上的成功和好运。42对于与媒体业务相关的人来说是一个很好的归属。印度电影业最成功的人都把这个数字作为他们的家庭住址。

五一

51代表着水星+太阳的能量，但与15不同，它的能量是灾难性的。了解水星位于太阳之前和水星在太阳之后的顺序在家庭数字上的区别是非常重要的。就好比51区，美国军方在那里测试各种武器，以前也在那里测试过核装置。有几个拥有这种能量的客户咨询过我，他们的生活一直不快乐，压力很大。

九六

9和6代表火星和金星的能量，因此这两颗行星之间存在着吸引力。火星的能量非常具有侵略性，而金星可以为合适的人创造金钱。当这两个数字同时出现在住宅上时，它可以为合适的人带来财富。如果出生日期与火星能量同步，那么这个家庭将会获利颇丰；否则的话，可能会导致居住者时常造访医生或是住院。

数字七

代表海王星能量的数字7有很多种形式：7本身，16、25、34、43、52、61、79、88和97。当这些数字出现在家里时，它们的能量是神奇而神秘的，当它们作为名字数字出现时，能量则同样强大。这种能量也出现在许多著名的歌手、音乐家、食品企业家和鉴赏家、电影演员和玄学家身上。海王星能量可能具有欺骗性和困难性，但当与一个人的能量同步时，它会带来巨大的成功。生来就带有海王星能量的人天生直觉敏锐，当他们在靠近水的地方工作或生活时，无论是静水还是流动的水，这通常都会让他们非常成功。

七

单独的数字7归属于海王星。

一六

数字16代表着太阳+金星的能量，这在住宅中会很难处理，居住者在健康和金钱方面会时常遇到问题。这种能量的强度接近"理想数值"能量尺度的最低度。然而，当16的能量出现在出生日期或名字上时，它会带来相反的效果。许多著名的电影明星、政治家、音乐家和玄学家在他们的出生日期和/或名字中都有这种能量。

二五

　　这个数字具有月亮+水星的能量，经常出现在作为强大的宗教精神学习和治愈场所的住宅上。

三四

　　34的能量相当于木星+天王星，这是海王星能量最好的代表。这是好莱坞的能量——木星代表扩张，天王星则代表魔法和媒体——可以引领我们走向电影和虚拟的世界。

六一

　　61具有金星+太阳能量，会产生负能量。它会不断地带来健康问题和金钱方面的困扰。

七九

　　79的能量相当于海王星+火星，这是一个繁琐的组合，但当这样的能量出现在名字上时，它会带来非凡的成功。此类能量仍然带有欺骗的基调（由于海王星），火星能量会给拥有这种能量的名字的人带来接近死亡或类似的惊险经历。

数字八

　　代表土星的数字8有很多种形式：8本身, 17, 26, 35, 44, 53, 62, 71, 89和98。土星的能量既强大又棘手，它代表大企业、公司和房地产行业，它也倾向于在出生日期和姓名号码上去吸引天王星和金星的能量。每当它们结合在一起时，这些组合都会非常具有破坏性。

　　具有土星出生日期或土星名字编号的人会取得成功，并被世界所看到和认识。许多著名的名人，如芭芭拉·沃尔特斯、汤姆·克鲁斯、比尔·马赫、霍华德·斯特恩、凯蒂·库里克、迈克尔·杰克逊和伊姆兰·汗（一位著名的板球运动员），在他们的名字中都与生俱来（或在成名时）带有这种能量。

　　数字8（代表土星）本身的力量就足够强大，它在很大程度上可以为合适的人带来成功和财富。我听到过很多来自远东地区的人谈论数字8，但他们只是盲目地选择了它。我也听过一些著名的数字命理学家在节目上谈论数字8，并且告诉他们的听众在钱包里"写一个数字8"来赚取财富。其实这毫无意义：任何名字或住所上带有土星能量的人如果过度使用土星能量，都会很快感受到土星能量的负面影响，即便是在钱包里写上8也无济于事。

　　土星的能量需要纪律和业力（坚持并完成正确的因果和所需行动的责任）。土星的另一个名字也是"卡鲁姆达塔"。它在作为名字号码的时候可以带来巨大的名声和成功。

八

　　数字8的归属是土星。与东方的许多信仰不同，数字8的能量可以是积极的，也可以是消极的。许多中国或日本背景的人认为数字8是非常幸运的。它可能的确是幸运的，但并非一直如此。当8单独作为一个家庭号码时，它可能会带来很多悲伤、困难和沉重的能量，让这些居住者总觉得自己在"爬坡"一样。

一七

　　数字17具有太阳+海王星的能量，当它出现在名字和家庭号码上时，这是一个强大的数字。它是代表着名声和成功的数字，与所有水星的出生日期和名字数字都非常匹配。

二六

　　数字26代表着月亮+金星的能量。当它出现在名字中时，以及在出生日期中的大多数时候，能量都是非常强大的。然而，当它以任何形式出现在住宅上时，都会带来很多厄运，它总是会带来健康问题、金钱损失和人际关系问题。

三五

　　35的能量相当于木星+水星。当他们一起出现在住宅上的时候，会造成严重的破坏。

六二

　　62的能量相当于金星+月亮，这在家庭上是一种极其微弱的能量，涉及财务和健康问题。但如果这种能量出现在名字上的时候，它的作用就完全不同了：它对周围的人都有利，并可以带来世界级的名声。许多著名的好莱坞明星的名字中都有金星+月亮的能量。

七一

71拥有海王星+太阳能量，与17非常类似，但在能量强度上略微弱一些。

八九

89的能量相当于土星+火星，当它出现在名字中时，可能是一个非常强大的数字。根据居住者的个人数字命理学，在地址上它也同样可以带来幸运。

数字九

代表火星的数字9有很多种形式：9本身、18、27、36、45、54、63、72、81和99。火星可以带来高能量、冲突、愤怒、力量和意外。在吠陀体系中，火星代表星期二，它的代表色是红色。印度教徒经常在星期二去寺庙为曼加尔（印地语中的"火星"）祈福。吠陀传统中众所周知，如果火星在星座中的位置不好，它可能会造成无尽的问题、身体伤害，甚至入狱。强大的火星能量总是伴随着强大的世界级领导人，出现在他们的星位图上以及名字中。许多著名的政治家、运动员、医生和科学家的名字都蕴含着这种能量。

九

单独的数字9归属于火星，是最高形态的能量。

一八

数字18代表太阳+土星，是火星最困难的表现形式。这种能量代表着人身伤害、法律纠纷、分居和离婚。当它出现在家庭号码上时，它的作用是毁灭性的，从专业角度来看，只有医疗领域的人才能从此类能量上受益。

二七

27的能量相当于月亮+海王星。与之前的火星能量不同，这种能量更高、更吉祥，而这很大程度上取决于与它一起出现的出生日期。那些住在27数字家庭的人通常会受到赌博的诱惑，他们应该避免赌博，因为如果他们参与赌博，就一定会输，因为这不是一种能吸引金钱的能量。

这种能量可以使从事任何与金属有关行业的人受益：比如制造、维修、艺术。它同时也归属于教授和老师，因为这种能量代表了聪明的头脑。

三六

36具有木星+金星的能量，是一个吉祥的组合。木星+金星的组合能为所有居住者带来成功和好运。

四五

45的能量相当于天王星+水星，这是火星能量的深刻体现。对于那些从事娱乐行业的人来说，这是一个很好的数字。而作为一个家庭号码，它可以为那些能量与之兼容的人带来经济上的成功和幸福，但通常它也会给那些能量不兼容的人造成冲突、经济困难和/或健康状况方面的问题。

五四

54是比45稍弱一些的振动。

六三

63的能量相当于金星+木星，这是火星能量的一个强大组合。如果能量与个人数字命理学相一致，它将带来经济和个人上的成功，也是火星能量的高级表现形式之一。

与石头相关的一些知识

在戒指和吊坠中使用石头以消除不吉利组合的负面影响，这是很常见的。比方说，如果一个家庭充满了争执、吵架和冲突，即使在家庭数字同步，火星也会产生这种不愉快的能量。这种不和谐的能量可以通过在手指上佩戴镶有金色的红珊瑚,再加上银色的珍珠来平息。这种组合可以减少火星的好斗能量的影响。

如果有人在经济上的状态不太好,那么可以通过佩戴蓝宝石或马蹄戒指来增强土星能量来平衡。(请注意,我所说的马蹄戒指是指由马蹄铁制成的,而不是形状像马蹄铁的戒指)如果想要在学校取得更好的成绩,除了定期做作业外,在右手小指上佩戴祖母绿也可以增强智力,显著提高成绩。还有一些石头可以用来获得名声和成功。导致家庭疾病的负能量也可以通过在戒指和吊坠中使用水晶和石头来纠正。第14章中会提供大量关于可以佩戴或携带以转移能量的珠宝和信物的信息。

数字——也就是行星——自身就带有能量,我们来仔细学习每个数字和行星的能力以及它们之间如何相互产生反应的。

第二章

我的独家数字修补体系
转换能量

我最常用的转移能量的方法是数字修补[1]。我所说的数字修补,是指在既定房屋的现有门牌号码上添加一个数字(或多个数字),并将能量转移到与房屋居住者的能量可以一起积极振动的状态。要添加的数字是能够强烈共振并纠正任何不稳定能量的行星能量。这就像微调广播电台一样。多年来,我修补了数千所房屋,都取得了成功。通过反复试验,我学会了什么方法有效,什么无效;哪些数字可以互补、相斥或制造困难。多年来,我一直在改进了我的体系,使其尽量可靠、万无一失。最好的创作都源自于经验;我必须亲自操作过才能创造体系。

每次我查看客户的家庭号码并建议"修复"——添加数字以改善家庭的能量振动——的时候,无论人们是想买房还是买车,改进的地址能量总是与相似的姓名、出生日期或其他因素有关,这直接影响了他们的生存和个人和经济状况的改善。尽管对于使用另一个数字命理学体系的人来说,把数字全都加起来可能很有用,但对我来说:

- 每个数字都代表着一个行星,

- 数字/行星的顺序很重要,而且

- 将数字与生日和名字相匹配以达到最兼容的安排是至关重要的。

---

[1] 杰西·凯尔西已将商标/服务标志短语"数字补丁"注册用于商业目的。禁止所有其他人在商业上使用该短语来推销业务或用作财务咨询服务。

- 此表格中记录了在查看客户的家庭电话号码时必须考虑的一些特征。

1	太阳	名声、阳刚之气、逻辑。
2	月亮	人民、阴柔、情绪。
3	木星	扩张、幸运、旅行、律法系统。
4	天王星	科学、技术、研究、公平、正义(困难的能量,与太阳和海王星一起作用时效果更佳)。
5	水星	智力、旅行。
6	金星	爱、金钱。
7	海王星	具有通灵能力;"远见"型能量。
8	土星	大企业;极其困难的能量;天王星+土星的能量总会相互吸引,可能会非常具有破坏性。
9	火星	愤怒、冲突;高能量(可能是正面的也可能是负面的)。
0	(放大器)	非常强大,取决于数字组合里有多少个零;放大既有的任何能量,无论是负面还是正面的。

我研究和开发数字修复已经很多年了。这些细节都是我的知识产权,但我认为有责任让大家都知道数字修补是有效的,这是在所有家庭中获得幸福的最佳方式。

一个停滞的数字 *(3591)*

某些数字组合会导致发展的停滞。有一处房产正好在我在加利福尼亚州弗里蒙特投资的产业的街对面,门牌号为3591(18,火星)。我还记得那个买家。看着他的家庭数字,我一开始就想知道他为什么买那栋房子。随着时间的推移,我发现他来自香港,之所以选择这个数字是因为8的振动(考虑到18中的8)。在第一次互联网行业的繁荣之后,许多房主——包括我自己——都最大限度地增加了资产,并搬出了该地区。一些原始居住者还继续住在那里,以为他们的资产会继续增加,但事实却并非如此。

有一天，我开车路过那条街道，看到3591号房产门口挂着"出售"的牌子，出于好奇，我第一次走进了那房子。出于风水的原因，房主在入口处种了一棵木兰树，树后有一块巨石。内部构造非常简单，维护得也很好，但后面的区域有一个巨大的锦鲤池，我认为它放错了地方。卖家告诉我，里面养了一些从日本进口的非常昂贵的锦鲤。他认出我是他的前邻居，问我是否认识有兴趣购买他的房子的买家。

作为一名房地产经纪人的直觉，我个人永远不会让客户陷入我认为不舒服的情况，就像这里一样。这套房子在市场上卖了一段时间，然后"待售"的牌子被取了下来。但该房产却并未售出；卖家只是把它从市场上撤了下来，他和妻子则搬到了俄勒冈州。从那以后，我就没有再研究过这所房子，但我知道，当我在那里的时候，房主非常渴望卖掉并搬出这个地方。后来，我了解到业主已经从房子里撤出了所有的股权，房产也被取消了赎回权。

如果房地产经纪人知道如何处理数字，这个故事或许会有一个更美好的结局：如果她用一些水星能量去修补房屋号码，它就会很容易卖出去，让卖家也高兴。因为她不知道数字命理学，所以她的选择是昂贵的小册子和许多个开放日，但合适的买家一直都没出现。

警惕：别买！*(81)*

有一些数字组合，比如土星+太阳，具有很大的破坏性，就像同时佩戴红宝石和蓝宝石一样。81（火星能量）是我认识多年的一位朋友的住所号码。苏珊娜住在一个非常著名的地区，在她搬进这所房子之前，她嫁给了一位在技术领域非常成功的企业家。在搬进这所房子之前，他们非常幸福，经济上也很成功，但在买了这套房子几年后，他们就离婚了。我有几年没见到苏珊娜，之后再一次见到她时，她看起来过早地衰老了。这所房子让他们实在地付出了代价。

我问了她以前住户的情况，但她并不知道他们生活的细节。在我告诉她这种能量对她不好之后，苏珊娜说她在离开我的办公室之前已经下定决心：她会先把房子租出去，然后找其他地方住。我建议她用数字6来修补房子，把家庭号码改成金星振动，这样她的租户就不会遇到类似的问题。

所有房地产经纪人在为客户签下合同之前，都要先谨慎考虑土星+太阳能量的房屋数字，这一点非常重要。如果一个人在医疗领域工作，这种能量在专业上是可以带来益处的，但它仍然会在健康和人际关系方面造成个人问题。

免于止赎 *(1390)*

止赎是房主最可怕的噩梦，尤其是在经济衰退期间，下面的故事是一个令人心碎的生存斗争的例子。幸运的是，这个故事最终有一个圆满的结局。在遇到这种情况的时候，我们能做什么呢？只有依靠数字命理学和数字修补！

加利福尼亚州海沃德亨德森巷1390号的前业主找我来读数字能量，在问了他们几个问题后，我确定了问题所在：问题在于房子的住宅号码。当我说这所房子会让他们陷入严重的财务困境并且可能会被取消抵押赎回权时，房主们感到非常震惊。后来得知真相，我也非常惊讶——这所房子已经被取消抵押赎回权了——我帮助业主以低佣金挂牌出售房产，这样他们就可以很快卖掉它。我建议他们在原有的住宅号码（11390）之前加一个小数字1，将能量转移到更强烈的水星振动上，后来房子不仅在30天内就售出，房主也搬到了更好的地方。

然后他们让我根据正确的数字帮他们买另一套房子，我照做了。在我的办公室，我帮他们买了一套17号的优质独栋住宅。之前的房主在这所"17"号的房子里住了30多年，这所房子有一种平静的能量。几个月后，我收到了新房主的这封信：

"我们卖掉了房子，然后买了一栋新房子。凯尔西帮忙检查了这所新房子的号码，告诉我们这里的能量很好。我们喜欢这所新的房子：它有更好的能量和氛围。有一天，我去了凯尔西的办公室，问他我是否会得到一份[特定]的工作，他告诉我是的，很快就会找到。我离开了他的办公室，大约20分钟后，我就接到了[雇主]的电话。他们说他们正在招聘这个职位……从我请他帮忙阅读数字的经验来看，这让我和我的家人都开始相信积极的数字能量。我从凯尔西那里得到了准确的能量阅读。"

在六个月内，他们的产权价值增加了5万多美元。当时我不知道的是，这家的男人有去卡什溪赌场赌博的习惯。在他意识到产权价值增加后，他说他"需要卖掉房子"，因为他有"一些信用卡"要支付。我不明白他为什么要卖，因为他的信用卡债务并不严重，我建议他先不要卖掉房子，因为我知道这所"17"的房子对他有多好。但他非常坚持，我意识到他已经下定决心要卖掉它，于是同意了为他把房子挂出去。这处房产卖得很快，但我拿到这笔佣金却并不很高兴，因为我知道他不应该卖掉房子。

出售房屋后，该男子和家人搬到了萨克拉门托地区，他的公司也搬到了那里。"17"号房子后来又升值了10多万美元，而这名男子失去了在萨克拉门托的工作。在那之后，他回到了湾区，就在我最初帮助他卖掉的1390号房屋的同一个街区，更糟糕的是，他新房的能量与以前住过的1390号房屋非常相似，我想这是他的因果报应。买了第二套（"17"）房子的新主人已经获得了大量的产权价值，而我的这位客户一直在四处奔波，却没有取得任何进步。可悲的是，对一些人来说，无论你多么努力地帮助他们，他们似乎都会坚持回到旧习惯，最终只会伤害到他们自己。

人际关系的改善

乔·米歇尔住在萨克拉门托地区。在阅读了她的数字能量后，我认为她非常有创造力和艺术性，但她在人际关系方面有很多问题，她也认为如此。根据她的出生日期，我建议她增加更多的土星能量来改善她的生活。凭借直觉和不断的冥想，乔·米歇尔自己也获得了类似的能量。她告诉我她添加了无穷符号（∞），但似乎不起作用，她确信自己引导的直觉是正确的。毫无疑问，这是正确的，但她应该做的是将其旋转90°，使其看起来像8！

在阅读过程中，我还提到了乔·米歇尔可以做的一项运动，可以打开心口（第三脉轮）的能量。她笑着告诉我，她最近在心口上纹了一只眼睛。后来她有提到过自己是个艺术家，我说我在找某种画，问她是否可以为我画。她照做了，而这正是我想要的。有趣的是，我与她的家人有联系，感觉我好像在不同时间线的另一个过去认识他们一样，他们都来这里帮助我。乔·米歇尔给我发电子邮件说，她生活中的变化是"很新鲜、并且令人兴奋，生活很美好"。

她后来给我写信说:"我一直在继续做你建议我做的一些改变和补充。有两个男人走进了我的生活。一个是为了做生意,一个是为了感情!第一个来自我潜在的未来,因为这次创业似乎是一次还不错的商业扩张,它充满了我的心,并帮助我在经济上取得了更大的成功。另一个来自我的过去,只是当时我们遇见的时机不对。两者都是新鲜的、令人兴奋的,让我的生活变得很美好!谢谢你的帮助。"通常我们的直觉会把我们推向正确的方向,但需要另一个直觉正确的人来验证我们已经感受到和知道的东西。

现实的结果

几年前,我被介绍给了当地一个波斯语电视节目的电视制作人,制片人的妻子是从她的朋友那里听说的我。那位夫人打电话给我,询问了她的家庭电话号码数字和她父母的电话号码数字,他们也住在湾区。她对我当时的回答印象深刻,问我过去是否在电视上露面过。我告诉她,我没有电视经验,但在过去的几年里,我曾在几家广播电台工作过。

第二天,她邀请我去她丈夫在圣克拉拉的电视演播室,我一看演播室的地址,就知道这处房产需要修补。她立马问我:"我该怎么办?"我回答:"加一个数字2。"。第一次相见总是非常有意思,我们刚开始讨论五分钟,她就跑去找来了一个号码。我曾短暂地见过她的丈夫,后来发现他是一位来自伊朗的著名电视主持人,从事这项业务近40年了。第二天,那位夫人打电话给我,问我是否真的想上电视。我说是的,而且如果我能接受直播电话咨询以及回答问题的话会更舒服,而不是简单地只做一次面试,一直谈论自己的经历。

在我们签署协议后,马利克先生(制片人)希望当晚接受一次简短的采访。他告诉我,这样做的原因是,他尚且不确定观众会有什么样的反应,因为他"以前从未做过这样的事"。虽然这是第一次坐在镜头前,但我很惊讶自己的感觉有多舒服,我认为这是因为之前在广播节目中的经历。我也没有意识到这家有线电视台在波斯社区拥有如此庞大的全球观众群体。

采访开始后不久,制片人就问了我一些关于数字命理学的问题:关于家庭、商业以及他能想到的一切。他还问了我古兰经中出现的某些精神数字。我和他聊了786这个数字,他很感兴趣,然后还聊了其含义"bismillah"，这让他和工作室的观众，一些来自新德里的锡克教徒，都感到震惊。然后他向观众提到，我在演播室外放了一个数字2。他问我："凯尔西先生，你确定要以自己的名字和声誉担保，对全世界说的这些话负责吗？"我回答说："当然。"

当我们还在直播时，他用波斯语对观众说了几句话。我听不懂他说什么，但很快电话线开始不断闪烁起来。然后他说："凯尔西先生，你准备好回答一些问题了吗？"然后第一个打电话的人就来了，第二个，第三个，一个个电话都接通得很快，直到我们的直播时间结束。马利克先生完全震惊了，并表示他无法预料到来自全世界得观众会立即做出如此积极的回应。

演出结束后，我看到他脸上露出了如释重负的表情，仿佛卸下了一块重担；也许他一开始的确不确定观众会如何接受我。我离开时，他告诉我："噢，波斯人民肯定要买好百万本你的书！"

两天后，我们按照早些时候的约定，再次播出了我的常规节目。几分钟后，所有的直播热线电话又亮了起来。他的妻子坐在后屋的监视器上观看，试图让自己的父亲接通工作室的电话。她还试着用手机打电话，看看到底什么情况，但她根本无法接通；所有的热线都显示繁忙。我们做了一档精彩的节目！马利克先生非常激动。在接下来的那个周末，他邀请我到他家吃午饭。在吃饭的时候，他打电话给演播室，让他们重播了前一天晚上的节目，这样我就可以再看了。看到我当时是如何传递和接收信息的画面，我感到非常满意。许多来电者直接用英语与我沟通，而有些人的问题则由马利克先生从波斯语翻译成英语。

从那以后，一直不断地有人从能看到节目播出的国家给我打来电话。我的网站上的流量比以前增加了很多倍，我只希望自己能胜任为每个人提供个性化和正确信息的任务。

健康和婚姻问题(632)

几年前的夏天，住在洛杉矶的凯瑟琳联系了我。她是由另一位在好莱坞地区广为人知的直觉能力人士推荐给我的。应她的邀请，我去了她家两次阅读。凯瑟琳住在南加州一个非常富裕的社区的632号房子里。她有一个非常强大的出生日期，带有很多金星和水星能量。当她和丈夫遇到这座住宅时，他们当时还住在远东，但决心必须买下它。他们选择的门牌号是632。

几个月后，凯瑟琳和她的丈夫自从搬进这个新住所，就开始遇到了婚姻关系和其他的问题。在我重新读取了她的住宅数字命理学和个人数字后，我建议在3和2之间使用数字4，这将非常有利于平衡整个空间的能量。当时她非常愿意"不惜一切代价"来提高房子的能量振动，让自己的个人生活变得更好。她的丈夫本身带有很多土星能量，当我问她关于他的肠胃健康情况时，她提到他的胆囊被切除了——这很有道理，因为土星掌管着胃部和肝脏区域。我看得出来，她是一个认真尽责的妻子，努力维持婚姻和家庭的稳定。

我第二次去她美丽的住宅时，凯瑟琳看起来开心了许多，并且告诉我一切都比之前"好得多"了。

金钱问题(11)

一位著名的眼科医生劳伦斯博士联系了我，他住在南加州并在那里行医。在我通过电话为他读取了一遍之后，他邀请我到他的住所，亲自对他的财产状况进行分析。

在我早些时候的电话阅读中，根据他的信息，我建议他在门牌号11的两个1之间加上数字4。因为从他的住宅数字命理学中可以看出，数字11限制了资金流入，也带来了许多个人问题。我开玩笑地对他说，在他出生日期上的金星能量会吸引很多女人来找他。他回答说："要是我能再年轻点就好了！"

当我到他的住所时，劳伦斯博士还邀请了他的另一位朋友，一位公认的通灵师，来认识我，（可以肯定地）并且看看我的本事。在我们闲聊喝酒时，我能强烈地感受到这位女士的活力。她就坐在我旁边，提出想看看我的右手，我觉得这是一个奇怪的要求，但作为客人，我礼貌地接受了。

在她看过我的手后，她告诉博士，我的直觉能力线非常强，这就是我能很好地阅读数字的原因，劳伦斯博士也很想知道她指的是哪条线。她说完后，我问她："你的客户群体都是什么人，你都向什么人提供咨询呢？"她告诉我，她为"高端企业高管"提供咨询服务，之后我问她，"你手里也有这条线吗？"她说有，但它比我的小，而我并没有选择去看她的手。

不管我的直觉线有多强,我都只在乎劳伦斯博士的住宅数字修补后,他的应收账款会开始更顺利地流入,他的现金流也会变得更可预测。他后来提到了另一位眼科医生,是他很亲密的朋友,正在创立自己的新诊所。

新诊所 *(160)*

在我第二次拜访劳伦斯博士时,我见到了他在专业上的同事,马丁博士,他正在一个新的地方建立自己的诊所。在评估门上的数字160时,我问马丁医生,这个地方以前的居住者是谁,因为这种能量振动不利于医疗工作。他告诉我,"之前在这里的医生因为一些不可预见的原因而不得不关闭诊所。"而我知道这些"原因"就是门上的160号。幸运的是,马丁博士可以选择使用同一栋楼里的另外两个数字,因为他打算把三个套房合并到一起来做成办公室,165号套房就是其中之一。数字165具有强大的行星能量,由太阳、金星和水星组成,与马丁博士的出生日期刚好互补。他从未想过新诊所的套房号码会给他的生活带来多大的变化!几个月后,我打了一个电话去跟进询问事情的进展,也得到了马丁博士的好消息。

找不到缘分 *(327)*

我接到一位住在萨克拉门托地区的女士的电话。她是由她的一位亲戚推荐来的,那位亲戚早些时候咨询过我。她想问问我关于她儿子——一位医学博士——的数字命理学。"这些事情是怎么操作的呢?"她问我。"我会读取数字的能量。"我回答道。然后她又问:"那你能和我儿子谈谈吗?他是个医生。"

她的儿子,德赛博士,问我说,"这真的有用吗?"我回答说,"我只能从自身出发来谈,你可以去谷歌上搜索我的名字和经历,但我只能谈自己的意见。他约好了时间,和他的阿姨一起来我办公室会面。在看了德赛博士的数字命理学和他的公寓号码后,我可以看出他正面临着个人生活的一些困难。他很快就告诉我,自己想结婚已经有一段时间了,他刚从东海岸回来,遇到了一个和他在网上聊了几个月的女人,他很希望她就是适合自己的人。但他们只约会了几分钟,她就离开了,这让德赛医生非常崩溃和心碎,他感到非常沮

27

丧。

我可以看出，这不仅给他个人带来了沉重的负担，也间接影响了他的工作。这位年轻人和他优雅的阿姨坐在一起，坚持要找一个"美丽大方"的妻子，根据对数字的了解，我向他提出了一些建议。在做了几次修改并修补了德赛博士的公寓房间号码（从327改到3273）后，他的情况有了很大改善。他最近回复我说他"每天都感觉好多了"。我很高兴我职业的全面性让我能够结识各行各业的人，从普通人到专业人士——那些上过大学的人都有，而且让他们开始意识到，成功不仅仅与受的教育相关。

数字的动态性

数字的能量无处不在——运动、生意、个人生活上，以及可能随时佩戴的宝石和水晶。家庭住宅和公寓并不是数字影响我们生活的唯一方面。

尽管这本书关注的是住宅数字号码，但这不是一本讲解方法的书。我经常会接到别人打来的电话，问我："怎样才能从书中学习这个数字修补体系呢？我想为自己和朋友也修补一下。"

对我来说，修补住宅就像描述一个指纹一样：它太复杂了，我无法回答这个问题。因为这个"指纹"是动态的，会随着房子的居住者而变化：新来的人（无论是在房子里出生还是搬进来的）、去世的人或搬出去的人都会有影响。房子本身的能量和房子里的能量一直在变化，当然，还要考虑房子自身预先分配的门牌号码。

我见过许多其他人（直觉能力者）试图使用相同的数字修补技术，但却没有使用实际的"数字补丁"一词来描述，而且也没有意识到这件事有多严重。添加一个数字就像将一个完整的行星能量添加到一个房子里，而这些行星的能量一直在活动和振动。一次错误的修补就可能会让人前功尽弃！

我到现在仍然无法总结出一个可以教给其他人用来修补房屋的公式的另一个原因是，这些信息通常隐藏得非常深。从出生日期、人们的名字和姓氏、房屋的主人（或常客）、房屋里的主人之间的关系以及住宅房屋上的数字来看,各种能量都是高度动态的;我并不能够将这些元素简化为千篇一律的公式。多年来,许多在生活中做出积极改变并因此取得成功的客户都希望我可以教课和举办研讨会,但我暂时还没有研究出用于数字修补的固定公式。许多读者都告诉我,他们已经读了这本书很多遍,也提高了家人和朋友对他们所居住的家庭号码(能量)的认识。我的一些幸运的读者们甚至能够修补自己的房子并将其出售。

第三章

太阳：数字1

太阳由数字1代表。虽然太阳可以在一个家庭中提供领导力和力量，但如果一个地区的太阳能量太多会使人际关系和行为都失去平衡。每当1号，太阳，在一个家庭号码中重复两次（例如11）的时候，它总是会带来人际关系上的困难。当它在一个家庭号码（例如111）中重复三次时，它会带来大笔资金的能量。银行和金融机构的地址通常包含重复三次的1。每当它重复四次（例如1111），它就会让所有者在金钱和玄学上取得巨大的成功。

一

数字一有很多种形式：1本身，10, 19, 28, 37, 46, 55，它们的映像都是太阳能量。下面列出了我对不同色调的一进行的各种案例研究。

案例1（1，能量放大）

尼娜住在一栋10号门牌号的住宅里，这是一栋漂亮的树木繁茂的房子，在一座风景秀丽的山上。我们第一次相识是因为一位共同的朋友邀请我参加一个聚会，并让我帮忙看看尼娜的家庭能量和在场的每个人的数量。尼娜独自住在她的10号住宅里，这数字本身并不能带来收入。10应该是高管、商人的家庭号码，而不是"车轮经销商"的。

在我见到尼娜之后，我可以看出，尽管她住在一个大别墅里，但她手头其实很紧张。她很迷茫，也不知道自己能做什么。在看了她的基本数字命理学后，我建议她在10的基础上加一个数字4，让住宅号码变成104。这可以放大太阳+天王星的能量,因为有个0在中间。很快,她的生意就开始好转,她被邀请到许多新客户家中去展示她的玄学生意。她惊讶地发现,即使在丈夫去世后,通过在房子前面贴上一个小贴纸,能量也完全转移了,并且给她带来了巨大的成功。她和我通过一起工作成为了好朋友,我们现在也仍然保持着联系。

案例2(1,能量放大)

　　一个住在弗里蒙特的东印度家庭来找我,想让我看看他们的家。这家的父母有经济问题,家庭号码也是10。丈夫和妻子都在当地一家公司工作,他们的两个女儿——自身带有木星能量——都离家住在了外面,这给这对父母带来了很多焦虑。

　　这个家庭有很多关系问题。大女儿已经离婚了,她甚至还不到25岁。(木星能量使女儿们无法回家,而母亲感到很迷茫,因为她不明白这是为什么。)根据所有四个家庭成员的数字命理学,我在门牌号的末尾加了一个7,使家庭号码变成107,从而为房子增添了一些海王星的能量。我还要求这位母亲摘下她戴在中指(土星指)上的珍珠戒指,把它戴在她的左手小指上。从那以后,这家人搬到了新家,和女儿们也住在了一起,生活得更加幸福了。

案例3

　　埃丝特在网上找到了我要求咨询。她住在旧金山湾区的1号公寓里。在我们的电话交谈中,我得知她的名字能量完全不同步,与她的出生日期或居住日期能量非常不一致。我向她询问了婚前的名字,因为如果把这个加上她现在的名字上,会完全将振动能量变得对她有利。我强烈建议她更改名字,随后也向她解释,如果不这样做的话她的关系和财务状况无法改善。她回答说:"哦,你说得很对。"我还建议她在公寓里增加一些数字,以全面提高她的能量。

　　有时客户会问很多问题来了解更多关于数字修补的信息,在这个过程中会出现很多"为什么"。一旦客户了解了"为什么"背后的推理,他们对数字的看法就会改变。埃丝特在湾区的一个县缓刑部门工作，她提到自己负债累累。我解释了她家里的数字是如何造成让她负债累累的状态，并建议如果她想购买房产，数字修补将是消除债务的好方法，因为房产价值可以增加她的净资产。当我们读完数字能量，我可以看出我提供的信息引起了她的共鸣，埃斯特后来再次就这件房地产的问题来咨询了我。

案例4（1，能量放大）

南希住在加利福尼亚州葡萄酒之乡2014号的一栋房子里，她以前咨询过我两次。这一次，她打电话来问了关于她搬到东海岸的女儿爱丽丝的事。爱丽丝最近把她的公寓换到了10号，我记得以前和她妈妈谈过她。这位女儿患有莱姆病，正在为MCAT做准备。再次核对她的数字后，我告诉这位母亲，爱丽丝还需要五个月的时间才能康复。我还告诉她，到今年年中，爱丽丝将准备好参加MCAT考试，因为她门上的太阳振动与她自己的能量相一致。

南希也确认了这一信息，因为她在见我之前已经咨询过其他人，而其他人也提供了类似的信息。她想知道女儿会在哪里上医学院：东海岸、西海岸还是大陆中部。我说纽约，南希咯咯地笑了，说她的女儿正在考虑去纽约的斯隆-凯特琳研究所。这个答案对她来说是有道理的，这进一步证明了我能够为她指明正确的方向。南希还表示，她的另一个女儿罗伯塔也住在纽约，却不喜欢那里。但我向她保证，爱丽丝的情况并非如此，因为她的能量是独一无二的。

一零

当一个地址的号码加起来是10的时候，这就是一个太阳能量地址，即便太阳能量并不明显。

案例1

唐娜有一个非常强大的太阳住宅，22501，她的出生日期带有海王星能量。她住在这里很开心，但我建议她可以通过使用更多的水星+天王星能量来修补这个数字，因为可以将这里的太阳能量提升到更高的水平。她真的很喜欢修补这个数字的决定，而它也改善了她生活的许多方面。

案例2

  汤姆有一个非常强大的出生日期，这代表了他前世的因缘。他搬到了西雅图地区，住在1810号的公寓里。根据我的经验，我意识到，每当土星能量与太阳能量同时出现时，都会高度冲突。汤姆提到这个地址是他在网上搜索时找到的，而他已经在那里住了三个月了。因为他只是租了这个地方，我建议他搬出去找个更好的地方。他同意了，说："我在这里感觉住得不舒服"，而且似乎非常急于再次开始寻找新的住处。

案例3

  我有一位客户多年来一直来找我咨询房地产相关的事宜。他住在5113号房子里。他在代表他的家人，包括女儿和女婿，申请移民签证，而他们现在也和他一起住在这所房子里。

  我最近接到了他的电话。他非常不安，告诉我，他申请的所有家人现在都和他住在了一起，但他的女婿被美国的富饶迷了眼，开始"不停地"酗酒。

  我的客户是一个勤奋的人，他对家里有一个酗酒的女婿感到非常沮丧，因为他曾为女婿辛苦奔波才得来签证。女婿受到了在这个国家的"朋友"的蛊惑，告诉他给家人制造些麻烦，甚至从岳父那里要钱。

  我从来不知道这位客户住在哪里，因为我从来没有做过他的个人数字命理学分析，但如果你仔细看数字5113，它的开头和结尾分别是水星和木星。这两颗行星完全对立，所以中间的两个太阳就导致了关系问题。门牌号上的数字很准确地描述了这所房子里的情况。

案例4

  加拿大的一位亲戚坚持要我去见一位在政治圈人脉很广的先

生。我在早些时候匆匆地见过他一面，然后午饭后不久，他就打电话给我，让我去他家。当我们把车停在他家外面时，我看了看他的门牌号，这上面的能量立刻让我感到不舒服。这个数字是1018，我可以看出，太阳和土星在房子外面相冲突，除了带来经济方面的困难外，还可能带来许多其他问题，包括受伤和意外事故。

喝了一杯水后，理查兹先生很快就邀请我到他的家庭办公室，问我对他的住宅号码有什么看法。我看了他的名字能量，它非常强大，还有他的出生日期，这些都是他在国家和国际圈子里人脉如此广的原因。我把一切都写在了一张纸上让他看。

当我告诉他，这处房产可能会让他住进医院，包括动手术时，他突然完全沉默了。他很快就走了出去，叫妻子过来和我们一起谈话。他非常坦率地告诉我，搬进这所房子后不久，他出去追自己的狗，因为它跑进了街上。然后他和狗都被一辆从相反方向开来的车撞了，他右胫骨断成两半，狗的腿也受了伤。理查兹先生慢慢开口告诉我，尽管他是一名财务顾问，人脉广泛，生意兴隆，但他的账面上却总是出现赤字，而他一直不明白为什么。

"我该怎么办？"他问我。我说："这房子首先需要用天王星的能量来修补，然后得尽快放到市场上出售。"他彼时已经在考虑出售了，但我的信息更加坚定了他的决定。我还与家庭中其他成员进行了交谈，他们对收到的信息都表示赞赏。我很高兴能多交到另一个朋友，并且多帮助一个人。

案例5

多年来，我意识到只有某些能量才能让你增长眼界和成长。这些建设性的能量能够不断地为你提供机会。但其他的能量只会是绊脚石；你越努力，摔得就越狠。

比尔的名字上有微弱的木星能量，他住在圣何塞的2431号房子里。他一走进我的办公室，我就感受到了他强烈的个性和活力。在他开始谈论他的数字，并谈到家庭号码后，他告诉我他是《圣何塞水星报》的高管。他听过我几次广播，也读过我在那份报纸上的文章。他说，上次他在收音机里听到我的声音时，就一直觉得很想来接我。

比尔当时正在为该报的房地产广告部撰稿,也在积极地为自己买房,但出于某种奇怪的原因,他觉得自己非常挫败。他说自己手头很有钱,但妻子却无法接受任何房地产投资;她说这让她感到"紧张"。我建议他在住所里多加一些海王星能量,让它与他的出生日期更好地流动。我也谈到了他的女儿,她的出生日期能量非常强大,但在家里也感到不舒服,所以我建议她们重新修改她名字的拼写。

案例6

11512是一对从萨克拉门托来我办公室寻求建议的老夫妇的家庭号码。他们是由我的一个朋友介绍给我的,他碰巧和他们的家人有一些亲戚关系。此处房产是他们在2003年购买的。在我看到这个拥有三个太阳的数字,以及他们的出生日期的时候,我能感觉到他们的住所和出生日期的能量:太阳对基本能量的影响太大。我问这位女士:"还有谁住在这里?"她说:"我的两个女儿。"我首先告诉她,这个地方对每个住在那里的人来说都是非常困难的,因为地址上出现了三次的太阳的能量,再加上他们的名字和出生日期,情况就更加糟糕了。

然后她把整件事情都告诉了我:他们搬进这所房子后不久,她就突然生病了,不得不摘除一个肾脏。从那以后,她一直生病,每个月都要输血。她的两个女儿都很沮丧,因为她们想结婚,但找不到合适的伴侣。丈夫是家里唯一的男人,在她讲故事的过程中一直保持沉默,但最后他说:"这所房子给我们所有人都带来了很大的困难。"

我问他们以前的家庭号码;它们都是非常微弱的木星和海王星振动。他们在这个国家的逗留可以说是一场持续不断的噩梦,他们的住宅是直接从开发商那里购买的,而不是通过经纪人。他们是第一个住在这里的家庭,但因为他们不了解家庭号码的能量,他们经历了毁灭性的灾难。我推荐了一个临时的修补方案,并建议如果他们改变居住地的话会更好。

在他们离开我办公室之前,我使用鼠尾草清理了他们自身的能量,而后那位女士告诉我,他们在回家的路上就感觉"轻松了一些"。

案例7

奥利维亚在加利福尼亚州奥克兰的加州公路巡逻队工作，住在3115号房子里。她的丈夫的出生日期带有很强的火星能量。奥利维亚通过她的一位同事（他也是我的客户）联系了我，想咨询一下她的房子。在这个数字组合中，所有的行星能量都在产生碰撞：木星+两次太阳+水星。奥利维亚提到，在她和丈夫搬进这所房子后不久，她的生活就开始在个人生活和职业上都变得"非常紧张"。我建议她换房子，但她不准备这么做。然后我提出了一个修补方案，虽然我很清楚它无法彻底克服她房子上行星能量的碰撞组合。

由于无法应对压力，奥利维亚搬出了房子，而她的丈夫继续留在那里。他带领她进入了新的职业生涯，她爱他，但房子却让她不得不离开。当奥利维亚搬出去时，她也被提升到了一个更高的职位。她为丈夫感到难过，但也开始和部门里的另一个男人约会了。

有一天，她打电话给我，想让我见见她的丈夫，因为她觉得我可以给他一些建议。我意识到，她的丈夫自己也很有直觉，当我告诉他，他在湾区找不到任何工作，在南加州会做得更好时，他回答说，这就是他要去的地方。然而，他很难离开当时只有3岁的小女儿。

不久之后，奥利维亚又来看我，告诉我和她约会的那个男人露出了真面目。他利用她的职位在部门内为自己争取了一份更好的工作，但却是在酒乡。她感到被利用，十分痛苦。当我告诉她，她的丈夫仍然愿意在她身边时，她同意了。正如我们从这个例子中看到的，房屋和其中的行星能量很可能会突然摧毁一个人的人生。但在这种情况下，如果奥利维亚和她的丈夫和好并一直坚持在一起，我也不会感到惊讶，因为他们现在都没有生活在旧住宅的破坏性能量中了。

案例8

一位数字命理学客户找到了我，他在一个广播节目中听到我后联系了我。纳奥米的家庭电话号码是1801。在查看了她的出生日期——一个非常直观的日期之后，我可以看到她的基本能量是太阳+水星的能量振动。根据传统数字命理学将家庭号码加起来,可以得到数字10。但在这种情况下,数字1801却有一个大问题。

在我与纳奥米交谈后,我提到,尽管她出生日期有一个基本的太阳振动,数字1通常对她有利,但这对她的家庭来说却是灾难性的。太阳+土星的能量放大,如她的家庭号码所示,产生了一种相互矛盾的能量。太阳和土星具有相互矛盾冲突的能量来源,每当它们出现在一起时,悲剧就会以人际关系、疾病和/或过早死亡的形式发生。

在吠陀传统中,数字1的代表石是红宝石,数字8的代表石是蓝宝石。这两个东西从来都不可以一起穿戴。如果看到你戴着蓝宝石镶嵌的红宝石,任何称职的吠陀占星家或数字命理学家都会让你立即摘下其中一颗。纳奥米戴着丈夫送给她的红宝石作为结婚礼物,而她又送给他一颗蓝宝石作为结婚礼物。现在,蓝宝石给丈夫带来了名声,因为他是一名律师,但他们俩——无论是石头还是人——都不能同处在同一所房子里。纳奥米和马克结婚了,但石头却把他们分开了。他们住在同一条街上,但内奥米一个人住,马克和他的母亲住在一起!纳奥米说她爱马克,马克也很尊重她,但由于某种原因,他们无法靠近对方。当我问她更多关于她戴的其他水晶的问题时,她提到她喜欢戴一条蓝色蓝宝石项链。

为了转移纳奥米门牌号的能量,我建议她在8和0之间加一个5,使门牌号变为18501。我选择5是因为8代表土星,5代表水星。我从纳奥米自身的基本数字命理学中推导出了5,并用它来放大家庭住址的能量。

案例9

我的一位住在圣马特奥地区的客户的家庭号码是415。琳达在收音机里听到我的声音后联系了我。按照传统计算,她住在一个"10"能量的住宅里。但415的能量其实相当于天王星+太阳+水星,它本身流动良好。琳达自身的基本能量是木星,但它与家庭号码发生了冲突。她不明白为什么家庭数字命理学对她不起作用。然而必须指出的是,太阳+木星,数字1和3,各自都非常强大,每次它们聚集在一起,无论是出生日期、姓名号码还是家庭号码,都会引起很大的摩擦。拥有木星住宅+基本太阳能量,或是相反情况的人，都会发现很难按照预期取得进步。琳达就失业了一段时间，但却没有任何关系问题。我建议她佩戴合适的水晶来释放能量，并使用金星+土星来修补她的家庭号码，以消除生活中的障碍。我后来收到她的来信，她说事情进展得"很好"。

案例10

偶尔，在广播中与我交谈过的人会再次打来电话，试图"抓住"我来给他们提供一个不同的解决方案。一个男人通过我之前上过的电视节目打了电话联系。他给了我他的办公地址、出生日期、妻子的出生日期、一个孩子的出生日期和他的家庭住址。我问他想知道哪个地址的信息。"我的生意，"他回答。"你做什么生意？"我问。他在121号的店铺开了一家波斯地毯店。

然后我问他，"你以前打过电话来吗？我以前看过你的号码吗？""是的，我打过，但是……"我告诉他，"这绝对不是适合波斯地毯商店的号码；你必须加一个数字2。""我是把数字2加在前面还是后面？"我说把它加在前面，使其成为2121。

然后来电者问，"我能再问一个问题吗？"他说了一个9月16号的生日，但并未说明是谁的，但这次他问的商铺号码又变成了108号。我回复他说，"这回带来法律方面的问题以及员工之间的争斗。"

然后他问起了自己的房子，118号。"这也是一种非常有压力的能量。"我建议他在末尾加一个数字5。主持人坐在我旁边，想知道发生了什么事。在我建议来电者加上数字5后不久，来电者说："好吧，你今天通过了测试！我之前打了两次电话，想看看你的说法是否前后一致，每次都会告诉我同样的回答。"

然后主持人问，"你是不是之前打过电话来？他的回答也与之前一致？"来电者说，"是的。"制片人松了一口气，好像方才以为会在直播里当场翻车导致收视率飙升似的。

案例11

伊丽莎白和她的伴侣，一位教授，住在康特拉科斯塔县1135号的房子里。在看了她的姓名和出生日期后，我意识到这些能量是完全同步的。她的搭档在数字命理学方面表现非常出色，他是一位教授，这并不让我感到惊讶。伊丽莎白想知道他们住宅上的数字。

如果你仔细看1135这个数字，它有两次太阳能量，其次是木星，然后是水星能量。根据我研究家庭数字的经验，我了解到这种组合是非常有压力的，因为所有的行星都在相互碰撞。伊丽莎白告诉我，她是一名占星家，"对行星非常了解"，但她就是想不出这个家的能量到底如何运作。

她向我问起了一只和她一起生活了19年的猫。猫总是不停地叫。伊丽莎白咨询过其他人，他们都告诉她"得把猫送走了"。读完这些数字后，我直觉地发现，是猫比伊丽莎白或她的伴侣更能感受到数字能量的影响。

我建议他们三个都离开这所房子会比较好，因为我觉得这只猫正在接收到家庭号码/行星的碰撞能量。由于1135号放在门旁边，我还建议他们在主门上使用203号，暂时盖住1135号。

除了修补，我还建议使用某些水晶，这可以改善伊丽莎白和她的伴侣的能量流动。伊丽莎白接着又说她"非常喜欢油画"。在我们结束阅读之前，我建议她在床边放一尊维纳斯雕像。后来，当她在网上给我付费时，她签的署名正是"维纳斯"而不是伊丽莎白。

一九

1 + 9是太阳+火星的能量。每当它们一起出现时，比如19或91，它们总会给人带来成功、好运和幸福。

案例1

一天晚上，珍妮特给电台节目打来了电话。她一年前给这个节目打过电话，但我不记得她了。她之前打电话的时候，拥有一处带着强大木星能量的出租住宅。她发现自己很难摆脱那些不想离开的租户。我帮她用了一个数字来"鼓励"租户离开。她提醒我说，我以前帮过她，而她现在想来咨询她自己的房子，676号。

虽然这种能量与珍妮特的基本数字命理学是同步的，但它在创造财富方面并不是很好，而这正是她想要的。我建议她在末尾添加一个数字5，以转移到更多的金星能量，这将更好地为她带来资金。在我为她自己的房子提出这个建议后，她给了我一份关于此前那处出租房产的结果的感谢信。能听到人们的回复总是让我很高兴，因为它们可以让我验证和确认在他们的家庭能量得到提升后都发生了什么。

案例2

一位客户在电台听到我之后来见了我，我当时帮她看了她和丈夫的基本数字命理学，基本都是同步的。但她似乎仍然还面临着很多问题。

她的家庭电话号码是4438。在这种组合中，天王星出现了两次，土星在最后。应该指出的是，天王星和土星能量总是有被吸引到一起的倾向。每当他们出现在一起，就像踩在流沙里一样。奇怪的经历，比如房子里着火、突然死亡、前所未有的愤怒情绪爆发或警察造访，都会变得很常见。

根据这对夫妇的数字命理，我把两个4分开，在中间加了一个5，以改变门牌号码，使其与住户的能量振动更加和谐。

几个月后，我接到这位女士的电话，告诉我房子的能量有些不同了。我了解到，许多来自东方的大师喜欢把数字8放在数字命理的末尾或某个地方。我相信应该是因为这个词的发音意味着"好运"。但我了解到，每当8（土星）与数字4（天王星）同时出现时，总会有问题。原因是，虽然土星和天王星相互吸引，它们的能量也可能会非常激烈冲突。因此，这种组合可能会变得具有破坏性。

如果有人把数字加起来，4+4+3+8，这似乎是一种非常强大的能量：19。然而，19本身具有太阳+火星的能量，非常强大，但如果分解成其他组合，如44和38，那么19仍然可能是灾难性的。这一位女士还提到，在住进这所住宅之前，她住在一栋2440号的房子里，那里的情况同样糟糕。我对此并不感到惊讶，因为天王星在太阳能量上重复了两次，这让她的生活被打乱了。

案例3

一位带有强大出生日期（本月19日）的亚洲客户来找我阅读数字能量。她住在1468号住宅。传统的数字命理学家会说，"哦，这加起来是19"，但这种能量其实代表太阳+天王星+金星+土星。每当天王星、金星和土星同时出现时，都会让家庭变得不快乐。这些行星能量带来的是家庭内部的分裂、伤害、事故和不和。在询问了这位客户之前的房主后，她表示他们也遇到了类似的问题。所以，当我问她为什么选择买这个号码时，她提到是因为最后的数字8是代表"幸运"的。

数字8，土星，代表着大生意。它也会带来忧郁和阴郁的氛围。土星总是会吸引天王星能量（在这种情况下是4号），每次两者结合在一起，能量就会像流沙一样发挥作用：它极具破坏性，无论你多么抗拒它，它都会让你下沉。金星能量出现在中间（数字6），使这种情况更加复杂；这是一个我很难修补的地方。我最终建议客户换房子搬到新家。这对她来说并不难，所以她同意了。刚一搬到新家，她的生活就平静多了。

案例4

有一天，莫莉给西雅图的《联系访谈》电台打了电话。她向我提供了自己的全名、出生日期和家庭电话号码：16228。我告诉她，这所房子不太适合她。她立刻表示了同感。"我该怎么办呢？"她问。我说："我们需要用一个特定的号码来修补住宅的能量。"我正要给她这个数字，但突然一个念头闪过我的脑海。我问她："这房子里还有谁住？"她说："我的儿子。"我随后问了她儿子的出生日期。当她告诉我这个日期时，我注意到他有一种强大的太阳+海王星能量。我回答说："这房子对你儿子有好处。"莫莉笑着说："没错，这对他有好处，但对我没有！"所以，我建议她不要修补房子，而是在脖子上戴一块水晶吊坠，这样可以让她的儿子享受住宅的能量。

在平衡数字的能量时，考虑到每个家庭成员是极其重要的。通常，名字和房屋的能量不会一起生效，而找到最佳振动就会变得非常复杂。来电者结束通话时似乎很高兴，因为她收到了对儿子有利的答复，对她自己也很有帮助。

案例5

有一天,我的《联系访谈》电台节目的第一个来电者是一个有着强大出生日期的男人,他的妻子也是如此。他住在西雅图地区3718号的房子里。在查看了他的基本振动和家庭号码后,我为他建议了一个修补方案。但是,与此同时,我告诉他,如果开始寻找新住宅的话会比较好。他会心一笑,回答说:"你知道吗?我们已经想离开这个地方了。我们在这里住了五年,这很令人不安。"在这个3718号的房子里,数字的后半部分正受到火星负能量的影响,这就是令人不安的能量的来源。他以一个大大的"谢谢!"结束了通话,并表示他会给新房子寻找一个更好的号码。

案例6

杰瑞打电话给西雅图的节目,给了我她和她丈夫的名字、出生日期以及他们的家庭号码,1909。在做这一次阅读的时候,我感到非常不安。我很难在电台中告诉人们,这种能量是有害的因为我对这个数字感到不舒服。主持人也感觉到了,于是介入,问:"杰西,你觉得他们换房子是个好主意吗?"我说:"是的。如果我是你,我会这么做。"我还建议了一个修补作为临时解决方案,而后我们结束了对话。

案例7

怀特夫人是东湾一所中学的校长,住在东湾最大城市之一的一所5374号房子里。她出生于12月下旬,由于出生日期,她带有很强的月亮能量。她使用的名字不是她的本名;是前任给她的,但由于住在5374号房子里,并使用带有火星负能量的"新"名字,她与丈夫的能量发生了冲突。在说服她可以用不同的拼写来拼写自己的名字,但发音相同后,她同意试试。而后她惊讶地发现,她和丈夫的关系变得更加和谐了。

尽管一个住宅号码可能很强大,但一个名字能量为负的人可能会在特定的房子里造成困难。怀特夫人带有强大的个人能量,她将大部分精力用于应对自己的新名字。一旦她改了名字,就不必再把精力用于这种挣扎;可以尽情地去享受生活了。

案例8

阿利克斯通过一个广播节目联系到了我。她住在旧金山的一所3637号住宅。非常有趣的是,她的名字(具有土星、天王星和海王星的能量)与她的家庭号码非常匹配。在我给她做了数字阅读后,告诉她,"你的名字和你的住所的能量振动是一致的;应该会有好事发生"。当她告诉我,她被一位著名的出版商邀请写一本关于玄学健康的书,我感到很惊讶!她的积极能量体现了她写书的意愿。木星在数字中出现两次通常会带来意想不到的财富流入。事实是,这并不是纯粹靠运气"发生"的:因为她的名字和住所能量恰好是一致的。

案例9

王先生在一个秋天来见了我。他是和兄弟一起来的,那是一位成功的商人,在前一年也咨询过我。王先生的木星能量出生日期和强大的住所号码676以及他自己的名字产生了冲突,这带来了三方的能量冲撞。

当我问到他的健康状况时,他说他最近经历了一次严重的中风,妻子也和他离婚了,他两个已经结婚的儿子想让他卖掉他的大片庄园。他在个人生活和职业生涯中都没有得到满足,对一些初创公司的投资也有很多疑问。

我帮他改进了名字的能量振动,并修补了门牌号。他的兄弟告诉我,在一年前他修补完空置的大楼号码后不久,它终于被租了出去。

二八

这是数字一的新色调。28的能量相当于月亮+土星,非常强大。当28出现在名字或出生日期上时,这是非常有影响力和有权势的人的数量,许多著名的国家元首、高管和艺人的名字和出生日期都有月亮+土星能量。但当28出现在住宅上时,会引起金钱和人际关系方面的问题。所以,数字的归属会完全改变名字和/或出生日期的影响方式。

案例1

旧金山湾区一位朋友的家庭电话号码是36667。如果你仔细看这个数字,它开始是木星,中间是金星三次,最后是海王星。这种能量很奇怪,自从我朋友的家人搬进这所房子以来,奇怪的事情就发生了:他们最小的儿子被诊断出患有心脏病,父亲被诊断出不明原因的血压不稳定,家人突然失业,生活普遍不稳定。

在他们咨询我之后,我建议他们分开中间三个金星的能量,在第一个6之后加上一个5,使有效数字变为365667。从那以后,状况就稳定下来了,家里的压力也减轻了,这个家庭似乎更幸福了。我们还应该注意,基督教神学中的"666"是《启示录》13:18中的"兽数"。许多西方人认为,无论在何种情况下,将这三个6分开都比较好。

案例2(28,能量放大)

克瑞尔联系到了我,几个月前她在《超越》节目中听到了我的声音。她住在208号公寓,并且对自己的生活感到有些迷茫。她有一个精神力很强的出生日期,并且她还提到和家人相处得很艰难,尤其是和母亲和妹妹。她正在和一个男人约会,但却不确定他是否是"合适的人"。我建议她在公寓里多使用月亮能量来转移能量。克瑞尔签署了一份合同,将在旧金山一个新的著名开发项目中购买一套海滨公寓。她和男朋友各自为自己预订了一套公寓,他们都要求我帮他们选择正确的数字。我记得那位男士从他的办公室给我打来了电话,查看了销售代表提供的所有可用号码。之后,我们分别为他们选择了两个最有利的数字518和618。

克瑞尔不得不卖掉她在圣地亚哥的房产来完成这笔交易。但圣地亚哥市场开始下跌,所以她对购买公寓这件事感到有些紧张。旧金山的交易计划很快就要结束了,而克瑞尔很担心,因为她在圣地亚哥的房产还没有顺利出售。我建议了一些我通常会做的出售房产的事情,她也这样做了,我告诉她,她的房产将及时交由第三方托管,以完成她的新房产购入。

她回答说:"好吧,杰西,你可要为这个决定负责。"我能感觉到她的急切。15日晚,她在一个聚会上给我打电话。我听出她很高兴,因为她告诉我,在同一条街上的三处房产中,买家选择了她的房产!听到这个消息,我松了一口气,当然,我觉得这是对我数字工作的又一次验证。不久之后,克瑞尔就在旧金山完成了新的交易,并且给自己放了个短暂的假期。

案例3

一位住在蒙特利地区的著名高管的家庭电话号码是208。爱德华和一位商业伙伴创办了一家新的生物技术公司,他有以往的经验和人脉,并开始为他的新公司从许多投资者那里筹集到了资金。大约两年后,其中一名投资者发现了一些与该公司股份有关的可疑活动,并向当地地方检察官报告了该公司,而爱德华的法律问题似乎并没有到此结束。

每当2和8在一起时,除了带来法律上的麻烦外,还可能带来个人和职业上的分离问题,而这正是发生在爱德华身上的事情。爱德华是个聪明慷慨的人,这个问题不是他的错。他的家庭号码,月亮+土星能量被放大了,这给他带来了这些意想不到的问题。不幸的是,他后来拒绝了我的建议,而据我所知,他仍然继续经历着这样的困难。

案例4

加利福尼亚州里士满的5869是马修的家庭住址号码。这是太阳能量的一个略微不同的方面:木星和火星在太阳能量的影响下碰撞。马修的名字带有木星能量,而他妻子的名字有火星的能量。他们在一起生活了二十年,但还没有结婚。所以马修对家里的能量感到有一些迷茫。

在我解释了发生的情况之后,马修明白了。他还说,他"出于健康原因吸食大麻"。在这种情况下,这是可以理解的,但这只是一个行星能量上的冲突,因为他生活在一个不以自己的基本能量振动的家庭号码中。无论你如何处理,健康问题和关系问题都会陡然出现的。我建议他在数字的开头用更多的水星能量来修补他的住宅,以使能量健康地流动。

案例5（28，能量放大）

玛丽莲住在2800号住宅里，月亮和土星在住宅上的能量总是会给人际关系带来困难：分居、离婚，甚至经常会有法律纠纷。在我们见面讨论过她的号码后，我发现她的名字没有任何问题，但玛丽莲的出生日期和2800的住所号码告诉我，她肯定会在主要的人际关系上遇到困难。

我的第一个问题是，"你们的关系怎么样？"她立刻流下了眼泪。她说，结婚多年的丈夫最近去世了，因为他病了多年。在和她说话的时候，我突然感觉到一股能量就在我的椅子后面，我告诉她："我觉得你丈夫可能现在就站在我身后。"玛丽莲开始点头，"是的，他一直和我在一起。"她说。在我为她做了一些能量清理后，她说她正在考虑搬出该州，并想咨询一些她最近去看新房子时看到的数字。

她的儿子患有与父亲相似的疾病，她担心他的健康。我建议为她的住宅做一些修补，当我们完成时，我意识到她自己的能量已经转移了，我觉得也许她肩膀上的负担也减轻了许多。当她离开时，她说："我现在感觉不一样了。我感觉轻松多了。"听到这个消息，我也感到很安心。

三七

木星+海王星的能量很玄，且也是善良的。它也带来了很多认可和伙伴关系。但3+7的能量也是神秘的，因为木星和海王星之间的振动；也难怪它给任何名字组合为3+7的人带来了如此多的好运和发展！

案例1

一位经营阿育吠陀诊所的客户在广播中听到了我的声音，随后就来向我寻求阅读帮助。这个案例的住所是37号。阅读完之后，我向她提到，能量与她的出生日期同步，这是一个充满幸福和许多伙伴关系的地方。她立刻同意了这一点：她的小家庭（儿子和女儿）都在同一所房子里长大，都长大成人成了专业人士。他们一直是一个亲密相连的家庭，一直互相帮助。她的丈夫除了经营一家成功的企业外，还是一家大型组织的成员。木星+海王星的能量是广阔而玄学的，它会将人们快乐地聚集在一起。

四六

天王星+金星（4+6）或金星+天王星（6+4）出现在门牌号上代表了一种无性丑闻的能量。

案例1

几年前，一位菲律宾客户通过我一位朋友的推荐来找我阅读。这位女士在东湾拥有46套住宅。当她来看我时，她非常沮丧和不开心，有趣的是，当我看到她的出生日期、名字和其他信息时，并没有发现什么不妥。然而，当她提到她的46号公寓时，我提到了"性丑闻"这个词，她开始流下了眼泪。

她恢复镇定后解释说，她与丈夫分居后一直住在46号公寓。当我问她从事什么工作时，她说她是一名按摩治疗师。她还是一名注册护士，但这个住所毁了她的婚姻，因为她卷入了许多混乱的亲密关系。在我为她建议了一个修补，在门上添加了一个数字后，她的情况有所改善。她回电话说，她很高兴遇见了我，并对在门上放一个小数字会对能量产生"如此大的影响"而感到惊讶。

案例2（46，能量放大）

另一位女士通过一些朋友联系到了我，她碰巧住在戴利市。但除了出生日期不利外，她还有一个460的住宅号码，她与丈夫分居，人际关系也有很多问题。在这种情况下，我建议她换公寓，因为她所住的大楼里还有一个空位，那个新的号码会更有利。新公寓号码改变了他们的生活。后来他们全家人都来看望了我，大家都非常高兴和感激他们能够一家团聚。

五五

数字5代表水星，水星代表智慧。当5出现两次，放大水星的能量时，它代表了巨大的智慧。

案例1

阿纳米卡是我在印度新德里的亲戚，住在一个地址号码有两个5的住宅里。她是一位非常有才华的舞者，她可以在自己练习跳舞的同时也教别人跳舞。她在新德里经营着一所著名的舞蹈学院。现年30多岁的她从18岁起就开始管理学院。2000年，她甚至在新德里的一场全国性表演中从2000名参赛者中脱颖而出，被评为了最佳舞者。除了拥有强大的出生日期和强烈的名字振动外，水星的能量两次出现在阿纳米卡的名字上，使她在年轻时就在全国范围内声名鹊起，频繁出现在报纸文章和杂志上。

虽然她对自己的成功感到高兴和惊讶，但她仍然没有意识到自己的住宅号码有多强大。有趣的是，这所房子的一部分曾经租给了一位家里的朋友，他也是一名室内设计师。在这所房子里住了短短几年，他就因与名人和成功人士的联系而闻名全国。他现在在印度国内作为室内设计师非常出名。

阿纳米卡在新德里的红堡执导了一场演出，红堡是一座历史悠久的堡垒，可以追溯到莫卧儿帝国。在过去的350年里，没有人被允许在枢密宫表演，无论是唱歌、跳舞、背诵还是节目表演。我在年初为她选定了演出日期，随着时间的临近，事情开始慢慢明朗起来。阿纳米卡非常紧张，有点害怕，因为她尚且年轻而且此次活动更是前所未有。我很荣幸地成为了主宾，坐在印度电影业一位非常著名的电影制片人旁边。

在节目开始之前，阿纳米卡有点紧张，因为音响效果不好，还有其他一些小问题。我按照她的要求，带着一根鼠尾草早早地到了那个地方。阿纳米卡、她的母亲和我走到附近的清真寺，为演出的顺利进行了祈祷。我在清真寺门口点燃了鼠尾草，然后阿纳米卡的母亲和我走遍了整个表演的空间。半个小时后，音响效果就变得很清楚了。她的水星能量帮助她完成了一场精妙绝伦的表演。

六四

这种能量和46的振动非常类似，只是稍弱一些，因为行星位置对换了而已。

案例1

在参加了《Appadana》电视节目后,整个波斯社区似乎突然都有了我的电话号码。有一次在我开车的时候,奥马尔从伊朗接通了我的电话。我把车停下来,全神贯注地听他讲自己的故事。

他住在64号的一所住宅里。在他给了我他和他妻子的出生日期后,我立刻判断这个住宅有些不对劲。根据我的经验,每当金星和天王星在住所或名字上同时出现时,它们都会造成许多复杂情况。这是因为天王星与金星的能量冲突;4和6无法和谐相处。

当奥马尔告诉我,他和妻子多年来一直想生孩子,但还没有成功时,我并不感到惊讶。金星+天王星的能量也代表了许多的人际关系。我建议他使用数字5来将能量提升自身的能量振动,我还帮他修补了商业号码,为他提供了改善服装生意的信息。

这次谈话非常有趣。奥马尔说波斯语,但我可以理解其中的很多单词(因为我来自印度),所以他和我不用说太多英语,就能把我们的观点传达给对方。

在我第一次出现在电视上后,我打电话给新德里的母亲,告诉她我参加了第一个电视节目。她非常高兴,想让我给她寄一张演出的DVD。在与她交谈时,我意识已经取得了普什图语硕士学位的父亲,或许正是发生在我身上的事情的关键!因为我们在家里一般说旁遮普语,但普什图语和乌尔都语关联性很强,也与波斯语有许多相似之处,所以从我的童年开始,当我父亲做语言学工作时,我的耳朵里就总是会听到一些普什图语(也许还有波斯语?)。这是一个非常奇怪的认识,这种语言联系可能是我能够成功帮助到奥马尔的原因。

九一

这个行星组合类似于19,但强度较弱。

案例1

数字91是我一位碰巧是玄学家的朋友的住所,她住在太平洋附近的戴利市。朗达是我广播节目中的一位听众。她预约来见了我,并将我要求的信息用传真发送了过来:她的名字、出生日期和门牌号。我记得朗达提前半小时给我打来了电话,当时我正准备进行阅读,她问我对她的数字命理有什么看法。在看了她的名字和出生日期,当然还有她的家庭电话后,我对她说:"我不知道该告诉你什么,朗达;这里的一切信息都是同步的。"

我刚一说完,她就放声大笑,说"我只是想看看你的能力!"朗达有很多客户,她提到,当我第一次上广播节目时,她给我算了一些塔罗牌,进行了冥想,并且接收到了很多关于我的信息,后来我们交换了这些信息。

第四章

月亮：数字2

数字2，代表着月亮，有许多种表现形式：2本身，以及数字11、20、29、38、47、56等。以此类推，同样也有：65、74、83等等。我在许多客户的名字、出生日期以及住宅上都读到过月亮能量，并且认识到了月亮能量在名字以及出生日期上的能力比住宅上要强得多。如果你想要生活上的成功——或者好的人际关系——请一定要远离我在此章中谈到的能量类型，尤其是当它们出现在住宅号码上的时候！

二

二本身就是月亮能量。

案例1

有一位东印度的女士，阿蒂塔联系了我，她是从《圣何塞水星报》上了解到我的。她来找我帮她读取数字命理，而我看出了她在生活上压力很大也并不开心。她的丈夫拥有博士学位，住在纽约州奥尔巴尼，而且已经在这个国家生活了很多年。他们的婚姻很悲惨，她的两个儿子——在这个国家出生和长大——经常与她意见不合，在家庭纠纷中选择站在父亲一边。她实在受够了，于是搬到了加利福尼亚州，与自己的家人，尤其是姐妹们亲近些。

我查看了她所有的门牌号，包括现在的门牌号码2，他们全家几年前搬来了这里。我可以看出这个门牌号对他们的家庭关系来说是一个完全的"下沉"负面影响。阿蒂塔非常坚定，希望让我和她的丈夫谈谈，告诉他我对数字命理的看法，并解释家庭数字能量是如何振动的。她的丈夫从纽约给我打来了几次电话，但由于日程冲突，我没能顺利与他通话。

后来她的丈夫和两个儿子来见我时，阿蒂塔给他们预约了在没有她的情况下见我。我们的第一次会面非常正式，也只是了解了对方的基本情况。后来，这位先生想再单独见我一次。他对数字命理的问题非常具体，因为他在我们初次见面后研究了我的网站。我告诉他，他在纽约奥尔巴尼的家庭住宅号码(2)与他的出生日期不合，他会在金钱和人际关系方面遇到问题。于是他敞开了心扉告诉我，尽管他拥有博士学位，并在美国政府有一份声望很高的工作，但他一直在财务方面"精打细算"。他说，两个儿子都三十多岁了，拥有商业和化学工程学位，但也都非常迷茫，还面临着类似的问题。"那我该怎么办呢，凯尔西先生？"他问我。

我让他在他家的门牌号2后加上两个零和一个四(2004)。我还与他分享了我在房地产方面的经验，以及他可以投资购买房产的好地方。作为一名房地产经纪人，我有时会对人们对于房地产的看法而感到惊讶。我有很多客户甚至没有这位先生受过的教育程度高，但他们都已经成了百万富翁，并且非常了解房地产是如何运作的。不过在这位先生离开之前，我可以看出他已经有了一些对于玄学的未知的感觉。他让我向他提供一些当地的合适的家庭住宅清单，我也照做了。就在他离开之前，他说："我一定还会再联系你的。"

8月，阿蒂塔在东海岸的房子被放到了市场上出售，而这家人按照我的建议修补了它。那位丈夫现在搬到加州感觉好多了，正如之前见面时我告诉他的那样。当时，他正考虑在佛罗里达州退休。他的两个儿子最初都不愿意搬到加利福尼亚州，但其中一个儿子已经搬到这里，开始在硅谷找工作，而另一个儿子则正在帮助父亲在东海岸推销房子。

案例2(2, 能量放大两次)

特雷西在收音机里听到我的节目后给我打来了电话，在听到她的办公地址——普莱森顿地区200号后，我立刻就知道了她有业务方面的问题。她还住在一个会造成钱财短缺的住宅号码里。唯一对她有益处的是她自己的名字，这勉强帮她度过了这场混乱的数字命理处境。在得知她经营的生意是一家花店后,我建议她通过将能量与更多的金星能量结合来放大效果,金星能量与代表爱情的花朵可以很好地共振。后来我还和她谈过,情况已经开始好转了。这并不奇怪,因为数字是不会说谎的。

案例3(2,能量放大)

我和一些朋友参加了一个小组,学习各种占卜技巧。在课程结束后,主持人向在场的其他人介绍了我以及我的工作。大家都听说过我,其中一位穿着蓝色衣服的漂亮的女士非常好奇。当时,她在核桃溪的一家玄学商店工作,我问了她家的电话号码和出生日期。她住在一个20号的住宅里,出生日期的能量振动也较弱。我回答说:"你的人际关系和金钱方面应该都很困难吧。"我刚提到这些,她就表示完全同意,所以我建议她在20之后使用数字4进行修补。有趣的是,主持占卜课的女士用她的仪器检验了这些信息,也确认了这是这个住宅的正确修补方法!

案例4(2,能量放大)

一对从澳大利亚悉尼来到湾区的母女来见了我,他们是我一位客户的亲戚,所以他们一来,那位客户就坚持要他们来见我。在我看了他们的名字和出生日期的数字,以及20号住宅后,我马上就意识到在这所房子里,人际关系肯定会成为一个问题。

根据我的研究和经验,当月亮能量出现在房屋地址上时,它的能量非常弱。同一个数字如果出现在营业地点上,会非常有效,但如果是住所的话,则不然。有趣的是,如果名字带有月亮能量,它就会给携带它的人带来巨大的力量。珍珠如果和月亮一起作为上升能量佩戴时,会给佩戴者带来巨大的公众关注和声誉。

在我提到房子的月亮能量对母亲和女儿的关系效用都很弱之后,他们确切地验证了这个月亮住址的作用:母亲和丈夫的关系很困难。虽然他们住在同一个屋檐下,但关系却并不像情侣。女儿则在过去三年里一直深爱着一个年轻人,她也不明白为什么他们的关系总是没有进展。

我建议他们在住宅上增加更多的天王星能量，以改善他们的财务状况和人际关系，并且两人都要在右手食指上戴上金色的托帕石，以便在这些关系中占据"上风"。

案例5(2,能量放大)

一位熟人经常给我打电话，询问电话业务。她已经连续给我打了很长时间的电话了，经常会代表她认识的其他人来提问。她还会打电话告诉我她计划采取的任何新举措：买房或投资。她的家族在不列颠哥伦比亚省经营着一家非常成功的企业。我记得几年前，有一天早上，她打电话来询问一位股票经纪人的情况。她认识他有一段时间了，给我提供了他的信息。

在查看了这个人的住所和名字后，我告诉她，有两个土星能量正在相互冲撞。但她一直不停地追问，想知道更多信息。我只告诉她，这是一个冲突的数字组合，会造成破坏。在我告诉她这件事后，她说："这个人今天早上在旧金山，因为对自己的生意非常沮丧，在酒店跳楼身亡了。"我很震惊，但并不惊讶。他的双重土星能量和他的商业困难在一起作用，促使他走向了自己的死亡。

一一

这个数字是太阳能量的两倍。众所周知，数字11是一个"主"数字，这是许多在电视或大屏幕上能看到的名人的名字号码。出生日期和名字为11的能量非常强大；许多著名演员、电视名人和运动员都有这个名字。以此类能量为名的政客总会面临强烈的反对，但总是能占上风。

但每当这种能量出现在住宅上时，都会带来严重的关系问题。因为任何形式的数字11的能量，与任何行星在一起，都会造成关系上的困难。多年来，我遇到了其他玄学专业的人，他们其中许多都成了我的朋友。很多人会选择这种"11"能量作为他们的住所，因为他们知道主号码有多强大，但却没有意识到它会在住宅号码上造成严重破坏。

案例1

一位住在蒙特利半岛的成功女商人联系了我。希拉打电话给我，提供了她过去住过的所有门牌号。她之前的住所，1163号，是我表示她可能有人际关系问题的地方。她非常同意，并告诉我她在那里有一段持续了六年多的关系，尽管她付出了所有的努力，这段关系最终还是破裂了。

然后她从1163号搬到了502号，在那里她遇到了现在的新婚丈夫。虽然对她来说不算是一个理想的数字，但502比1163更有利。希拉的生活因新婚而有所改善，但她仍然有些执着于过去的失败。当我向她解释这不是她的错，而是门上行星能量的作用时，她终于松了一口气，不再责怪自己。从那以后，我为她的姐妹们做了很多次阅读，希拉在考虑任何重大财务举措时都会特意咨询我。

案例2

多拉在西雅图的一个广播节目中听到了我的声音，她说她有一种强烈的冲动想给我打电话。她不知道为什么，但只能这样做。在查看了她的姓名号码和之前在萨克拉门托的住宅号码后，她分居以及长时间独身的原因就非常显而易见了。她的出生日期非常强大，金星能量充沛，说明她是一个善良且有爱心的人。她很困惑为什么和丈夫相处不好，以及为什么不得不搬到西雅图。有趣的是，萨克拉门托家的地址有两倍月亮的能量，她的名字虽然是一个主数字，但有两次天王星的能量。这个行星组合充分解释了她如今的处境。我建议多拉戴上一种水晶，并且在西雅图的门上加上一些数字。

从那以后，多拉找到了一份新工作。当我最近一次收到她的消息时，她表示正在考虑搬到一个靠近水边的新住址。她并没有和我说与前夫的关系进展，但我知道他现在居住的地址（两倍月亮能量）不会改变他目前的处境：单身且孤独。

案例3

这个案例的住宅号码是7202。硅谷的一位软件工程师在一份出版物上读到我的信息后联系了我。在查看了他的出生日期、基本振动和住宅号码后，我对他几年前与妻子（也是一名软件工程师)分居并不感到惊讶。我建议他在自己的数字中增加更多的天王星能量,以有利地改变它。几天后,我收到了他的来信,他说他接受了我的建议,现在对自己的处境更加放心了。

案例4

蕾雅和丈夫住在中央山谷,她通过一位之前咨询过我的朋友联系到了我。蕾雅住在3512号的住宅里,有一个能量很强的出生日期。她是一位勤劳的女士,负责支付家里所有的账单。她的丈夫却找不到工作,总是挑她的毛病。在查看了蕾雅和她丈夫的基本能量后,我建议了一个特定的数字来提高房子的能量。

一个月后,她的丈夫联系了我,并提到他找到了一份新工作,正在考虑买房。作为一名抵押贷款经纪人,我给他提供了一些选项,并为他创造了融资机会。有趣的是,在他们改变了房子上的数字后,他们在同街区发现了一个完全相同能量振动的住宅。这是一处自售业主(FSBO)房产,他非常喜欢,在我的帮助下,将此处房产买了下来。

案例5

一位名叫劳拉的女士在从她的一些朋友那里听说我后联系了我,她住在一个632号住宅,目前正在分居,有一个十几岁的女儿和她住在一起。在查看了她的家庭电话和出生日期后,我建议对劳拉的名字进行一些更改,并修改家庭电话。当这位母亲来见我时,她的女儿并不在场,因为她并不相信我告诉她母亲的任何事情。几个月后,我从另一位客户那里得知,劳拉的女儿误入歧途,和一个对她有不良影响的男人一起离开了。我对此并不感到惊讶,因为数字从不撒谎;它们只会从另外的视角告诉我故事的走向。

案例6

一位名叫拉克希米的女士在《超越视界》电台节目中听到我之后联系了我。她住在里士满地区155号(太阳和水星)的房子里。从职业上讲，她是一名注册护士，有着非常高尚和善良的职业精神，是一位乐于助人的女士。另一方面，她的丈夫是个酒鬼，对拉克希米非常不好，虽然他们住在同一所房子里，但他们生活得像陌生人一样。她说，慢慢地她的丈夫就找到了另一个女人。在那时，她选择了和他分手，随后丈夫就再婚了。

住宅上的能量，双倍的太阳+水星能量，造成了严重的人际关系问题。即便是具有阳性数字命理的人住在这个房子里，在某些时候也不可避免地会出现类似的困难。

案例7

梅丽莎是一位直觉能力很强的女士，她在广播中听到我的节目后联系了我。在读了她的名字和基本能量后，我意识到她在精神力上很强。她正在为HBO制作一部玄学电影。后来，她提到，她一直在与许多其他直觉能力人士就自己的处境进行咨询。

梅丽莎住在一处11号住宅，她选择这个号码作为住所，是因为它是一个主号码。然而门上的数字11的能量对她产生了相反的效果：它给她创造了许多麻烦。她不明白为什么自己的项目没有进展。在她与我交谈后，我建议梅丽莎在门牌号旁边使用更多的水星+土星能量，通过在门上的特定排列中放置5和8，可以将她的项目推向她想要的方向。我还建议梅丽莎在食指上戴上某种特定的水晶，以吸引发展的能量和好运。

正如我之前所说的，当太阳在住宅号码中出现两次时，会给人际关系带来问题：会出现某种形式的婚姻破裂。起初，我向梅丽莎表示，她的主要关系有一些摩擦。她保留了自己的隐私，但在讨论结束时暗示了可能存在关系问题。在阅读接近尾声时，我并未提示，但她还是径自开始谈论起了人际关系。她似乎特别关心自己的性生活。我建议她戴一块昆兹特水晶，这种水晶在清除性障碍方面很有效，可以帮助她应对这种情况。

几年后，她又和我联系上了，说她比以前感觉更"安定"了。梅丽莎提到，她对我们当时做的改变感到非常满意，并告诉我她的项目进展好了很多。

案例8

裕子小姐在当地电台听到我的节目后来见了我。她对能量阅读非常感兴趣。她的住宅号码是335，住在一个高档社区。在读了她的数字后，我从她的名字中感受到了悲伤和普遍的不快乐。她的住所有两倍的木星+水星能量，并且她告诉我自己在财务上很成功。她同意了我的观点，但提到了几年前嫁的丈夫有法律问题，而且在医院待了很长时间。我也看了他的能量。这位丈夫的出生日期上带火星能量，不是很有利，所以我对裕子提到的情况并不意外。我建议她使用他名字的前四位字母来减少他带来的负能量并且转换她的住宅号码上的能量。彼时她正在出售一处很大的房产，但房产经纪一直很难出手，所以我建议了一些对出售有利的数字。

裕子在三个月后再次联系了我，她很高兴，告诉我说那处房产以非常接近她理想的价格顺利出售了。

案例9

一对夫妇在萨克拉门托地区买房时咨询了我。他们坚持要买128号，认为这是一个"绝佳的位置"。那位妻子打电话问我怎么想；我告诉她，这不是一个好的选择，因为这会影响他们的关系。然而丈夫却并不同意我试图告诉他们的关于门牌号的任何信息。他们继续坚持买下了此处房产。

大约六个月后，那位妻子从湾区给我打来了电话。我后来发现她和另一个男人住在一起了。她想赶紧为萨克拉门托的房产再融资，所以我安排了评估。当估价师去房产时，丈夫不肯让他进去，因为这对夫妇已经分居了。此处的能量如此之快地将他们分开，以至于他们已经在离婚的过程中了。尽管再融资对他来说在经济上是有利的，但他是用心思考的，而不是理智的头脑，他想让妻子为难，却不考虑可能给自己带来的困难。

案例10

戴安娜是一名房地产项目经理，负责销售新分区的房屋。她也恰好是一个非常有魅力的女人。我带了一些潜在的买家去看这些房产，并和她开了一些担保合约。每次，我都会对分区中的某些数字很坚持。她很好奇为什么我会坚持给我的客户提供某些特定的数字。有一天，她问我这背后的原因。我表示需要确认客户生活在正确的能量中，住宅号码需要和他们的名字和出生日期相合，这对生意的发展和好运来说非常重要。

我问她："你的住宅门牌号是什么？"她把号码告诉了我，而后我对她说："你有很多人际关系问题。"这立刻引起了她的共鸣，她开始有兴趣了解更多。她在这所房子里住了21年，离婚了。她后来又告诉我，她有过很多关系，但总是非常紧张和不确定。几年前，她雇了一位风水大师，他向她收取了很多服务费，他使用了特定的颜色并在某些位置放置了特定物体来固定她的"人际关系角"。 我建议她根据自己的基本能量，在门上使用特定的数字。我还告诉她，一年后她应该开始找新房子。三个月后，戴安娜联系了我，并安排我们一起吃早餐。她终于变得高兴了起来：因为她找到了一个合适的伴侣，一个开发人员，而这段关系正在顺利地发展。她对现在的生活感到很舒服。多年后，她的生活终于因使用了正确的数字而发生了转变。再一次，数字发挥了魔力！从那以后，戴安娜和我一直是好朋友。我定期会收到她的来信，可以知道她的最新消息。

案例11

一位北美的电视制片人联系了我，她正在进行自己的玄学研究。她对我和客户一起做的住宅和商业数字命理分析很好奇。在与她交谈时，我意识到她对数字命理学的了解非常普遍。她对我的工作内容和方式有很多疑问。她表示正在考虑让我参加一个有大量观众观看的电视节目。

我问她家里的住宅号码是多少。她说"一一"的那一刻，我立刻表示，这对人际关系来说不是一个好兆头。她很吃惊，问我："我们该怎么解决这个问题呢？"我使用了5和7（水星+海王星）来改善她与丈夫的关系，增强她的工作精力，因为她与媒体行业有联系。

案例12

旧金山的11号公寓恰好是我的一个亲戚的住所。这位漂亮的女士每周都会在当地电视频道上代替天气预报员出现一次。她也是蒙特利地区一个电台的替补。她的名字数字命理很适合出现在电视屏幕上，尽管她在镜头前并不自信。

她的公寓号码对人际关系没有好处。尽管她十分美貌、才华横溢、且聪明绝顶，但却一直找不到合适的结婚对象，而且还在努力争取更多的播出时间。不幸的是，她的公寓号码阻挡了她的人生发展。我在她其他朋友的陪伴下见过她几次，他们都是非常受欢迎的电视主播。虽然我们从未讨论过数字命理，但我知道通过在数字中添加更多的木星能量来提高她公寓的能量是很容易的。如果人们对家里的数字能量可以多关注一些，那么实现目标会容易得多。

案例13

我在另一位客户的奥林达家遇到了瑞亚，那里聚集了一群有权势的女性直觉能力者。我的一个善于解读能量的朋友也参加了聚会，并把我介绍给了瑞亚，她对数字的力量一直保持怀疑态度。她独自坐在聚会的后排，看着我向这个小组做演讲。我首先询问了所有在场女士的家庭住址号码。当我问到瑞亚时，我问了她的号码。她说："十一。"我又问了她出生日期，然后回答说："你有感情方面的问题，对吧？"

一些非常了解她的女性表现出的反应证实了我的说法，而瑞亚立刻对我说的话产生了兴趣。我演讲完后，她走近我，问："我应该给房子加什么数字？"我建议了正确的数字修补，而从那以后，我从我们共同的熟人那里听说，她和丈夫的关系有了极大的改善。

案例14

一天早上，我接到了麦克拉的电话。她说她在收音机里听过我很多次，她是从大苏尔地区的一个海滩给我打的电话。她说一直把我的电话号码记在了一本书上，并一直非常强烈地希望能够联系我。麦克拉有一个强大的住宅号码，这并没有什么问题。问题在于她婚后的姓氏，有11的能量，两倍太阳。我立刻问了她的家族姓氏，说："其他同姓的女性和她们的丈夫也有问题吗？"米凯拉非常欣慰；她已经得到了她需要的答案。我在与许多人的阅读中了解到，携带过多太阳能量的名字对女性来说是非常可怕的，因为这会让她们与配偶的关系问题永无休止。

案例15

在写这本书的时候，我收到了一位女士的来信，她在西雅图当地的广播电台听到了我的节目。她现在住在11018号住宅，但有一个非常强大的土星出生日期。当我看到这个门牌号的那一刻，我就知道太阳+土星能量——一种会给人际关系带来困难和挑战的组合——对她不利。她写道："我们正面临财务困难，我想要帮我的女儿。自从丈夫两年半前突然去世以来，我也遇到了严重的法律问题。"在住宅号码的这个特殊组合中，因为太阳能量出现了三次，并与数字8（土星）相冲，两年半前她突然发现自己的许多困难情况显现了出来。我给她提供了咨询，并且建议她给住所更换一个更加合适的号码。

案例16

一位住在马林的女士联系了我。她是由一位著名占星家朋友推荐的。这位客户是一名室内设计师，对她的办公地址数字能量很好奇，这是一种微弱的木星能量，需要更多的木星和金星能量来改善，才能与她的装饰业务相结合。我问了她的门牌号，她回答说："1406。"

通过查看她的出生日期和门牌号，我可以立刻看出这位女士有严重的感情问题。我问她："你的感情关系怎么样？"她回答说："我已经十年没有恋爱了。"我并不感到惊讶，因为这个住宅号码有很多天王星+金星的能量，当与太阳结合在一起时，会导致关系问题。在这种情况下，尽管她已经有十年没有稳定的关系了——正如她所说——但在这段时间里，这些数字给她带来了许多更短暂的关系。我修补了她的号码，以帮助稳定关系，给她带来更好的运气。而她对结果很满意。

多年来，我意识到，要想在商业上取得成功，拥有一个强大的家庭住址也是至关重要的。就这位室内设计师而言，家庭号码能量的薄弱阻碍了她在生意上取得真正的成功。

案例17

加利福尼亚州埃尔索布兰特希尔克雷斯特路3350号是锡克教寺庙（谒师所）的地址。这个数字是木星能量的两倍+水星的放大，而木星+水星在一个地址上总是会造成毁灭性的灾难。这座寺庙始建于1993年，在其建筑内至少发生了两起暴力事件。

我想到了两个能够将这种能量与寺庙联系起来的具体事件。第一次是在1985年，涉及一位名叫沙姆谢尔·辛格的牧师，他也是著名流行歌手达雷尔·马哈帝的兄弟。辛格在这座寺庙布道时，与其他牧师发生了争执。他向空中开了几枪，但随后就被其他牧师制服了，他们也报了警。

第二起更可怕的事件发生在2000年1月23日，这起事件体现了这座寺庙里由于门牌号而冲突的能量。一位广受敬爱的数学老师阿吉默·辛格·马尔希，同时也是一名祈祷领袖，在寺庙里被一名叫做约哈·辛格·桑德的男子用AK-47步枪近距离射击，后者后来声称自己是精神错乱，但最终被判处了50年无期徒刑。

作为一名锡克教徒，我曾经去过这座寺庙。因为我了解数字能量是如何运作的，所以即便只是考虑在这座建筑里聚会都让我感到害怕，因为同样的负能量一直在寺庙里徘徊。

案例18

146是一位尼泊尔客户的住宅号码，她也是我的朋友，我们认识已经快二十年了。当我在印度军队并在廓尔喀服役时，我驻扎在这个国家，必须学习尼泊尔语。

我接到了这位客户的电话。她非常希望我能代表她父亲在海沃德地区买房。我接受了这个请求，当然也让我的助手在该地区拉了不少房源给他看。一处地址为146号的房产似乎吸引了这家人的注意。在我意识到他们想为这处房产报价后，我告诉我的朋友，根据我的经验，这个住宅号码不是很好。后来，卖方的代理人告诉我，这处房产已经被第三方托管了三次，每次都没签成。出于某种原因，我的朋友——尽管她知道我是为了她好——依然没有听我的。我们继续推进并完成了交易。这是一种比较少见的情况，人们根据我的数字命理学专业知识联系我寻求购买房产的帮助，但仍然不听我的建议。我知道，随着时间的推移，这个家庭在这个住宅里会遇到许多个人问题。尽管我从这笔交易中获得了佣金，但我仍然觉得参与其中让我感到很不舒服，因为我知道这可能对这个家庭来说不是最好的。但这位固执己见的客户坚持要住在这所房子里，我能怎么办呢？也许他们住在这里是命定的因果，而我如何尽力也无济于事。

案例19

我意识到，每当我修补人们的门牌号时，总是对他们很有效。这项技术是我自己创造并且掌握的——也许是在神的帮助下——是一种帮助客户的好方法，让他们将能量转移到"更好的数字"，而不会扰乱他们的生活。更好的数字能量可以转移到他们身上。

我认识了几年的一位女士问我关于她个人生活的建议。她一直试图找到合适的人，但总是找到错误的人，所以一直在寻找办法。她经常咨询其他玄学家、通灵师和其他能量读取者，但从未从他们中的任何一个人那里得到"正确答案"。

她来见我，买了一栋317号的新房子。在看了她的出生日期和名字后，我告诉她这个号码并不能解决她的关系问题。我还建议她在最后加一个小数字8，以增强她出生日期的太阳能量。在第一次咨询几个月后，凯伦就参加了当地的一个社交活动，她说她最近找到了一个男人，他们正在"约会"。这个男人（我也认识）正在离婚，对凯伦有着良好的意愿。这两个人沟通得很好，凯伦告诉我，在她修补好门牌号后不久，他们就认识了。

那年春天，我再次见到了凯伦，她告诉我，出于某种原因，她没有和她的新伴侣继续联系了。她还说，她对他感到非常困惑和不确定。我告诉她，他没有其他的打算，她最好还是和他呆在一起。很快，我又见到了她。这次她很高兴，微笑着走了进来，说："你说得对！"这对伴侣已经消除了分歧，现在正计划结婚。他们想一起搬进新房子。我还帮她在名字上做了一些更改,我相信这些改变会改善她的生活。

案例20

当客户咨询我时,他们的情况通常会通过使用我建议的贴纸、水晶或其他技术得到改善,他们都很高兴并继续接受我的建议。但他们自己做出的某些其他改变会导致他们不得不再次来见我。许多人没有意识到数字修补的复杂性。我总是把数字看作行星,而我用这些知识来修补数字。其他只会添加数字的人很快就会意识到这些"数字"是多么具有破坏性。许多客户来咨询我,并试图自己模仿我的办公室号码。但它通常不起作用,因为组合中的单个数字是产生能量的原因,而不是数字组合本身的结果。

我认识吉莉安很多年了。几年前,当她嫁给她的(现在的前任)丈夫,住在圣何塞191号房子时,她遇到了我。吉莉安从锡克教社区的一些人那里听说了我,并来向我咨询她的住宅号码。我告诉她,她在人际关系方面会有问题,而当时她确实如此。她的丈夫是个顽固的赌徒,他会在附近的赌场花掉口袋里的所有钱。有一次,他甚至把房子的契约签给了赌场!这件事后来通过律师解决了,但婚姻以离婚告终。那时,我去她家吃过午饭。我记得在住宅号码的末尾用数字5修补过,对同时住在房里的她自己、她的兄弟和她的母亲来说,情况逐渐开始好转。吉莉安还遇到了另一个男人,一年后她嫁给了他。

那年夏天,在离开三四年后,吉莉安突然又联系到了我。她想为她的房子再融资,我正在帮助她,但当她填写申请表的那一刻,她直接走进我的办公室,让我再给她读一次数字能量。在她告诉我她的地址后,我记得我用5做了修补。我首先问她,"数字5还在吗?"她说,"不,我不知道它去哪里了。"然后她问起她的新丈夫和他的号码。我说:"好吧,真的没什么区别;他也同样糟糕。"吉莉安同意了。她说她的生活"一团糟",因为这个男人长时间工作,试图为她支付房款,这就是她来再融资的原因。这对夫妻之间有很多分歧,经常争论,每个人都无法理解对方为什么做某些事情。

我提醒她,这正是她以前的关系中发生的事情,这就是我为她修补住宅号码的原因。她还戴了一些新水晶,我让她摘下来,因为它们对她不起作用。我们谈话后不久,她就告诉我,她要去五金店买另一张贴纸,马上去修补她的房子。

案例21

妮可住在一个119号的住宅里,这里双鱼座的能量很强。她给我的广播节目打来了电话,在告诉我她的名字后,她想知道我对她的住宅号码的看法。我回应说,这对她的人际关系不好,无论是个人还是职业关系都一样。突然,节目主持人介入并说:"妮可,你的人际关系怎么样?"她回答说:"这处房产位于西雅图市中心,大约有一百年的历史,我们在房子里经历了很多困难和令人崩溃的问题。"她还经营着一家家庭沙龙,但也是非常迷茫、发展不好。

我帮她修补了门牌号,把它的太阳能量提升到了更高的水平,我知道这对她和她的丈夫来说很合适。在我的阅读中,我意识并了解到,许多人会根据房子的位置和历史去购买房产,但不知道这个数字会给他们带来什么。

案例22

保拉是一位风水大师,也是一位占卜师,她的丈夫是太空科学家。她是经人推荐联系的我。保拉的职业是旧金山半岛的一名房地产经纪人,她想和我交换服务。这不是我通常的做法,但在这种情况下,我想,"好吧,为什么不呢",就同意了。在我查看了她的家庭住址号码1091后,我知道这是有权势的人的家,但人们或许会朝着不同的方向前进。

当保拉最初来阅读时,她的丈夫正在找工作。他被一家大公司解雇了。根据这对夫妇的出生日期,我建议他们在一个适合发展和好运的地方把数字5和7加到他们的家庭住址上。

在我看了保拉的家庭住址和她的个人号码后,她在房地产行业对我来说毫无意义。保拉的出生日期有很多海王星能量,她为别人做风水的能力更符合这种能量。她提到她"非常成功地帮助人们给他们的房子看好风水",但由于某种原因,她在出售房地产方面却并不成功。在我建议她将5和7添加到她的家庭住址后,我让她通过携带的钟摆亲自验证信息。而钟摆立刻验证了我推荐的作为住址修补的数字。

读完后，保拉在我的办公室里扫了一眼，清理了一下能量。当她读完后，我让她在我为她的住所建议的新数字上使用同样的钟摆，然后告诉我钟摆说了什么。当她在新地址周围摆动钟摆的那一刻，她说感觉脊背发冷，而这让她知道这是住宅的正确解决方案。

几个月后，保拉再次给我打电话，告诉我她自己更改了号码。她还提到，在更改号码后，她"失去了很多房源"。很多时候，人们没有意识到，除了修补数字外，还有其他因素会影响销售人员的成功（或失败）。她第三次打电话来，问了其他关于数字的问题，这次我建议她把新的数字取出来，用我提供的另一个组合。而她似乎对这些信息很满意。

多年来，我意识到，除了住在正确的住宅号码里，名字号码对吸引业务同样重要。要成为一名成功的房地产经纪人，名字必须带有强烈的水星或土星能量。这位女士的名字带有天王星能量，这将阻碍她在房地产行业取得成功。

二零

20带有月亮能量，无论地址中还有什么其他的数字。

案例1

弗吉尼亚在收音机里听到我的节目后联系了我。她是一名脊椎指压治疗师，已经执业20多年了。她住在圣何塞地区983号的住宅里，尽管每天工作很多小时，但总是很难赚钱。当她来见我时，我可以很清楚地看出她有多累。

我对此一点也不惊讶。这个住宅里的能量阻碍了资金的流动，而她选择在那里生活了15年多。在与她协商后，我告诉弗吉尼亚她需要做些什么来改善她的资金流。在修补好住宅号码几个月后，她再次联系了我，说她想把诊所搬到雷丁地区，因为另一位脊椎指压治疗师即将退休，想把他非常成功的诊所卖给她。我并不感到惊讶，因为我们用来修补她住所的号码发挥了魔力！她打电话给我，对收到的信息表示感谢。

案例2

纳芙妮特在我西雅图的广播节目中听说了我。她住在西雅图郊区，当时和一些家庭成员住在一个号码为162092的房子里。我甚至还没来得及告诉她我从她的名字和家庭电话号码中了解到了什么，她就告诉了我她的整个故事。金钱对于她一直是一个挑战，她的小企业——一家她试图自己经营的快餐店——多年来一直经营不善。她的丈夫是加拿大人，住在温哥华的边境对面，正在考虑购买一家咖啡店。

在我表示她的数字能量在咖啡店比在快餐店更有效，而且她丈夫的住宅号码对她来说更好，比她现在的号码更有利之后，她听从了我的建议，搬了家。几个月后，我收到了她的来信，她说情况正在慢慢好转。在这种情况下，正是住所的改变改善了她的资金情况。

案例3

398是住在蒙特利地区的唐的门牌号，他靠卖热狗罐头谋生。读了唐的数字后，我向他表示，由于他的家庭数字命理，他的资金流动受到了限制。唐是一个直率而有精神的人，他表示自己对每天挣的一点钱非常满意，因为这足以支付他的账单。我建议他在门牌号的末尾添加更多的水星能量。他感谢了我，后来我从他的妹妹——她现在已经成为我的好朋友——那里得知，她非常感谢我给她哥哥的信息，因为这改善了他的处境，创造了更多的机会。

案例4

桑德拉通过旧金山的一个广播节目联系了我。我最初为她通过电子邮件进行了阅读，但根据我提供的信息，桑德拉想要详细阅读，所以我们安排了见面。她有一个号码为40466的住宅，而且名字带有火星能量。根据她的号码，她想咨询人际关系问题，而我并不感到惊讶。她的门牌号有两倍天王星(放大)+两倍金星的能量。这种能量会带来许多人际关系，但没有一种能长久——这正是她所经历的问题。

桑德拉告诉我，她在这所房子里住了30多年，她单身，而且一直有感情问题。火星能量的名字让长久的关系变得很困难。桑德拉知道自己的长相总是能吸引男人，但出于某种原因，这种吸引力从未长久过。我建议她在家庭号码中添加更多的太阳和木星能量。那之后，她给我打来了电话，描述了家里的正能量转变，她还向许多朋友推荐了我。

案例5

在正确的手指上佩戴正确的石头会以正确的方式激活能量。石头会把正能量拉向你；你甚至都想象不到的事情会出现，因为水晶是很强大能量通道。

鲁拜娜的家人我认识很多年了，她和我通过许多次电话。她住在加利福尼亚州特蕾西的2882号房子里。通过阅读这个数字，我可以看出月亮和土星的能量正在给她的新关系带来问题；她已经丧偶了，虽然不是在这所房子里。我建议鲁拜娜使用不同拼写的名字来创造更有利的个人能量。

谈话后不久，她打来电话说她正在买新房子。我很乐意和她讨论了利弗莫尔一个新小区的门牌号；她正在考虑一个非常强大的金星地址，这个地址的能量将与她和她的家人很好地共振。我还建议她右手戴一块蓝宝石和一块祖母绿，以进一步增强能量。在她戴上这些水晶后，她告诉我利弗莫尔的一家公司给她提供了一份会计的工作。这给了她一种满足感和解脱感，与搬进新房子相辅相成。

鲁拜娜搬进新家后，一个周六早上，彼时我还有其他约会，但她突然出现在我的办公室，显得非常不安。她告诉我，她已经将特蕾西的房产挂牌出售，但却一直无法获得报价。她感到紧张的原因是，她已经搬进了新房子，无法同时支付两边的抵押贷款。我为她清理了能量，并提出了一些大多数房地产经纪人不知道的方法来帮助她出售房产。几周后，我在一次聚会上见到了她，看到了她快乐且放松的脸。看着她，我松了一口气，觉得自己再次履行了帮助有需要的人的因果义务。

案例6

罗克珊在《超越视界》上听到过我几次，她来向我咨询最近投放市场的一处房产，该房产没有吸引到合适的买家；它不断地脱离托管，但从来没有签成过合约。在我修补了待售房产后，我问了她家里的住宅号码。她说她住在旧金山的299号。在查看了这些数字后，我告诉她，如果她从事医学以外的任何领域，这个地方肯定会让她住进医院，破坏她的婚姻，并且（在其他负面影响外）还会影响她的职业。她同意了；表示说，她是一名护士，但厌倦了当护士。她离婚了，而且还做过一次手术。我建议她用更多的金星能量来平衡出现在她家号码上两次的火星能量。

二九

2+9包含月亮+火星的能量，总是会给人际关系带来问题。就像是围绕着蜂蜜的一堆蜜蜂一样。带有这些出生日期或家庭号码的人经常会在主要关系上遇到问题，甚至可能会很多。

案例1

一位希腊女士索菲亚联系了我，她住在萨克拉门托地区9875号。索菲娅有一个主号码的出生日期，这让她的直觉能力很强。但搬进这所房子后，她给自己带来了一系列问题。索菲亚是一家成功的欧洲设计师商店的经理，但她与丈夫分居了，丈夫碰巧还找到了一段新的关系。与此同时，索菲娅也遇到了其他男人！他们的婚姻生活很快就破裂了，但索菲娅联系我时发现，这不是她或她丈夫的错，而是住宅的能量造成了他们的处境。

我建议她在现有的家庭号码中添加更多的木星能量，使能量流动与她自身保持一致。她非常感激，并说我提供的信息对她来说"很有意义"。我并不感到惊讶，因为她的数字命理让她自己也变成了一个直觉能力很强的人。

案例2（29，能量放大）

碧翠丝也是一个直觉型的人，她在《超越视界》节目中收听我的节目很多次。她提到，当她和一个客户沟通时，她接收到了自己的门牌号需要改进的信息。于是她想起了我，立刻想来见我。

碧翠丝住在209号公寓，这和她的出生日期不太相合。当我告诉她这是一个会带来许多关系的地方时，她也表示了同意。我建议她用更多的土星和水星能量来修补她的公寓号码，这样她的基本能量就会很好地流动。碧翠丝有很多客户，她经常为他们提供咨询，但由于某种原因，她无法读懂自己的住所能量。在她离开之前，她想用钟摆给我读一读我在数字命理方面的工作。我提到我的第一本书快写完了。在用钟摆敲了敲门之后，她告诉我，我一定能为这本书找到一个出版商。

案例3

海伦娜通过一位共同的朋友听说我后，打了电话过来。在她来看我之前，她想更多地了解我的工作。"你会通过电脑进行阅读吗？"她问。"不，我不这么做；我有自己看数字的方法，"我向她保证。"那你是什么，通灵师吗？"她问。我回答说："我既不是通灵师，也不能预见未来，但我肯定能非常清楚地读懂数字。"她说："好吧，你说的数字是什么意思？"然后我解释了天体命理学，以及行星和数字是如何相互联系的。我看得出来，她很想知道更多；这对她来说是不一样的，因为她说她过去去见过"许多其他通灵师"。

海伦娜住在加利福尼亚州海沃德的一栋27929号房子里。这种振动不适合她或她的家人。她提到，她已经结婚近三十年了，但自从他们搬到27929号后，她多次受到身体虐待。她还说，她的丈夫正在和另一个已婚女人约会。这并不让我惊讶，而海伦娜不让我说话；她想（也许需要）自己描述所有的事情。我为这个住宅建议了一个数字修补，还说她需要用金黄色的黄玉来强化她的木星手指（右手食指）。她很好奇，问我："这对我的处境有什么帮助？"

我了解到，强大的木星能量总是能防止法律纠纷，可以让已婚和未婚女性都有更多的好的感情关系。海伦娜对这些信息感到高兴和满意，因为它有助于清除她个人空间周围积聚的大量能量。

三八

38包含木星+土星的能量，这是一个非常强大的行星组合。不幸的是，当他们一起出现在住宅号码上时，会产生不和。

案例1（38，能量放大两次）

瑞金娜和德克住在加利福尼亚州中央山谷的3800号房子里。他们是一位朋友推荐给我的。他们非常着急要见我，所以我在一个周末见了他们，读了他们的数字。他们已经咨询了许多其他直觉能力人士，他们认为这些直觉可以帮助修复破裂的关系。我观察了他们的基本能量，建议他们俩都戴上某些水晶来创造吸引力的能量，并用岩盐和鼠尾草来净化住宅。最重要的是，我告诉这对夫妇把能量转移到他们的住宅号码上，因为这是他们婚姻陷入困境的主要原因。一个月后，那位妻子给我发了一封感谢信，说我提供给他们的信息非常有价值。他们的关系已经有所改善，在一起的生活也更快乐了。

案例2（38，能量放大）

一位最近刚离婚的女士联系了我，她的名字带有强烈的月亮能量，曾与丈夫住在加利福尼亚州拉克斯普尔的308号住宅（木星+土星）。她告诉我，她自己也是一名通灵师，多年来一直在为人们提供咨询。她的308地址与名字相冲突，我对她的离婚并不感到惊讶。而且她还做出了另一个不利的更改，在她目前居住的科提马德拉地区租了一套108号住宅（火星：太阳+土星）。

在阅读了她的数字能量后，我建议她立即用更多的金星能量来修补住所。当我听到背景里有孩子的声音时，我开始担心。她告诉我她是为了维持生计而照看孩子的。我很担心，因为火星能源容易发生事故，在家里照顾孩子对她来说不是赚取所需额外收入的好方法。火星的能量正在危及她照看的孩子。她提到，她刚刚搬离的房子正在市场上出售，她想知道可以做些什么来提高销售的价格。我建议她在现有数字的基础上增加一些木星能量，以便快速出售房子。她不确定该怎么做，因为她前夫还在家里，但她说她会试着"偷偷地"在数字旁边贴一张贴纸。

虽然木星+土星组合在住宅中的影响是很消极的，但如果木星+土星的能量出现在某人的名字上而不是住所上的时候，它会产生完全不同的积极结果。

四七

47具有天王星+海王星的能量，这是一个强大的组合，因为这两颗行星配合得很好。当它与名字一起出现时，这种组合比出现在家庭住址上时更有利。许多著名的电视和媒体名人的名字中都有这种47的能量。

案例1

波斯女士亚斯米娜在波斯电视节目上看到我后，联系了我。她和丈夫住在纽约市47号的一所房子里，夫妻二人都是医生。他们大约一年前搬进了这个新家，在我阅读了她和她的家人的数字后，我告诉她这个住所不起作用了，尤其是对她来说。亚斯米娜名字和出生日期的能量都很强。她很努力地想找一个新职位，参加过几次面试，但都没有成功。这所47号的房子拥有天王星和海王星的能量，可能是一个强大的组合。当这种组合出现在名字数字上时，它会给一个人带来提升，就像一种主能量。那些对自己的命运没有完全控制权但受到高度尊重的人通常会携带这种主能量。

在我向她解释了房子的能量并提出了一个修补方案后，亚斯米娜非常放心。我还建议她戴上某种水晶，而且告诉她很快就会被聘用为医生。她很高兴也很感激，并说这些信息对她来说"很有意义"。

在某些情况下，我遇到过一些受过良好教育的人（博士、医学博士），他们不会考虑非传统的观点。但在这种情况下，亚斯米娜和她的丈夫都听了我说的话。这表示他们的思想开放，我为他们对我的信任感到欣慰。

五六

5+6的能量相当于水星+金星，这也是一个非常强大的行星组合。当它们在出生日期和姓名号码上放到一起时,可以发挥神奇的作用,众所周知,它们在贸易和金融方面可以带来巨大的成功。但当它们出现在住宅里时,往往会带来金钱和人际关系方面的问题。

案例1(56,能量放大)

路易莎在旧金山地区开了一家花店。她在《超越视界》电台中听到我的节目后联系了我。读完她的号码后,我意识到她有强大的业力,但正是她的住宅号码560给她带来了问题。她在一个放大了水星和金星能量的地址上生活了很长一段时间,一直找不到合适的感情关系。当我问到她以前的住所时,情况很相似,也没有更好。我帮她转移了家庭号码上的能量,这样它就可以更好地与她名字的数字命理相结合,为她带来一段关系中的幸福和与花卉生意的成功。我后来还收到过几次她的消息,她比我第一次见到她时高兴得多。

第五章

木星：数字3

代表木星的数字3有多种表现形式：3本身，以及数字12、21、30、39、48、57、66等。以此类推还有相同模式的：75、84、93。木星是发展、好运、高等教育、出国旅行的象征，也掌管着法律领域的事务。

在东方视界，男性会在右手食指上佩戴黄色蓝宝石，而女性在左手食指上佩戴，以吸引好运和应对法律问题，这是很常见的。据说黄色蓝宝石可以让你免于法律纠纷，根据我的经验的确如此，而且木星也是财富和成功的象征。

三

数字3的归属是木星，它具有木星能量的所有积极特质。重要的是，拥有此类家庭号码的居住者的出生日期或姓名中必须要没有任何相冲的（尤其是太阳）能量。太阳和木星能量是相互冲突的，一山不容二虎。

如果房子的居住者在出生日期和名字中带有木星和/或金星的能量，那么数字3的住宅将把木星能量的所有优良特质带到这个家里。但是，无论是在名字还是出生日期上，和太阳能量的结合都会都会造成不必要的麻烦和厄运。

案例1

多年来，在为许多客户进行阅读时，我发现了一个常见的规律：那些在家庭号码有积极数字命理的客户通常觉得自己会需要"更大更好"的房子。在许多情况下，他们会搬到错误的地址，给自己带来厄运。记住,如果你住在现在的家里一切顺利,那么在搬到新家之前咨询专家是很重要的。

一个有三个兄弟、以及他们的妻子和孩子的锡克教家庭住在印度阿姆利则伊丽莎白路3号的一所房子里。这整个家庭都有正确的能量振动,他们的出生日期都带有木星和金星能量,这给他们带来了成功、财富和好运。

在那里生活了多年并积累了大量财富后,这个家庭决定搬到印度的商业首都孟买,并在一个著名的社区自建了一栋房。

搬到这个新的住宅后,其中一个兄弟在他的特定地址上出现了土星负能量。另外两兄弟继续积累财富,因为他们的能量与新的住址相得益彰,他们的家甚至被电影业定期租用作为拍摄地点。但第三个兄弟,因为数字能量与他的新住所和负面能量的土星地址不相合,所以他面临着巨大的财务问题。他美丽的妻子和他离婚了,经济状况也越来越差。搬到孟买几年后,他遭受了一次严重的心脏病发作,最终夺去了他的生命。

案例2

一位著名的电台主持人住在湾区的一个3号公寓里。虽然她并非刻意找的这个数字,但这是她基本数字命理(出生日期和名字)的正确数字。到目前为止,她是我见过的唯一一个在住所上没有"主号码"的直觉能力者。我觉得她在精神力上发展得很好,自从她与我相遇后,我的人脉也变广了。

案例3

卡特琳娜是通过一位我认识几年的房地产经纪人联系的我,她是一位身材高挑、美丽动人的女性,想要当面会面。她的火星出生日期能量较弱,名字上带有负面海王星能量。更糟糕的是,她的住所——数字3(木星)——与她的名字能量有冲突。尽管卡特琳娜很漂亮,但她过着不幸福的生活。自从她从中央山谷搬到湾区以来,她有过许多人际关系,有些是与成功和富有的男人,但似乎没有一段关系能持续下去。

应卡塔琳娜的要求，我参观了她的房子，用更多的木星数字修补了能量。我还建议她放弃中间名，只使用自己的名字和姓氏。在做出我建议的改变后不久，一些新的关系出现在了她的生活中，但卡塔琳娜选择了一段错误的关系。她也得到了新的工作机会，但却不想做出改变。听到她持续存在的这些问题，我很难受；卡特琳娜只接受了我的一部分建议，所以她的情况只改变了一部分。由此得见，当我们致力于改变时，必须确保完全致力于从各个方面去改善我们的生活。

案例4

黛西给《超越视界》节目打来了电话，想问问自己的数字命理。她的出生日期有很强的火星能量（白羊座），住在一个数字3号的公寓里。

在观察了她的基本能量（她有一个很强的水星名字）后，我意识到她的公寓与名字号码发生了冲突。后来我发现她因为健康问题去看了神经科医生。黛西提到，她以前从未遇到过这样的问题，但自从搬进公寓后，她身上总是发生一些奇怪的问题。

在这种情况下，强大的木星能量正在与她的水星能量冲突。水星会影响她的思想和智力，这就是她所经历的问题。黛西的情况通过在公寓号上增加更多的月亮能量得到了纠正。她后来打电话给我，表示对结果很满意。

案例5（3，能量放大两次）

数字30本身就放大了木星的能量，如果出现在家庭住址上的话，并不是一个强大的数字。但是，如果能量再加上一个零（300或3000），使其放大两到三倍，则其效果会成倍增加，

弗里蒙特的调师所路300号是一座建于1980年左右的锡克教寺庙的地址。300代表木星的能量被放大，这意味着它是财富的来源，是金钱不断流入的地方，数字300也代表着政治活动频繁的地方。这座锡克教寺庙多年来一直名声在外，因其政治问题和金钱问题而不断出现在当地媒体上。据估计，这个寺庙每月都会收到大量捐

款，多年来经营这座寺庙的成员一直被指控滥用这笔钱谋取个人利益。警方在会众集会上进行了干预，每次问题都集中在谁来控制这些捐款上。

这座寺庙虽然是一个礼拜场所，但实际上具有金融机构的能量，所以这些问题并不让我感到惊讶。金钱总是会流入此类数字命理的地方，但随之而来的政治问题永远不会停止。数字300的能量也出现在许多信用合作社、银行和其他金融机构中。

一二

每当木星与太阳能量一起还带着月亮能量的时候，比如数字12，就会出现金钱、厄运、酒精和药物滥用的问题。

案例1（12，能量放大）

一位居住在旧金山半岛的著名媒体名人在广播中听到我的讲话后，向我咨询。在她见到我之前，她咨询了许多其他直觉能力人士，但仍在试图寻找正确的答案。她住在120号住宅，但幸运的是，她的出生日期带有金星能量。

在我检查了她的名字和出生日期后，我意识到是她自己的基本数字命理让她在这所房子里住的七年间都如履薄冰。资金紧张；她同时做两份工作，她和丈夫之间总是争吵不休。除此之外，她还面临着一场诉讼。我建议她通过用鼠尾草和岩盐清理房子来转移房子的能量，并在门派号码的末尾以数字3的形式添加更多的木星能量，使它看起来像1203。我还建议她在主入口门的正上方添加更改，并在某一天在左手食指上佩戴黄色蓝宝石，这将由特定的咒语激活，以抵消诉讼。几个月后，她的财务状况有所改善。她在诉讼中获胜，她与丈夫的关系也变得不那么紧张了。后来她成为了我的朋友，还推荐了一些朋友来咨询我。

案例2

斯蒂芬妮是一位富有野心的女士，她的出生日期和名字能量都很好。她的丈夫罗伯特也有非常强大的数字命理，他们住在525号的家庭住址，当她告诉我她的丈夫发明了两项新技术时（这得益于家庭住址中的两倍水星能量），我并不感到惊讶。但是，家庭数字中间数字2的月亮能量给他们造成了阻碍：无论他们如何尝试，都无法推销出他发明的东西。我根据他们的数字提出了一个解决方案。她后来打电话给我咨询了其他事情，并表示现在他们的情况好多了。

案例3

雪莉是一位客户推荐来联系我的，在我检查了她的基本数字命理（名字中的负面火星能量）之后，在我问她其他问题之前，就可以明显看出她有人际关系方面的问题。她向我证实了这一点，说自己离婚了。她的家庭电话号码11118对她来说有着灾难性的负面影响。如前所述，每当太阳和土星以任何组合出现时，它们都会造成严重破坏，就像在这种情况下一样。想象一下四个太阳能量放在一起会有多大的能量！

雪莉很沮丧。她不知道自己为什么会经历这样的磨难。我建议她在家庭号码的前面添加一些木星能量，将能量转移到金星，因为这会与她的出生日期和名字产生很好的共鸣。我后来接到了那位客户的电话，对方表示雪莉的情况已经发生了变化，两位女士都感谢我的帮助。

案例4（12，能量放大）

伊莱娜住在奥林达的一个很大的庄园里。她是被另一位客户介绍给我的，这位客户已经成为了我的好朋友。伊莱娜正在湾区一个著名的玄学团体学习。

当伊莱娜从奥林达搬到布伦特伍德的120号住宅时，她的财务状况突然恶化。她在买股票时做了一些糟糕的选择，一切都陷入了困顿。当她咨询我时，她也面临着健康方面的问题。我对她说，这一切都是因为家庭住宅的变化。她住在奥林达的3号，这对她来说是一个很强大的数字，所有的金钱都源于此。然后，当她搬到120号地址时，她觉得1+2=3，所以能量是一样的，然而一切都崩溃了。这是因为数字行星能量不一样。数字命理不仅仅是数字本身或加法；更是关于它们所代表的行星的定位方式以及它们如何相互作用。

就在那天晚上，伊莱娜代表女儿给我打了电话。她的女儿住在一个负面的火星地址。当我告诉伊莱娜她的女儿会有感情问题时，她也同意了。我用正确的行星能量修补了她女儿的住宅号码。不久之后，伊莱娜即表示女儿的感情问题已经解决。

案例5

朱迪思在收音机里听到我的声音后联系了我。她有着很强大的出生日期和名字号码。她从父亲那里继承了许多房产，父亲是一名建筑商。

最近，她搬到了号码为1704的一处房产。然而她强大的太阳出生日期与宫号上微弱的木星能量相冲突。她开始遇到了资金问题，因为很难从她管理的一个公寓楼收取租金。朱迪思也断断续续地感到不舒服，她的儿子也突然开始行为不端，这都是由于房子上的能量造成的。虽然这种情况下的数字命理——太阳+海王星+天王星（1704）——应该运作良好，但能量却是负面的；这导致了金钱、行为和健康问题的出现。因为朱迪思还拥有其他房产，于是我建议她搬到号码为3741的那栋。

案例6

金妮在收音机里听到我的声音后联系了我。她很坚持要来寻求我的建议，并提到她很乐意通过为我表演她很有经验的图形作品来交换服务。我同意在我的办公室亲自见金妮，并为她做了基本的数字命理阅读。我意识到她住在一个能量非常负面的住宅里。她急于改变自己的处境，我并不感到惊讶。虽然她住在1425号，但实际上是她姐姐的家，金妮也住在那里。手头很紧张，金妮正在努力找工作。我建议她在住所里添加一些土星能量来改变她的运气。

过了一段时间，我收到了她的来信，她告诉我她在伯克利附近的一家出版公司找到了工作。当我和她交谈时，我惊讶地发现她对玄学非常了解：她关注广播节目，认识当地知名人士，多年来咨询了许多著名的直觉能力人士。几年前，她还嫁给了纽约的一位著名音乐家。在某种程度上，金妮很清楚自己在做什么，但她就是不明白为什么自己的生活会在这个特殊的住所里停滞不前。

案例7

房地产经纪人弗雷德里卡在听到我的广播后联系了我，并告诉我她的工作。当我见到弗雷德里卡时，我查看了她拥有的所有房产的门牌号。她打电话给我，咨询要买的新房子，她对此很兴奋。我提出新的家庭号码对她不好，因为这会给她带来厄运。她目前的家庭号码2361有负能量，未来的新家也有类似的能量。

当我提到她现在的房子阻碍了她的成功时，弗雷德里卡也表示了同意。除了出售房地产，她还提到自己正在写书，但发现很难与帮助她转录材料的人合作。这样的事情总是发生在木星能量较弱的家庭中。我建议对她现在的房子进行修补，这让她摆脱了悬而未决的房屋出售托管。弗雷德里克现在每次有新家的问题都会给我打电话咨询。

案例8

一位非常富有的锡克教牧场主的地址是417号，在搬进这所房子之前，辛格先生已经在一个强大的太阳地址住了很多年。他在美国的锡克教社区积累了大量的财富和政治影响力，事实上，在世界各地都是如此，只要是有锡克教发展的地方。

许多年前，当我抵达美国时，我来到了尤巴市，遇见了辛格先生，他(有人告诉我)可以帮我找工作。但当我到达尤巴市时，辛格先生不想和我说话。对于寻求帮助的人来说，这非常令人沮丧。

随着时间的推移，当地一家广播电台开始宣传我阅读数字的能力，很多人都来拜访我。出于某种原因，辛格先生试图诋毁我的能力，他是锡克教社区的主要人物。有一次在锡克教寺庙，寺庙委员会成员试图嘲笑我，说数字命理学违背了锡克教信仰。这很令人沮丧，但与此同时，我意识到，在这个国家生活了多年的一些人几乎不会说英语。我坚持自己的立场，没有把他们说的话当真。一个月后，我不得不离开尤巴市搬到湾区。我记得当时还打了电话给辛格先生，告诉他："你所做的是不必要的。总有一天你会需要我的。"

几年前接到他的电话时，我并不感到惊讶。他的声音完全变了。表示想去湾区见我。那时，我已经为成千上万的人提供了咨询。辛格当时正处于财务低迷的状态，正在寻找答案。来自印度的各种占星家和来访的传教士都为他咨询过，但没有人能帮上忙。

应他的邀请，我去了他家。意料之中；他的新门牌号是个会带来厄运的号码。我们绕着他的房子走了一圈，我注意到正门上方倒挂着一个马蹄铁，于是提醒他注意这件事；他不知道马蹄铁应该正挂，以"抓住"运气，而不是让它掉下来。

他的许多房产都被取消了赎回权，新购买的一些房产给他带来了法律问题，在加拿大的房产也无法出售。看到一个男人在几年内突然变老，如此渴望获得帮助信息，我感到非常难过。我和他共进晚餐，建议他在417旁边加一个数字7，使其成为4177。我还建议他从家里移走一个巨大的无线电天线。几个月后，他在加拿大销售出了一些房产，并在涉及尤巴市中心的一处房产的诉讼中胜诉。从那以后，他成了我的好朋友，我也没有对他有任何怨恨之意。

案例9

米勒夫人和丈夫住在联合市的一个负面木星能量住宅里，丈夫从事房屋建筑业务。他们幸福地结婚了，和两个女儿住在一起。80年代末，有一次米勒先生和他的姐夫正在检查他们工作的建筑工地。在建筑工地周围行走时，这些人碰巧站在一个下面有一个深坑的地方，旁边放着一大堆碎混凝土。其中一名男子不小心被一块混凝土绊倒，引发了滑坡。他们都死了，被活埋在混凝土下的坑里。除了生活在木星的负能量中，建筑工地本身也有火星的负能量。这个家庭就此被彻底摧毁了。

当我访问印度时，接到了妻子的电话，她告诉我米勒夫人也去世了，这对这家人来说更是雪上加霜。这就是土星能量最极端的负面例子。

案例10

4431号是一位我远房亲戚的地址。在去温哥华访问的期间，我参观了这所房子，当看到4431这个数字时，我就知道出了严重的问题。那天晚上晚饭后，我记得我建议他们用数字2来修补住宅号码，并且向房主表示这对他们的生活发展有好处。住在此处的男主人不太相信我在做什么，但女主人对我提出的可能性很感兴趣。

几个月后，我发现他们的儿子加入了一个帮派，房子被他的朋友洗劫一空，因为他们和警察都在找他。有趣的是，当时我接到了那对父母的电话。父亲表示很担心他的情况，最后问我："我应该在哪里加上数字2？之前还是之后？"他还想知道我建议挂风铃的确切位置。

然后，我还建议儿子在右手中指上戴一枚黄色蓝宝石戒指和一枚马蹄铁戒指，以对抗周围的负面能量。不久之后，男孩向警方自首了。他参加了转向处遇，后来被合法宣告无罪。自那以后，这个家庭搬到了一个新房子，有一个强大的太阳地址，在情感和经济上都过得很好。

正如我们所看到的，让天王星在这样的负面地址中出现两次可能是灾难性的。这或许不是最糟糕的，但是能量最低的木星能量。在购买新房时，大家必须咨询数字专家，而不是像这个家庭那样简单地把数字加起来。当业主购买这4431号房产时，他们还认为它加起来的能量是正能量3。

案例11

在尝试联系新时代音乐节的联系人时，接电话的女人通过我的名字和声音认出了我。她说："哦，我知道你是谁！"我们聊了几分钟，然后，当然我不得不问她的数字命理号码。她笑着说："我就知道你会问我这个！"

她刚刚搬回以前的住处，372号公寓。看了住宅号码后，我可以看出这是一个会有经济损失、很多厄运、吸毒和/或酗酒问题的地方。她深有同感，并表示女儿刚刚进入戒毒所，他们在这间公寓里也遭遇过盗窃。我用三个不同的行星数字修补了她的家庭号码，她自己直觉能力也很强，表示完全同意我的建议。

我后来又在另一个场合和她聊过，她提到，在她开始戴我送给她的朱庇特戒指后，就找到了一份稳定的工作。她觉得自己的生活正朝着比以前更稳定的方向发展，但她仍在寻找一个浪漫的伴侣。当木星能量出现在人们的名字上而不是他们的家庭号码上时，它的作用完全不同。许多著名的政治家、电影明星和国家元首的名字上都有这种能量。这种能量的两种表现形式就像阴阳两面一样。

案例12

乌玛是一个身材高大、女神一样的女人，在一位客户推荐后联系了我。她也是一名房地产经纪人，住在圣拉蒙山谷的732号房子里。我碰巧在她的营业地点遇到了她，她很想知道我是如何处理数字的，以及我如何解释它们的能量。在查看了她的出生日期——强大的木星能量——以及她佩戴的所有昂贵宝石后，我告诉她，她的门牌号在经济上能量很弱。乌玛的出生日期使她取得了成功，因为她的名字也是一个微弱的振动。她已经离婚了，而且她的一个女儿让她"非常难过"。

我告诉乌玛，如果她能卖掉这所房子，搬进另一所，那就太好了。她说，就在我们交谈之际，房子正准备出售。她急切地邀请我到她家做一些清理工作。我知道，在我修补了这个地方之后，它会很容易卖掉。如果她愿意，我很乐意帮她找到合适的房子搬进去。

作为一名房地产经纪人，当我看到其他房地产经纪人如何为客户或自己寻找房产时，我意识到大多数房地产经纪人都没有考虑到房屋的数字命理。他们通常急于赚取佣金，却没有意识到买家会对他们购买的房屋的能量做出怎样的反应。乌玛非常想邀请我去她的房地产办公室，并让我和那里的经纪人谈谈数字。

案例13

2820号是我在旧金山的一次社交活动中认识的一个家庭的

住所。他们碰巧是我妻子的远房熟人，很想见见我，让我阅读一下他们的家庭号码，所以我们约好了下周这家人来看我。家庭号码2820带有月亮+土星+月亮能量，而且放大了，这不是一个很适合居住的地方。我告诉家人，丈夫必须努力工作才能赚钱来维持房子里的资金运转。他表示同意，并认为原因是他的生意进展很慢，办公地点在12505号（这也是对资金不太好的）。

  这位丈夫是我经常会遇到的那一类客户，因为他的住宅和企业都"陷入了困境"，所以有一些我真正能帮上忙的空间。我建议他把住宅和商业都修补一下，还建议夫妻双方手上都戴上某种石头。

  我们结束谈话后，他们想知道我应该收取多少钱，但我拒绝接受他们的任何钱，因为他们与我的家人是熟人，而且遇到了困难。但每当我拒绝接受别人的钱时，它总是以另一种方式来找我。第二天，我接到了同一位先生的电话，他问我是否在办公室做商业贷款。我答应了，然后他坚持要我帮他为他的商业大楼再融资。我同意和他合作，为他争取到最适合他的贷款。

案例14

  瓦莱莉住在加利福尼亚州卡斯特罗谷的19020号房子里（太阳+火星+月亮，放大了能量）。这些能量很好地结合在一起。瓦莱丽是一位作家也是我私人的朋友，在湾区非常有名。作为一个直觉能力者，她对我所做的事情很感兴趣，每次我见到她，我们的能量都是同步的。我建议她在家庭号码的末尾加一个数字3，以产生金星振动。

  瓦莱莉提到，在她家电话号码末尾加上3后不久，她感到自己的业务发生了"突然转变"；改善了很多。她被一家电视网络邀请为潜在嘉宾，目前仍在他们未来的潜在邀请名单上。她告诉我，自从在家庭住址号码上加上3号后，她就被各种各样的工作机会"淹没"了。

  我建议她戴上蓝色蓝宝石，以确保自己可以在电视上露面。她回答说，她有一块属于她祖母的蓝色蓝宝石，我告诉她如何开始戴，戴在哪个手指上以确保效果良好。我相信，瓦莱丽成为著名的电视名人只是时间问题。

案例15

有一次,我被邀请到当地一家电视台为工作人员做一些阅读。一位叫做韦恩的先生很想和我谈谈。在我到达之前,他已经准备了一份问题清单。直觉上,我从他的过去中汲取了很多能量,这些能量仍然笼罩着他。我开始在这次会面中尽可能多地清除他过去的障碍。后来,我又回到了他的家庭号码的问题上。他提到他住在马林县的12号。住宅的这种能量非常微弱。韦恩因为试图抵抗这个号码给他带来的巨大障碍而感到非常沮丧,而我对此并不意外。韦恩还提到,他正在失去自信和对生活的兴趣。

在清理了他的个人能量后,我建议他在公寓门上使用更多的海王星能量,以与他的名字能量相协调。几天后,他的女朋友——碰巧也是我的朋友——提到了韦恩的能量发生了如何的变化。他看起来更开心了,还想在旧金山买一套新公寓。他的商业伙伴似乎也更加尊重他和他的意见,他的大学老朋友提到,上次见到他时,他"似乎比去年快乐得多"。听到我的帮助得到认可,我感到非常欣慰和满意。这就是我工作的原因:帮助人们改善生活。

二一

当月亮出现在太阳之前时,比如数字21,木星的能量会正向流动。拥有这个数字能量的家庭可以感受到此类木星能量的所有效用。

案例1

一位来自著名地区的女士在《超越视界》节目中听到我的声音后,联系了我。在我和她谈话之前,她把自己的信息发给了我,在我看过她的号码后,我很好奇她为什么来我这里。她的名字、出生日期和家庭电话号码是完全同步的!我可以看出,她的能量极其丰富。当我和她谈话时,我问她为什么想来咨询我,因为她的数字命理完全一致。她同意了,并说她的丈夫拥有一家非常成功的公司。但她联系我的原因是,她正准备做出改变,在葡萄酒之乡买一个新家。这是一个木星能量最充沛、最膨胀的例子；会带来源源不断的财富。如果仔细计算免受木星能量的影响，她的此次改变可能会给她带来更多的财富和安定。

案例2

哈比特在《超越视界》节目中听到我的声音后联系了我。她住在弗里蒙特的4584号住宅，她的基本数字命理（出生日期、姓名）是一致的，但门牌号上的行星组合具有破坏性。每当天王星和土星出现在一个家庭数字中时，就像在这种情况下，它们会带来一种令人困惑和不安的能量。

在哈比特的案例中，她与丈夫之间存在严重问题，丈夫多次对她进行家庭暴力。我建议她加一个2，为她的家庭号码提供额外的月亮能量，使其变成45842，以抵消负面能量。几个月后，她联系了我，寻求我的帮助卖掉房子，后来房子很容易就卖了出去。她的丈夫在亚利桑那州凤凰城附近找到了一份更好的工作。他还向我咨询了他们新房子的正确号码。我为他们找到了合适的号码，这样他们就能在新城市找到幸福和成功。除了在卖掉房子时修补他们的房屋号码外，我还建议他们在手指上戴上某些水晶，以增加运气和财富。从那以后，我与他们的许多家庭成员都进行了交谈，为他们提供数字的建议。

案例3（21，能量放大）

201是我一位住在弗雷斯诺地区的朋友桑蒂普的公寓号码。桑蒂普搬进这套公寓后，在弗雷斯诺地区买了一家便利店，一年后又买了一个加油站。他的家庭能量，放大的21数字能量，非常适合创造财富。我记得他后来几次来我在海沃德的办公室拜访我，告诉我他有多高兴和成功。

几年后，我又见到了他。他卖掉了自己的生意，搬到了圣马特奥，在那里买了一套新房子，开了一家印度餐厅。这两个地址的数字命理都是负面的，很快桑蒂普的餐厅就关门了，他还与妻子离了婚，拿走了房子的股权，去了印度，让妻子无依无靠。这个案例中我们可以学到的教训是，某些数字并不能创造财富。能够创造财富的人必须被尊重并坚持一致，因为未经仔细考虑的变化往往会产生灾难性的结果。

案例4

一对住在帕洛阿尔托地区的夫妇联系了我，他们在收音机里听到过我很多次，大约一年后，才决定过来看我。他们在海沃德附近拥有一栋五单元的公寓楼，自从买了这栋楼以来，一直不停地遇到问题。

纳雷什的家庭号码777号——一个强大而幸运的木星振动——给他带来了财富和好运，但他的公寓楼（号码20325）木星能量较弱。当时，这处房产有好几处空置，而且业主也觉得很难支付抵押贷款。我建议他在末尾添加一个小数字2，很快这些空缺就被可靠的租户填补上了。我还向业主提到，这处房产最好能出手，因为它会在未来不断给他带来问题。妻子坚持要我为他们卖掉房子。我花了大约八周的时间才找到合适的买家，一个月后，我们准备签署成交文件。

就在最后一次检查之前，一名租户去世了，邻近的租户在邻居去世后感到紧张，想搬走。新买家觉得非常不舒服。我开车去大楼，看到我们放在外面的数字2已经被这两个租户中的一个拿走了！我回到大楼，在地址上添加了一个新的2，交易就完成了。后来我和买家的房地产经纪人谈过，询问了新的空置情况，他提到这两个单元都租给了新租户。他没有删除添加到门牌号中的数字2。

案例5

数字786在伊斯兰世界被认为是一个宗教性的强大的数字。它代表了伟大的安拉的能量；它也被称为毕米拉。当它出现在家庭或商业号码上时，它就自带好运。

斐济群岛的一名男子联系了我。当我看到他家的786号码时，我为他感到高兴。他生活中的一切都很顺利：包括工作、家庭和健康方面。然而，这个男人，尽管一切都对他有利，却在追求另一个女人。他来看我的原因是想找个地方"沾花惹草"。他后来又给我打了几次电话,但我总是找理由拒绝给他太多时间。这个人什么都有了,我真的很想知道他为什么还要去做一些他不该做的事情;他是在利用住在一个有强烈而积极的能量振动的住宅里的机会,而不是为此感到感激。

案例6

28830号是我一位多年来的年轻女客户的家庭住址。她就各种话题咨询过我很多次,她和母亲以及继父一起住在这所房子里。她的个人生活多年来一直处于混乱之中;尽管她努力过,但始终没有找到合适的男人。她还尝试过很多职业,但都没有"成功"。她在九月来找我,背部和腿部都有健康问题。我问她,"你现在做什么?"她说,"我是一个舞蹈团的一员",但这告诉我,她的生活并没有朝着正确的方向发展。

多年来,我观察到,当土星(8)在一个家庭号码上出现两次时(就像在这种情况下),这并不是一个好的现象。尽管大多数受过中国和相关传统文化教育的人都认为是这样,但我的经验表明并非如此。我强烈建议她改变住所,转移能量,这样她才可以体验到新的、更好的东西,这是一个好办法。她现在正在考虑买一套新房子。作为长期的朋友和客户,她依靠我的数字命理学知识为自己找到了正确的数字。我相信这会让她的生活变得更好。

案例7

艾普尔在十月访问了我的办公室。她住在硅谷一个10956号的住宅里。她告诉我,自己是一位"医学气功大师",过去两年她一直在听我的广播节目。她练习针灸和中国传统疗法。七年前,她和丈夫从新加坡搬到美国后不久,一起购买了这处房产。

在看了他们的名字和基本数字命理后,我告诉艾普尔,这所房子不适合他们中的任何人。她表示同意,并告诉我,自从他们搬进这所房子以来,"生活一直很艰难。"她的丈夫在股市上损失了很多钱,他总是怪自己和运气差,才做了所有这些"糟糕的投资"。艾普尔告诉我,她自己"直觉能力很强",她"在真正了解能量之前不会咨询别人。"她告诉我她曾经做过一个关于数字的梦,却不明白为什么它会降临到自己身上。后来，她在一本杂志上读到了我的故事，然后又做了一个关于数字的梦。

　　她告诉我，就在那个时候，她才决定来看我。我告诉她，这所房子需要用更多的月亮能量来修补。我还告诉她如何将数字按正确的顺序放在她家主入口的门上。读完她的号码后，我给她做了一次能量清理，当我们读到一半时，她眼里含着泪水。当我们结束时，艾普尔告诉我，她"因为练习气功，感觉到能量在她身体里流动得非常强烈。""凯尔西先生，你有一个古老的灵魂，我以前见过你，"这是她在我办公室里对我说的最后一句话。这对我来说很有道理，因为我相信生活中没有巧合。

三零

　　30是木星的"平均"振动。在1到10的范围内，它大约是6。但如果这个总和中有其他组合，那么能量振动就取决于该组合中发现的所有行星能量。就比如说，9993与7869的能量就完全不同。

案例1

　　在2008年8月之前，37794是我自己的家庭住址。当我们在2000年年中搬进这所房子时，我匆忙地从开发商那里买下了这处房产（当时是一栋全新的房子）。我卖掉了之前在弗里蒙特观澜湖区的房子，所以需要很快地购买另一套房子。当我到达此处房产开发地的时候，挂牌上到处都是"已售"的标志，但是我真的很喜欢这个地区，所以我去问女经纪是否还有房出售。

　　唯一没有关闭托管的就只有这处房产了。我买下了这里，虽然不太喜欢这个号码，但我很清楚，我可以很容易地修补它以满足自己的需求。在我修补了地址后不久，我的房地产业务就有所改善，也遇到了许多其他的机会，这让我的数字命理学天赋引起了公众的注意。我住在这所房子里的时候买了我的办公楼，从那以后一切都很顺利。

　　在我家对面的公寓住着另一位先生，他在硅谷有一家软件公司，妻子是弗里蒙特的一名医生。他的家庭住址是37785，又是一个"30"。他的家庭号码没有修补（他没有请求我的帮助，我也没有强迫别人接受我的建议)。时不时地和他聊天很有意思。

几年前,我和他父亲谈过,他告诉我,他儿子的电脑相关生意一点也不好。我的邻居还提到,由于HMO和保险公司的存在,医生们很难像以前那样赚钱。这并不让我感到惊讶,因为在这种情况下,木星的能量总是以它一贯的方式工作:非常缓慢和微弱。

案例2

《超越视界》的一位来电者是住在旧金山4998号房子里的女性。虽然她的基本振动上有火星能量,但她的地址上火星能量太多了。我告诉她,这个地方对她来说会很困难,因为它有非常重的火星能量,会在家庭中引起持续的愤怒和冲突。她表示同意,并说,在过去的三年里,她对家里发生的事情感到"不安"。我建议她在两个9之间加一个数字3,但我也提到,她最好换一个更好的住所。根据我的经验,我发现火星能量过多总是会带来个人问题,还有人际关系和家庭问题。在许多情况下,我发现火星能量也会吸引不快乐的邻居,他们会找理由和你在琐碎的事情上争吵。

三九

每当木星和火星能量一起出现在住所上时,它们总是会带来一种延迟、减缓的能量。

案例1

特蕾莎在收音机里听到我的声音后联系了我。她先打电话来了解了关于我的背景以及我如何使用数字的更多信息。她提到自己曾环游世界,并在其他三个国家生活过。为了满足她的好奇心,我问了她的家庭号码,但没有问任何其他信息。当她提到自己39岁时,我立刻意识到她会遇到一个困难。我向她提到这一点的那一刻,她很好奇:我怎么能从她的家庭号码里知道这件事呢?

后来,在详细的阅读中,我帮助她了解了自己以前的家庭号码,以及这些号码过去是如何影响她的生活的。我还帮助她为自己的企业制定了一些有利的名称,利于向德国出口高端汽车零部件。几个月后,她联系了我,问我是否有兴趣在当地一家广播电台组织的玄学博览会上与她分享一个展位。她感谢我的帮助,并表示很感激我提供的信息。特蕾莎还提到,她已经寻找了很长时间,却一直没有找到其他使用数字命理来修补家庭号码的人。

案例2(39,能量放大两次)

3090是一位来找我的越南女士的家庭号码。她有非常强的名字振动和非常积极的出生日期。她告诉我自己在一个技术制造部门做销售员。我提到,她的家结合了木星和火星的能量,会给她带来麻烦,还会给她带来一些厄运。

起初,她什么也没说,但随着我们深入阅读,她慢慢开口告诉我,几个月前,她出了一次事故,而且发现很难合法地解决这个问题。她陷入了一段新的情感关系,对新男友的能量和意图也有些迷惑。她还提到,自己必须长时间工作才能获得销售佣金,而且总是觉得累。我建议她转移能量,在门牌号的末尾加上更多的月亮能量,还建议她在右手中指上戴一块蓝色蓝宝石,以提高她作为销售代表的运气。她觉得很合理,并且决定坚持到底。

案例3(39,能量放大两次)

在我从卡斯特罗谷搬到弗里蒙特的阿瓦隆庄园地区后,我与负责该分区的女士交上了朋友。她对数字命理学也很好奇。在浏览她的房产清单时,我提到一些房屋数字能量振动不大,不会给买家带来成功。

一个特别的数字是伍德赛德特伦斯街道(我最终居住的街道)3900号,当然,这是最大的户型——超过5000平方英尺的房子,占地半英亩。买家是第一批搬进开发区的人。他们搬进开发区的这座新房子后不久,厨房和用餐区就发生了一起火灾。办公室经理把发生的事情告诉了我们,因为这太出乎意料了,太戏剧化了。

根据我在数字命理学方面的经验,我知道这样的数字总是会带来厄运和财务困难。我经常在街上来回开车去看望我妻子的亲戚。那栋房子前面总是停着几辆车,这表明(至少对我来说)房子的一部分可能会被出租。这只会发生在资金紧张的情况下,而这个情况应该是因为房门前挂着的3900号。

四八

4+8的能量相当于天王星+土星。出于某种原因,天王星和土星能量总是倾向于一起降临到名字、数字或出生日期中带有天王星和/或土星能量的人身上。

案例1

尤巴市一位从印度搬来的绅士遇到了数字48的能量振动。我在锡克教寺庙见过他几次,他经常很疑惑自己为什么来这个国家。他告诉我,他在印度非常成功,但自从抵达美国以来,他的财务状况一直处于低迷状态。当我问他在现在的地址住了多久时,我对他的情况并不感到惊讶:天王星+土星的能量可能具有极大的破坏性。这种情况会促使人们在绝望中结束生命,并在家庭中造成严重问题。我建议他卖掉这所房子,因为他提到以前的业主也遇上了类似的命运,他在房子上得到了"好价钱"。我经常看到,具有如此负面数字能量的房屋被绝望的卖家以低于市场价格的价格出售,许多没有意识到这种"便宜货"的危险的人就此陷入了陷阱。

案例2

大卫和塔玛现在住在西澳大利亚州,他们在卡梅伦·斯蒂尔的《接触谈话电台》的网络广播中听到了我的声音。他们给我发了几封电子邮件,终于联系上了。在看了大卫的数字后,我告诉他,他非常有直觉能力,他回答说是的,他的直觉很准,而且他一生都在做玄学的工作。此外,通过听他沙哑而沉重的声音,我可以看出他在精神上是有意识的。另一方面,他的妻子塔玛有很强的水星能量,但不如她的丈夫那么有直觉能力。大卫给我打电话的原因是他的住宅号码48,还有之前的两个地址:5010和618。

我告诉他,唯一好的地址是618号,他与塔玛婚后不久就住在那里;他们在那里度过了"非常幸福的四年"。48岁的他们搬到现在的房子后,他说自己的生活和事业都陷入了停顿。

我解释说，这个数字是天王星+土星的组合，而他的天王星出生日期进一步加强了这种能量。他提到，在找房子的时候，他的妻子喜欢这个地方，直觉上，他对这里的能量不太满意。但是他说，作为一名专业人士，他做了多年的能量操作，他知道自己可以"很容易"地清理它，让房屋的能量为他们服务。我建议，在未来，他在做出任何决定之前听取自己的直觉非常重要，不要因为妻子的精神水平不同而依赖他们的直觉。

这对夫妇搬进房子后，大卫用他所知道的所有技术清理了房子，但家里的能量仍然不适合他们。我建议他在48的末尾加一个数字2。这正是他想知道的信息，因为他正在卖房子。

然后他问我："对我们俩来说，什么数字都好？"我提到数字32也行。在我说出的那一刻，他说："哦，天哪。就在上周，这里有一处房产上市了，数字是320。"他说他真的很喜欢这所房子，但没能及时拿下。

正如这对夫妇所发现的那样，即使一个人像大卫一样非常擅长转移能量，负面的数字命理学也无法通过清理能量来克服。一个人是普通人还是直觉能力者并不重要；每个人都需要了解家庭号码，以及它们会对情况产生的正面或负面影响。在这次谈话之后，大卫又给我发了几封关于一些新家庭号码的电子邮件，但这些号码对他来说还不够好，所以我让他继续找。

在他发送的号码列表中，有一处房产他真的很喜欢；我不同意他的观点，但他想修补它。当我帮助人们搬进新家时，我会尝试先找到正确的号码，因为修补是我对于新居的第二选择。

五七

5+7的能量相当于水星+海王星。家庭号码的这种组合会不停地带来财务和健康问题。

案例1

海景57号是一位统治银幕数十年的著名印度演员的地址。90年代初，当我还是海沃德飞行学校的教练时，一位朋友来找了我，把我介绍给了一个和他一起来的年轻人。

我的朋友后来告诉我，这个年轻人是这位著名的印度演员的儿子，他来美国学习飞行。他需要一个住的地方，但是很难租到，因为他不认识愿意为他签下房子的人。应我朋友的要求，我帮这个年轻人在圣莱安德罗找到了一套公寓，他开始在海沃德的飞行学校学习。他向我提到了他在孟买（Bombay）的住址，我立刻意识到了这是厄运、疾病和财务问题的能量。

在完成飞行学校学业后，这名年轻人回到孟买，没有向飞行学校支付他所欠的5000美元。后来全世界都发现了他的父亲患有癌症。一年后，父亲就去世了。

那位儿子去孟买后，我曾接到他的电话和他母亲的一张卡片，她感谢我帮助了他。他说他已经签约了一些电影，很快就会出名。根据他的数字命理，我知道这个年轻人的未来不在电影业，前两部电影（由于他父亲在该行业的关系而被聘用）在票房上都完全失败了。他的哥哥也遭遇了同样的命运。我并不惊讶，他们的住所无法给他们带来名声和成功，因为那里充满了厄运。

六六

6出现两次代表金星的振动。这在门牌号上是能量微弱的，但当这种能量出现在名字号码上时，它会带来巨大的艺术能力、名声和成功。

案例1

旧金山湾区的一名电视台工作人员住在66号房子里（金星两次），而且有一个火星出生日期。她的名字会和海王星和金星的能量共振。当我们一起坐下来参加数字命理学课程时，我向她指出了房子的能量，并提到了"运气不好"。在看了她的出生日期后，我告诉她，她的情感关系和健康状况看起来不太好。她表示同意，并表示自己的脚已经"相当长一段时间"有困难，而且已经"没有关系"很长时间了。

当我清理她的能量时，我还提到了她的数字阅读中带有一些欺瞒的能量。她轻轻地转过头,保持沉默。当我们继续进行阅读的时候,她的眼睛里充满了泪水。我建议她在家里除了用更多的木星能量来修补这个数字以外,再进行一些其他补救措施。

我告诉她,她的名字属于一个应该上电视的人。她说,她在这个行业工作了很多年,但总是在幕后,而不是在镜头前。我告诉她,她的个人数字命理学肯定会让她出现在电视上。她回应说,她的老板希望她成为一名"玄学记者",但她自己也不确定,因为她从来没有在镜头前出现过。

同一天晚些时候,我和电视台的一位主管有个预约。聊了几分钟后,他就把工作人员叫进了办公室。当她坐在我旁边时,他告诉她,"马上把他加入日程表,我想让你来做访谈主持。"她回答说,"哦,我以前没做过这个,"但老板说,"你可以做到的。"

就在我告诉她她的名字能量会让她站在镜头前不久,她就得到了这个来自第三方的指示。在这次会议的四周前,我被另一位高管邀请到电视台,在我的建议下,电视台大楼的地址用更多的水星+月亮能量修补了。修补后不久,电视台赞助的当地活动就吸引了7000人,这让电视台对其不断变化的运气感到十分惊讶。

案例2(66,能量放大)

一位在奥克兰地区拥有几处出租房产的朋友向我询问了一处地址为606的房产。当我考虑606的数字能量时,它似乎很奇怪,而且可能是致命的。当我告诉她关于这座住所的事时,我说:"这可能会是一场灾难。"然后她给我讲了一个关于这个地方的故事:"我把这所房子租给了一对夫妇和他们的孩子。在70年代末,他们跟随[人民圣殿]的吉姆·琼斯来到圭亚那。他们喝下了有毒的酷爱饮料,四个人都死了。"

她在人民庙倒塌后卖掉了这处房产,并不想解释租户发生了什么事。但这么多年过去了,她仍然对这个数字的力量感到好奇。

66的能量不应该被误解。当金星出现在一个名字上两次时,它会带来巨大的成功。许多著名的体育运动员和电影明星的名字上都有两次金星。然而同样的能量对住宅和名字的作用不同。

七五

75和57有非常类似的能量振动。

案例1(75,能量放大)

莎莉在洛杉矶看了波斯电视台的节目,节目结束后不久,工程师出来告诉我,有一位女士"坚持"要和我说话,她是洛杉矶地区的新闻主播。我与她进行了简短的交谈,她告诉我她"刚搬进705号房子",并问我对此有何看法?

我询问了莎莉的出生日期,并告诉她她的生活轨迹被堵住了。由于我赶时间,我请她稍后给我打电话,这样我就可以更深入地和她谈谈。在我们的第二次谈话中,她告诉我,自从搬到这个家后,她和制作人之间遇到了困难,丈夫也一直"因为无法解释的原因生病"。我为她做了一些清理,建议她在家庭住址上加上一个数字,这可以让她的广播事业重新振作。过了一段时间,莎莉发邮件告诉我,她在工作和个人生活中经历了"明确的转变",并期待着将来我可以去参加她自己的节目。

第六章

天王星：数字4

代表天王星的数字4有多种形式：4本身，以及数字13、22、31、49、58和67，以及它们的映像。天王星是科学、正义和媒体的象征，因此也是电视、广播和电影的象征。

四

数字4本身归属于天王星。

案例1

鲁比住在211号房子里，这与她的名字"能量"相冲突。虽然她出生在一个强烈的太阳能量日期，但她的生活过得就像过山车一样。她的名字能量与住所相冲突，这让她感到孤独，而且一直在金钱方面很挣扎。我建议她在家里的号码上加一些月亮能量，重新开始过上美好的生活。鲁比后来提到，她在洛斯加托斯地区找到了一个似乎是长期关系的完美人选。

案例2

一位追求金钱和名望的年轻射手座女士住在洛杉矶的121号公寓里。虽然她在加利福尼亚州北部的一个农业社区长大，但她搬到了纽波特海滩，希望将生意"做大"。但住在121号公寓并没有让她如愿。她目前在一家小型广播电台的后台工作。

她的母亲与我认识多年，所以联系了我，想了解女儿的情况。她说女儿"现在31岁了，还没有找到生活的方向，也没有找到合适的感情关系。"当母亲和我讨论女儿时，我表示121号公寓不符合女儿的基本能量。

　　那年5月，这位母亲来找我，想阅读自己的能量，但又问起了她的女儿。我修补了这位母亲的住宅，让她找到了合适的关系。我建议这位母亲在女儿在洛杉矶的公寓里加一个2号，这样她就可以突破困难，继续前进。我选择数字2，是因为这是一种强烈的月亮能量，与女儿的名字和出生日期可以产生共鸣。我还对她的名字做了一个小小的更正，建议将已经存在的元素重新组合。我相信，如果把这个2添加到门上，这位年轻女性的职业生涯和个人生活将再次向前发展。

一三

　　数字13本身就是一个深刻的精神数字。它是许多著名研究人员、科学家、著名媒体人物和强大法学家的出生日期。非常重要的是，那些在出生之日就有这种能量的人要不断地以慈善和捐赠的形式给予和接受。一旦他们忘记给予，他们就会停止接受正面能量。

　　如果一个人想出现在屏幕上，无论是大银幕还是小银幕，13都是一个很好的名字数字。马丁·辛、戈尔迪·霍恩、拉吉·卡普尔和斯里·德维等著名演员的名字中都有天王星能量。然而，天王星的能量作为名字号码和家庭号码的工作方式则非常不同。

　　每当太阳+木星的1+3组合以任何形式出现在住宅上时，都会带来严重的财务和健康问题。出于某种原因，它总是会吸引土星和天王星的生日，而这些组合会使它更具破坏性。

案例1

　　日裔美国人玲子在《超越视界》节目中听到我的声音后联系了我。她住在328号房子里，出生日期带有火星能量。她也碰巧是一名房地产经纪人，对生活中发生的事情感到很迷茫。她有足够的能量去出售房地产，但自从搬到328号房子后，她的生意大幅放缓。

我建议玲子使用更多的水星和金星能量来平衡门上的负面数字命理。作为一名房地产经纪人，多年来我观察到，大多数房地产经纪人只关心佣金，而不关心一旦房地产经纪人把客户安置在新房子里，会影响他们的玄学能量。这种玄学意识的缺乏在玲子的家庭号码中显而易见。从那以后，她咨询了我很多次。

案例2

朱莉娅给我打电话咨询。听到她的消息，我感到非常惊讶，因为她碰巧自己很有直觉，而且和我一样是同一家广播电台的常客。她的土星出生日期带有负面能量，住在517号房子里。在我查看她的姓名号码之前，我看了她的门牌号，并告诉她，她住所上的水星+太阳+海王星将限制资金流动。她同意了，并把自己的生意情况告诉了我。除了直觉能力之外，她还有一个苦苦挣扎的网络家居业务。我建议她添加一定的能量振动来调整她家庭号码的能量。她的在线业务有所回升，此后她还给许多客户也推荐了我。

案例3

斯维特拉娜通过另一位曾多次咨询过我的客户联系到了我。当她见到我时，我只和她说了几句就能听出她有多沮丧。她的家庭号码517具有水星+太阳+海王星的能量，她在出生日期带有很强的基本能量。

多年来，斯维特拉娜一直试图建立一家食品企业，但并不十分成功。她已经持续每周工作七天好几个月了。在查看了她的企业名称后，我建议她将振动转向更多的海王星能量，因为海王星能量作为食品企业的能量是有利的。我还建议她在右手食指上戴一块黄色蓝宝石，以打开木星能量的流动，并通过以数字3和8的形式添加一些木星和土星能量来修补家庭数字。斯维特拉娜在年初再次给我打来电话，我很高兴听到事情正在好转，而且她正准备出国探亲。

好消息是，无论门上的能量有多负面，都可以有一个简单的解决方案，也就是添加小贴纸，使其行星能量可以强烈振动，从而提升房屋及其居住者的能量。

案例4

内拉吉在《圣何塞水星报》上读到我的消息后联系了我。他来我办公室看我,非常想知道我使用的数字命理学系统。他说他读过很多关于数字命理学的书,但他看到的唯一一本关于家庭号码的书是我的。

他住在圣何塞的一处门牌号为4063号住宅,而且说过去几年一直在做保险经纪人但是生意很困难。他最近拿到了房产资质,也依然很困难。

他的住宅能量是天王星+金星+木星(放大),在财务上能量很弱。他之前的地址3144号,也同样软弱。他还提到,自己与妻子的关系正在逐渐疏远。这并不让我感到惊讶,因为他的出生日期也有这种负能量。

我建议在他现在的地址上加上正确的数字,并让他戴上戒指来增强他的土星能量。我在2月份再次见到了他,当时他和另一个朋友一起来的。他说,这是他很长一段时间以来的第一次成功交易。

案例5

一位著名的玄学家和教师住在加利福尼亚州的皮诺。他是个了不起的人,教玄学已经有好几年了。他的许多学生已经成为著名的直觉能力者。许多年前,当我在寻找答案时,得克萨斯州的一位朋友提到这位玄学家是"值得见面的人"。他只会通过客户推荐与人见面;否则,他是不接受新客户的。客户的推荐奏效了,于是我约好去他家看他。

当我把车停在他家外面时,我首先看了看住宅号码。这是一个13号。可以看出,这所房子有很多财务问题。然后我进去和他会面,之后当我走出来时,我向他提到,在那里添加一个新数字可能会更好。当时,对于一个教授玄学多年的人来说,当他停下来直视我,然后回头看那个数字时,我感到很惊讶。我只告诉他,这将改善他的财务状况;这会给房子带来更多的钱。此外,我在房子里还看到了一位患病的家庭成员,这并不让我感到惊讶,因为太阳+木星的数字命理有这种效果。每当太阳+木星的能量出现在住所上时，都会带来健康挑战和财务问题。

案例6

珍妮特从朋友那里听说我后联系了我。她在电话里表现得很好奇，想在亲自来见我之前得到一些答案。在我看了她的名字和住所后，我提到这种能量是具有爆炸性的，它影响了家庭关系。她想知道我是怎么知道的。她问："你是在电脑里找答案吗？"我笑了。第二周，她在我的办公室见了我。她有一个强大的太阳生日，我知道这让她非常倔强和固执己见，当时她正在和一个已婚男人约会。我告诉她，她所做的事情行不通，但她相信这个男人会离开妻子娶她（当然，这并没有发生）。

后来，珍妮特告诉我她找到了另一段关系。太阳和木星出现在出生日期和居住地上的时候，它们的能量除了影响人际关系外，还会造成严重的问题，就像踩在流沙中一样。

案例7

梅根和她的丈夫在收音机里听到我的声音后，来联系我阅读能量。这对夫妇拥有一家音乐公司，并且一直在试图出售他们的音乐作品。但由于某种原因，资金一直很紧张，他们面临着障碍。

在我查看了他们的基本能量和家庭号码后，我明白了原因。他们住在2821号房子里。这种能量就像一个底部有洞的袋子：钱像流水一样溜走，永远无法留在家里。我建议了一个解决方案，那就是在他们的家庭号码中添加月亮能量。最近，梅根和她的丈夫又联系到了我，说他们在能量阅读后"取得了很多好成绩"。今年年初，他们甚至被邀请到中国演出！

案例8

莉迪亚也是一名房地产经纪人，她很着急要见我。在我为她提供咨询之后，我意识到她的住宅能量（823）阻碍了她从房地产销售中获得任何佣金。她提到了许多直觉能力者的名字，表示他们都是她的私人朋友，但我可以看出她没有得到需要的建议。当时，她在阿瑟顿地区有一个房源，但却没有收到任何报价。我建议她在自己的家庭号码上添加一些金星能量。几天后，她打电话说，她现在收到了阿瑟顿房源的报价，但她对报价不满意，因为她想"双重结束"这笔交易（成为买家和卖家的代理人）。这种贪婪的诱惑可能是成功的副作用，并可能阻碍正能量的出现。

案例9

恩里克和他的妻子在贝尔蒙特地区拥有一处高端房产。住宅门牌号码是1534。房子挂在市场上，虽然有很多人感兴趣，但没有人出价。我用数字1的形式添加了一些太阳能量，从而改变了房屋的能量。这一转变完全符合房主的出生日期，房子很快就卖掉了。

最近，恩里克再次来找我，想知道他们在奇科地区考虑的新房的能量。他还想让我为他在佛罗里达州的前妻提供咨询，因为她需要数字命理学方面的帮助。只要考虑到所有相关的能量，数字修补就总是有效的。

案例10

里夫卡是从中央山谷来见我的，她住在1129号，出生日期是海王星数字。在我看到她的名字后，我知道尽管她在一家大公司工作，但家庭能量正走向止赎和破产的路上。她也非常赞同：她和丈夫过去曾申请破产，房子目前处于止赎状态。我给他们的家庭号码加了一些太阳能量，房子很快就被卖掉了，这让他们在经济上重新振作了起来。

案例11

米里亚姆是一位牙科助理，她老板推荐来见我，所以她之前来咨询过我。米里亚姆和她的男朋友住在2128号住宅。她没有绿卡，和一个出生日期非常负面的男人住在一起，这是一个困难的局面。家庭数字能量阻碍了资金的流动，她男朋友出生日期上的负面火星能量给她带来了身体上的虐待。当时她正考虑搬出去找自己的地方。

我建议米里亚姆找一个金星能量更高的家庭号码，她幸运地做到了。她搬出了2128，摆脱了糟糕的关系。几个月后，她再次来看我，告诉我家庭数字的改变是如何改善了她的心态，并让她摆脱了陷入困境的糟糕关系。

案例12（13，能量放大）

蒂莫西在收音机里听到我的声音后联系了我。在我看了他的名字和出生日期后，我可以看出两者都蕴含着强大的能量。他的妻子也有非常强大的能量。他们两个人在一起，生产性和基本能量都非常积极。

这对夫妇最近搬进了130号房子，不久之后，问题就出现了。财务变得很紧张，天王星的家庭能量开始与妻子的出生日期发生冲突。我准确地指出了问题所在，蒂莫西表示同意，他说他即将和妻子分居，但不明白发生了什么。我建议他在家庭号码的末尾添加一些月亮能量，并通过佩戴土星环来增强自己的土星能量。在阅读结束时我可以看出，他感觉更轻松了。他在之前的住址住了七年多，也是一个困难的地址。蒂莫西在错误的家庭能量振动中挣扎和生活了太多年，直到他采取了正确的行动来调整他的家庭号码。

案例13

在这些年的研究中，我了解到天王星在家庭中的能量也会给其中一个或多个居住者带来致命的疾病，如癌症。一位客户的妹妹住在太平洋格罗夫地区，她的出生日期非常好。但在她搬到13号公寓后不久，就被诊断出患有癌症。

案例14

当我在西雅图直播时，马克斯从芝加哥给我打电话，询问他的家庭号码。在离开20年后，他刚刚搬回2416号的住所。在得知他的出生日期后，我告诉马克斯，他不应该搬回这所房子，因为这会带来困难以及财务和健康问题。

沉默了几秒钟后他说:"这是真的。我以前住在这里的时候,并不开心。"他计划在老家只住一年,然后卖掉房子。我建议他根据自己的名字和出生日期加一个数字1来转移能量。这种新的能量一定会帮助他在时机成熟时出售房产。

案例15

我雇了一位女士作为贷款发起人,她的哥哥是我的朋友,是由他推荐给我的。我看得出来,她为人真诚,渴望给人留下好印象,并发起贷款来帮助自己养家糊口。她尝试过去另一家金融公司,但却没有成功。所以,出于好奇,我问起了她的家庭号码是多少。她的回答是"4504"。

天王星在她的家庭号码的开头和结尾与她的基本能量完全冲突。我告诉她,这样的地方很难让她赚钱,她也同意。她说,有时会做三份工作来养家糊口,简直跟打仗一样。而且她的丈夫找不到工作。

我想帮助她,因为基于我在这个国家卑微的出身,我知道为生计挣扎有多难。我建议她把正确的号码贴在门上,还建议她在右手中指上戴更多的蓝色蓝宝石能量。从那以后,我很高兴地看到,每当她走进办公室,脸上都带着微笑。她似乎也很容易就找到了新工作。

案例16

莱拉妮在收音机里听过我很多次之后,来联系了我。她说很想给我打个电话并且来见我。她和丈夫住在3505号房子里(木星+水星能量两次,放大),大约两年前她就搬到了那里。她和丈夫在出生时都有天王星能量。这种能量把他们带进了天王星能量的另一个家,在那里他们感觉"生活被撕裂了"。作为一个有直觉能力的人,妻子咨询了许多其他通灵师,还聘请了一位风水大师来修复房子的能量,但都无济于事。

当我看到她的门牌号时,我说:"好吧,你的钱都花光了。房子里还有人病了。是谁?"莱拉妮点了点头,平静地说:"我丈夫病得很重。他有很多健康问题。"他患有许多疾病，从糖尿病到心脏病等等。

虽然他们已经结婚多年，但正是在这所房子里，她丈夫的行为才完全改变了。她告诉我，他"濒临死亡了三次，每次都能抢救回来"，但现在他"有一种死亡的预感"。我们阅读完之后，莱拉妮非常满意地离开了。我建议她在第二个5之前加一个数字1（使其为35015），以转移能量，使一切顺利。她告诉我，想辞去发型师的工作，在学校系统中独立教授发型师的技术。根据莱拉妮的名字和出生日期做的数字修补对她非常有利，她已经能够自己开始教造型技术了。

案例17

我认识一个家庭，他们住在加利福尼亚州伍德赛德的1813号房子里很多年了。这位母亲是一位温和、谦逊、脚踏实地的人，在20世纪80年代印度政治动荡后，她的家人受到迫害，而她是第一个来到美国的人。我记得她在移民归化局遇到的困难，以及她最终是如何获胜并获得美国永久居留权的。在她的身份合法化后不久，她的丈夫和四个孩子也加入了她的行列。这家人工作很努力。大儿子结婚了，但小儿子和大女儿在抵达美国后似乎经历了巨大的性格变化。

出于某种原因，小儿子对家庭的决策有很大的影响。按照儿子的建议，他们将最初的收入投资于弗里蒙特的一家出租车公司。后来他们发现，所有的车辆都有机械故障，这家人被儿子的一个所谓朋友欺骗了。当时他们住在红木城的一间小公寓里，父亲在公寓附近的一家便利店工作。他喜欢他的工作。

但在搬到红木城公寓后不久，小儿子说他们需要"更多的空间"，应该再次搬家。他让他们搬到伍德赛德的一所房子里，那是同一块地上一栋大房子后面的一栋小房子。这座小房子的号码是1813。搬家后不久，母亲给我打电话，说他们的财务状况突然变得"非常紧张"。1813号的地址对他们来说有太多的太阳+土星能量，更别提最后木星能量的冲突了。我告诉她住在这房子里不是个好主意。

这对她来说是有道理的,但出于某种原因,小儿子不想相信任何自己不喜欢的事情。不久之后,发生了电气短路,房子着了火。熟睡的小儿子差点在大火里被烧死,最终被母亲救了出来,而父亲正在印度朝圣。我曾建议他参观查谟和克什米尔的外什诺·德维寺。后来,当我和家人讨论这场房子火灾时,我告诉儿子,正是因为他的父亲当时正在印度一座强大的神殿里祈祷,他的生命才得以幸免。但他脸上露出了傻笑,仿佛在说:"哦,是的,对了。"几个月后,这位父亲中风了,因为无法开车,不得不辞去便利店的工作。

那位母亲又来见了我,她坚持要我帮他们买另一栋房子,一栋有足够能量的房子。我开始为他们找贷款,试图在不支付首付款的情况下获得100%的融资。在我告诉家人我为他们提供了很好的利率后,小儿子再次介入,说:"不,这个利率不好。"我退出了这笔交易,表示我不能为他们做任何事情,并给了他们其他房地产经纪人和抵押贷款经纪人的名字。即使我们的生活可以通过改变家庭的能量(无论是通过移动还是修补)得到极大的改善,但为了做出必要的改变,家庭的所有成员都必须达成一致。

案例18

哈孜尔和她的儿子住在2533号房子里。她的出生日期是天王星能量,她的名字上也有同样的振动。我一看到这些数字就知道了她的情况,但她不让我说话,坚持自己来讲这个故事:她是一名难民顾问,在这所房子里住了四年多。她有严重的财务问题,健康状况也在恶化。她的儿子在法律方面遇到了问题。我让哈孜尔在房子地址号码的开头加一个数字1,并戴上某种水晶。代表太阳的数字1的能量是她的基本能量振动所需要的。我还告诉她要戴一颗黄水晶,以进一步调整她的生活,改善运气和财务状况,并吸引一段合适的感情关系。

有时候,听到人们的故事会让我很难过,尤其是在这种情况下:哈孜尔是一个寡妇,已经单身27年了。自从丈夫去世后,她就没有和别人有过感情关系了。当我问她之前的居住地时,她告诉我那边的地址是148号,甚至比她现在的能量还要糟糕。当我告诉她148比2533还要糟糕时,哈孜尔表示同意,说她住在148的房子里时，不得不申请破产。天王星在居住地的能量总是很困难的，但当同样的能量出现在出生日期和名字上时，就像在这种情况下一样，情况会进一步恶化。

案例19

卡普尔先生住在一个4603号的住址里，自1998年以来一直住在那里。他是通过家人介绍给我的，他的家人在买卖房产时经常向我咨询数字命理。卡普尔先生和他的全家人一起来了我的办公室，在场的人员包括他的女儿、妻子、儿子、儿子的女朋友、他自己和我。

在我分析了他们的名字和出生日期后，我将注意力主要放在了住宅的号码上。卡普尔先生的出生日期是金星能量，通过和他交谈，我可以看出他已经病了，而且压力很大。我开始说，这种能量对他或他的家人都不起作用，尤其是对他来说，因为他的出生日期和家庭号码有着直接的冲突。

我问起了他的血液循环情况。他告诉我他有高血压，而且"一直生病"，也不明白为什么。后来，他的妻子问了我同样的健康问题，我也给了她同样的答案。她表示同意，说自己一直骨头疼，不知道怎么回事。此外，妻子的土星手指上戴着红宝石，另一只手的土星手指戴着猫眼。在吠陀传统中众所周知，红宝石和猫眼都是温暖的宝石，必须小心地戴在正确的手指上，因为它们可能会对你产生强大的有利或不利影响。我纠正了她佩戴戒指的手指，为她进行了能量清理。我还修补了房子，使用了更多的太阳能量，以便更好地与家人的能量保持共鸣。仅仅通过添加这种太阳能量，整个家庭的振动就可以有利地转变为水星振动。

了解家庭号码的能量至关重要。我可以看出，住在这所房子里的整个家庭都在苦苦挣扎。他们问了我一些关于出租的其他房产的问题，并对我仅通过查看住宅号码就收集到的信息而感到惊讶。同样重要的是，如果房东想按时向租户收取租金，租赁物业必须有适当的数字能量振动。否则，如果振动较弱，房东将难以收取租金，因为租户将无法赚钱支付租金。

案例20

德克还有三个姐妹,她们之前都和我咨询过,而他十月初来到了我的办公室。他有一个强大的土星名字,而他的家庭号码139具有冲突行星(太阳+木星+火星)的能量。幸运的是,他有一个强大的太阳出生日期。我告诉他,正是因为他的出生日期很强,他才在这个房子里活了这么久——任何能量较弱的人都会在几年前被烧死。我问他是否离婚了,他回答是的。他说:"我妻子发现我是同性恋的那一刻,就离开了我,尽管我们仍然是好朋友。"。德克有一个最近离婚的儿子,他住在这栋房子的一楼。德克告诉我,他最近在墨西哥买了房产,打算"几年后搬到那里定居"。

当德克告诉我他未来的住宅号码是12号,能量甚至比他现有的号码弱时,我并不感到惊讶。我还问了他身体循环系统的情况,他告诉我他的眼睛变黑了,但不知道是为什么。我给他做了一些能量清理,并为他现在的住所和墨西哥的住所建议了数字修补。几年后,德克联系我,告诉我他可以像梦想中的那样在墨西哥退休了。

二二

2+2也被称为"主数",因为它的能量是月亮的两倍。每当月亮能量出现在一个名字上两次时,就会带来名声和媒体的关注。但每当这种能量出现在家庭号码上时,就会带来混乱和财务问题。多年来,我看到许多直觉能力者试图找22作为自己的家庭号码,而且也看到他们在以为自己成功时开始苦苦挣扎。

案例1

西雅图地区一对著名的电台搭档联系了我,让我参加他们的节目。这两位主持人在该地区声名远播,并且一如既往地非常好奇地想知道他们的家庭号码的含义。作为直觉主义者,他们犯了一个错误,选择将数字加起来形成22的能量振动。此外,他们的出生日期都有天王星能量,这进一步加剧了住宅里的能量。我建议他们通过在现有地址中添加一些数字1形式的太阳能量来转移房子的能量。这对夫妇的情况迅速好转了。他们多次在广播中承认,在地址中添加一个小数字是如何提升了他们的个人和职业生活。

案例2

过去几年，希曼尼一直在为我的房地产公司做广告。她是斐济印第安社区著名的电台名人，也是一位精神能力者。希曼尼住在洛杉矶地区，她的家庭住宅号码是22。

多年来，她咨询了许多直觉能力者和宗教人士，但一直无法弄清楚为什么自己的努力无法得到回报。她唯一的儿子带有天王星的能量，在这所房子里离婚了两次。希曼尼努力工作挣扎着从她的广告赞助商那里赚钱，并试图利用广播来提高效率。

希曼尼联系了我，想听听我对她的家庭住址号码的看法。我们过去曾谈过话，但这是她第一次相信自己可以得到正确的答案。这是一个简单的修补：我必须通过添加一些太阳能量来转变这个家庭的能量，这样她的声音才能清晰有力地被听到。从那以后，我们成了好朋友，她也开始从工作中获得回报了。

案例3

一位朋友住在加利福尼亚州纽瓦克地区5764号的住宅里，多年前，我帮他买了第一套房产，自然会考虑给他合适的数字。几年后，他在该处房产中拥有相当大的产权，并独自采取了行动。他认为自己对数字已经足够了解，不需要任何其他人的建议了。

5764的能量是水星+海王星+金星+天王星，丈夫和妻子的名字中都有天王星和土星的能量。自从他们搬进这所房子以来，金钱一直短缺，这对夫妇也经常吵架。有好几次，他们差点就分手了。最终听到这个家发生了灾难性的情况，我不会感到惊讶。数字从不撒谎，所以如果听到他们分居的消息，也是意料之中。

案例4（22，能量放大）

天王星的能量具有欺骗性和困难性的例子有很多，但总有一种简单的方法可以解决这个问题，即根据出生日期和姓名振动将正确的数字添加到现有的家庭号码中。

在旧金山的《超越视界》广播节目中，一个来电者打来电话，他的住宅号码是202，而且有一个很强大的海王星出生日期。通过看她的数字，我可以看出她自己也很有直觉。

她选择自己的家庭号码的时候，以为这是一个"主号码"，就像我遇到的许多直觉能力者一样。家庭号码上的这种能量总是会造成混乱，与财务状况不合的情况。我建议她在家里的住宅号码上再加一个数字2，以协调她自己的基本能量。

案例5

当我开始为以为越南女士咨询的时候，她显得很困惑。她和男朋友住在圣何塞的769号住宅。她想咨询自己的食品生意，名为西贡小姐的商铺，地址位于1455号。我告诉她，这个名字和房屋号码都不适合食品企业。她告诉我，自己正在处理，并且已经处于托管状态。住所给她的生活带来了很多混乱的情况，让她在经济上也遇到了问题。她倾向于购买另一处房产，我告诉她，把这处房产租出去，为自己的基本能量购买数字更好的住宅是个好主意。她想在出售自己的商铺后这样做。如果居住号码能量较弱，即使业务本身的能量很强，也会影响你的业务。根据我的经验，我也看到过，积极的家庭数字本身就可以自己起作用为他们的居住者吸引合适的数字命理能量

案例6

我有一位朋友自己也是通灵师，有时会打电话给我，讨论来咨询她进行能量清理和治疗的客户的家庭号码。她代表另一位住在994号住宅里的女性打了电话来。根据门牌号，这座住宅具有压倒性的火星能量。通常，过多的火星能量会引发冲突和愤怒。它在专业上也与医学相关。朋友告诉我，994号的主人是一名脊椎按摩师，他被这座住宅的火星能量所吸引。但这位脊椎按摩师总是感到愤怒和沮丧，最近刚刚离婚。这些信息是在甚至不知道脊椎指压治疗师的姓名或出生日期的情况下交换的。我建议他们在9之间加一个数字1，使能量更有利，并减弱火星能量的影响。

案例7

莱达在波斯电视网见过我。她说，她一看到我，听到我告诉别人的话，就有一种"强烈的冲动"想见我。她试着给电视台打了电话，但没有成功，她的丈夫也不感兴趣。后来她终于说服他和我约好了时间，两人都来了我的办公室。莱达和家人住在旧金山湾区38317号的房子里。

在计算了他们的名字和出生日期后，我告诉这对夫妇，这所房子会给他们带来经济困难。他们面面相觑，表示同意。"在这所房子之前，你住在哪里？"我问。"号码是39063的住宅，"莱达说。这种能量与金星、木星和火星共鸣，这对金钱来说是极好的。我说出这一点的那一刻，他们立刻表示了同意，并告诉我他们在那里"快乐而成功"，但觉得房子对他们来说"不够大"。

在为这对夫妇进行了一些能量清理后，我通过添加一些月亮能量来修补了他们的门牌号。离开时，他们看起来很舒适，之前的焦虑也从脸上消失了。

三一

31的能量是木星+太阳。这两种行星能量在一个门牌号上无法协同工作，因为会发生碰撞和冲突。如果一个人有天王星或土星的名字或出生日期，这种影响可能会进一步加剧。这不是一个适合居住的数字，因为它会吸引负能量，让居住者感到迷茫。但如果这个数字出现在名字上，它带来的能量振动则完全不同。

案例1

许多年前，当我还在和妻子约会的时候，她意识到了我对家庭号码研究的热情。她开车送我去了弗里蒙特观澜湖地区的一座大庄园，并问我对这个号码有什么看法。在看了房屋的44896号码后，我可以看出两次天王星+土星+火星+金星——这是相互冲突的能量的组合。我告诉我的未婚夫，无论谁住在那里，都会遭受经济上的挫折。下山后，她告诉我这里是一位著名摇滚明星的家。一年后，他的名字出现在了新闻上：他损失了3300万美元。

有趣的是，同年晚些时候，我和妻子在当地的一家意大利餐厅吃午饭。女服务员一直朝我的方向看，我想知道为什么，因为我去过那里很多次,工作人员应该已经习惯于看到一个戴着酒红色头巾的男人了。我妻子推了推我,告诉我他们不是在看我,而是在看坐在我们身后的那个男人。他比我们先吃完,当他起身时,一些食客走近了他,因为他就是那个现在破产的著名摇滚明星。我记得我想和他握手,因为他离我很近,但我最终决定还是不去打扰他。我希望这位名人已经意识到,生活在正确(或错误)的数字能量中的影响是多么强大。

案例2(31,能量放大)

罗莎·考尔在收音机里听到了我的声音,并预约了我和她丈夫见面。他们早到了10分钟,我可以由此看出他们是多么认真地想咨询我。像往常一样,我获得了他们的信息。

他们的家庭号码301号,是木星和太阳相冲的,这立刻让我对他们的处境有了一个清晰的印象。罗莎比她的丈夫年轻,她生病了,她的丈夫也病了,他看起来很虚弱。罗莎戴着一些戒指,告诉我她一直在咨询一些占星家,但对他们没有多大帮助。这对夫妇已经在301号住宅生活了十多年,他们的生活一直在苦苦挣扎。财务方面总是个问题,而他们却不明白为什么。

有趣的是,他们有一套处于法律问题下的套房,里面住着一个有类似问题的租户,无法按时支付租金。这并不让我感到惊讶;房子的数字能量也会影响他们的租户,我经常看到这样的情况。我建议他们在家里增加一个号码,但也强烈建议他们改变居住地,寻找一个号码更强、更兼容的房子。罗莎说,他们已经在考虑卖掉房子了。他们终于得到了正确的答案,知道他们必须做些什么来改变自己目前的处境。

四九

数字49代表天王星+火星。这是一个难以居住的住所。

案例1

另一位越南女士也联系了我,她住在加利福尼亚州弗里蒙特观澜湖地区的一个著名社区。她想咨询自己的生意,但在我讨论她的生意之前，我想知道她住在哪里。在给了我她的地址（49）、出生日期和名字的拼写后，我告诉她这个住所对她的生意不好，不论生意是什么，也不论她做什么也无法改变。她提到，她在咨询风水大师后购买了这处房产，并在那里住了将近一年，但遇到了财务问题。我建议她改变号码，在家里增加更多的月亮能量。

在她第二次来我办公室时，她想让我见见她的一些朋友，他们需要向我咨询。在我开始帮助她的朋友之前，我问她近况如何。她提到她和丈夫决定卖掉这处房产。她说，这处房产已经放在市场上一个月了，但还没有人出价。当我第一次帮助他们时，我的目标是要让他们留在家里，因为她当时没有表示他们想搬家。既然她已经决定出售房产，我不得不为她建议一个不同的数字组合，以便快速出售。

五八

58号归属于水星+土星，在住宅上的能量很弱，尽管它在名字上可能是有利的。

案例1

赛琳娜在波斯电视网看到我后联系了我，我可以看出她处于绝望的境地，需要我的帮助。她住在圣地亚哥的58号房子里，有一个强大的水星出生日期。她在一家著名的意大利沙龙当理发师，她告诉我自己与许多名人有过接触。我告诉她，对她帮助最大的不是她认识谁，而是她是否应用了我要给她的信息。

我告诉赛琳娜，房子上的数字命理能量，水星+土星，会阻挡她的发展，导致健康和金钱问题。她非常同意，并说她"非常绝望，每天抽一包烟，喝一瓶酒。"我建议她在家庭住址上加一个数字2，这样对她和她的生意来说，能量流动会更好。我还建议她脖子上戴一个祖母绿吊坠。

几天后，她给我打来电话，说自己"感受到了能量的转变"并且对我提供的信息表示非常感谢。每当我帮助到急需信息的人时，我都会尽力地进行帮助。

案例2

58是孟买一个著名印度家庭的前家庭号码。苏尼尔·杜特（Sunil Dutt）、他的妻子和他们的儿子都在电影界享有盛誉，但他们也遇到了不少麻烦。他们才华横溢的母亲多年前死于癌症。儿子的妻子来自纽约，也死于癌症。

这位父亲发生了许多事故，包括最近记忆中一次近乎致命的直升机坠毁事故。这位儿子本身就是一名著名的演员，他卷入了一场反政府暴乱，在监狱里服了16个月的苦役，这终止了他的演艺生涯。幸而不久之后，这位父亲在睡梦中安详地去世了。水星+土星能量在这个家庭中为他们带来了巨大的媒体赞誉，但也带来了无法克服的磨难，包括疾病和意外事故。

案例3

在7月份访问加拿大温哥华时，我受到了朋友和客户的轰炸式访问，他们把我的假期变成了一次商务旅行。我的一个朋友把我带到了他的新家，知道自己选择的门牌号比以前的住所要好得多，而且运气确实会改变，他很高兴。搬进新房子后不久，他九扩大了业务，对生活总体上很满意。他住了很多年的故居是许多可怕经历的中心：经济困难，儿子也误入歧途，面临法律问题。

但有了新房子，这些问题就消失了。我告诉他，这种新的能量将继续为他带来幸福和成功。他想让我见见他公司的一名员工，坚持要她和我谈谈。这位中年女士来自英国。像往常一样，我询问了她的出生日期和家庭号码。她告诉我，她住在58号房子里已经三十多年了。她的出生日期与房子的能量相冲突，她丈夫也是如此。我直接告诉她，这所房子会给他们带来许多财务问题和不愉快的意外，而且这是一个不适合居住的地方。

她说许多年前，她的丈夫突然经历了一次严重的心脏病发作去世了，但他过往的身体状况一直良好。无论她多么努力地工作，她的经济问题从未停止过。她什么都试过了：她咨询过很多人，但痛苦的经历似乎从未停止过。然后我问她："你现在仍然拥有这所房子吗？"她说是的，她最近结婚的小儿子住在那里。

看了小儿子的出生日期后，我可以看出他的能量也与门牌号相冲突,所以在继续之前,我给了她一个修补方案。我说:"马上给你儿子打电话,让他在五和八之前加一个数字2。在正门上也用同样的组合。"我还建议他戴一些水晶来平衡和改善他的个人生活和财务状况。我看得出来,她得到这个消息后松了一口气。我很高兴能够向她提供这些信息,因为我知道这会改变整个家庭的生活。

八五

85号代表土星+水星,与58号相似,但能量稍弱。

案例1

85是我在印度新德里的一位家人的住所。作为一个非常有精神力的家庭,他们被告知一家之主必须接受切除癌症的手术。在我下一次去印度的时候,我通过添加一些太阳能量来阻止任何进一步的事件,修补了他们的家庭。回到家后,我问表哥修补对他们产生了什么作用。他看起来更快乐了,似乎从内心散发出更多的正能量,还告诉我,他的生意比以前做得好得多。

第七章

水星：数字5

代表水星的数字5有多种表现形式：5本身、14、23、32、41、59、68、77、86和95。这些数字都能带来力量，如果它们恰好有正确的能量，它们也可以创造巨大的财富。5也是智力、媒体、通讯公司、著名作家和汽车行业的代表数字。

水星恰好是我最喜欢的能量。就我个人而言，它对我的业务以及我与非房地产业务合作伙伴进行的许多其他交易都有好处。这个数字的能量是看时间的。了解如何最大限度地利用这种能量至关重要，因为如果时间到期，能量就会开始衰落，所有获得的财富都会很快消失。强大的水星数字就像一个命运之轮：它们可以让你振作起来，但当它们出现在家里时，也会让你沮丧。

五
数字5本身归属于水星。

案例1
在写这本书的时候，来自纽约的东印度医生拉吉·辛格博士来到了圣何塞的一家医疗中心接受采访，考虑到可能的搬迁。丈夫和妻子都有兼容的水星能量振动，他们住在纽约梅尔维尔的5号房间里。我向他提到，这对他来说是一个有利的住所。辛格博士说，他在那里生活了十五年，对自己的个人和职业方面的成功感到非常高兴。水星住址可以是一个很好的居住地，如果它与你自身的能量振动共鸣的话，就像在这种情况下一样。

案例2

一位住在米尔皮塔斯1013号住宅的东印度女士给我发来了电子邮件寻求帮助。她的家庭号码可以完全解释她遇到的情况：两个太阳+木星能量相互碰撞，这为她带来了持续的摩擦和健康问题，她在电子邮件中提到了这一点。我为她推荐了一个修补方案，这也可以使其他家庭成员受益。我建议换个住处，因为这些修补只会暂时起作用，因为她的房子上有行星能量相冲。

一四

数字14是一种很激进的水星能量。这是一个很好的数字，可以在家里使用，但只能在短时间内使用。它可以让你变得富有，但也会带走你的钱。当水星能量出现在你的住所或出生日期上时，就一定要当心了。

案例1

几年来，我一直是旧金山湾区邦妮·科伦的《超越视界》广播节目的常客。每次我参加她的节目，都会接到很多人的电话，想咨询他们的家庭号码。节目技术员乔纳斯在广播休息时碰巧向我问起了他自己的家。

他带有水星能量，但在那所房子里待得太久了。我告诉他，从此刻开始，他的运气会开始改变，金钱会非常紧张，他也有同感。我建议他在家里增加特定数字的能量，以纠正这种能量，让其再提升四年。他迫切地去应用了得到的信息。

案例2

多年来，我遇到了许多曾经成功但财富却随后缩水的人。一位著名的东印度锡克教徒杜拉尔联系了我，他曾在湾区拥有许多房产。我曾几次偶然见过他，但从未和他真正认识过。他在报纸上读到我的消息后，坚持要来见我。他的地址是3920号，我并不感到惊讶。杜拉尔在80年代初就搬进了这所房子，当时他的卡车运输业务蓬勃发展。

在这所房子里住了几年后,他的资金流开始枯竭。他的妻子和其他有钱人有了不正当关系,因为她很难放弃奢侈的生活方式。杜拉尔说,他咨询了许多占星家和直觉能力者,但他们都没能提供解决方案。我告诉杜拉尔,可以通过使用更多的金星和木星能量来修复他的住所。最近,我看到他已经松了一口气,对自己更有信心了,因为这所房子通过复合水星能量获得了"新租约"。我相信这将有助于改善他的财务状况以及他与分居妻子的关系,他现在仍然与妻子保持着婚姻关系。

案例3

一位住在华盛顿肯特地区的女士联系到了我,她是从西雅图的一家当地广播电台听说的我。在把她的信息发给我后,她要求和我通电话。这位女士是个独生女,在美国陆军工程兵团担任行政助理。她想问的是她父亲的生意,肯特的一家加油站。这家人的家庭住址11219号和办公地址631号立刻给了我一个清晰的概念:首先,他们在水星能量的住所里逗留了太久,其次,这家公司与目前的地址能量不合。我建议在房子和生意上增加一些数字,这位年轻女士似乎很感激这些信息。我确信,她实施的改变显著地改善了他们的家庭事务和家里的资金流动。

案例4

我初遇蒂娜时,她住在西里孔谷的一个能量积极的水星地址。当她决定搬到蒙特利时,她选择了一个加起来是22的门牌号,说这是一个"主号码",对她和她的家人来说都很好。(我的许多其他有玄学意识的朋友也这样做了。但他们在拥有这种能量后,都在金钱方面苦苦挣扎,并对门上的数字22能量感到非常迷茫。)她基于网络平台的业务开始减少,金钱也成为了一个大问题。

我为蒂娜提供了咨询,建议她在数字上添加一定的能量,以使更多的水星能量与她的出生日期共鸣。年初,蒂娜找到了一栋新房子,打电话给我,想确认她买的是正确的号码。是的,我说,455对她来说是个好数字!她还寻求我的帮助来安排房子的抵押贷款。

在春天，一个包裹送到了我的办公室。我的助手在打开它时（开玩笑地）告诉我，它来自一个"秘密仰慕者"。包裹里有蒂娜送的花，还有一张卡片，她想告诉我交易已经完成，而房产经纪也说此处房价上涨了10%！

水星的能量非常强大，但蒂娜现在也知道了这是定时的能量，所以不会再在这里住的期间犯错了。我知道这对她的生意和银行账户都会有益处。

案例5

黛博拉住在464号住宅，当时她正准备辞去当地一家著名报纸的工作。她对自己的财务状况和交往多年的男友有很多疑问。我建议她在家庭号码的末尾放一些金星和海王星的能量，以激发能量更多地与自身的基本能量一起流动。几个月后，黛博拉在与她在墨西哥的男朋友结婚并创办了一家新公司后给我打来了电话。我还帮她选择了新公司的名字。这些变化对她的生活产生了积极的影响。

案例6

自从我开始阅读数字以来，许多有洞察力的直觉能力者就联系过我，了解他们自己的数字命理。在大多数情况下，我意识到他们并不了解家庭住址上的数字。艾伦在当地广播电台听到我的声音后联系了我，当我们开始交谈时，她提到自己也有预见之能，而且有自己的体系和咨询客户。当时她经济拮据，所以我决定给她进行免费阅读。在过去的10年里，艾伦一直住在167号住宅。她没有意识到这个数字的能量早就消失了，她早就应该行动了。我建议她在自己的数字中增加更多的金星和天王星能量，这样她才可以搬到合适的地方。

案例7

在《圣何塞水星报》上发表了一篇关于我工作的文章后，一位东印度女士是第一时间联系我的人之一。身为一名锡克教徒和房地产经纪人，她非常高兴，但同时也惊讶地看到我的照片（一个戴头巾的男人！）出现在《水星新闻》的商业版块。她觉得有必要来见我，有一天她径直走进了我的办公室。在查看她的家庭号码2651和她在那里居住的时间后，我告诉她，她的金钱很短缺。她同意了，并补充说，自己很难找到合适的情感关系；其中的大多数都无法坚持下去。我建议她在住宅号码上加一些太阳能量，这样她的爱情和金钱状况就会改善。

案例8

许多年前，当我第一次来到这个国家时，我住在尤巴市，这是加利福尼亚州北部农村的一个小镇，周围有许多农场和果园。我因为对数字的了解而交到了很多朋友，也与很多人一起工作过。凌先生就是在那个时候成了我的朋友。他住在尤巴市劳改营区的一所小房子里，在房子的外屋里经营着一家室内装潢店。我记得凌先生在财务上苦苦挣扎，生活没有方向。我们俩当时处境相同！

因着我对数字的了解，我建议凌先生购买一处含有强大水星能量的特定房产。一位想搬到萨克拉门托地区的农民同意接受贷款，并将他的房子卖给凌先生。有趣的是，在一年内，凌的财富发生了怎样的变化。金钱开始源源不断地流向他，几年后，他还在萨克拉门托地区买了一个加油站。几年后，当他去世时，他给家人留下了一笔可观的遗产。

当我提供帮助他买下这个赚钱的住宅的信息时，我告诉凌先生，金钱的能量只会持续一段时间。钱开始流入，但不幸的是，他没能将我告诉他的话记下。由于不太了解数字，他开始向其他人传递同样的信息，但没有意识到数字能量是一项严谨的业务。它们比仅仅把数字加起来或简单拥有一个"水星"地址要复杂得多。有一天，我听说凌先生住院了，已经病入膏肓。我想，这是他在这所房子里的第八年或第九年了。几个月后，他去世了。虽然我很高兴看到他成功，但同时看到凌先生向其他人提供了不适用的信息，甚至可能对他们有害，这让我很沮丧。

案例9

兰花路6701号是加利福尼亚州北部一座农舍的地址。我第一次见到店主索翰时，他已经在这个地址住了六年多了。此期间他的生意每况愈下，他的两个兄弟以及他的父母也都住在这所房子里。当我住在尤巴市时，索翰多次来看我，并成为了我的朋友。当时，我住在一栋外屋里；索翰多次问我是否更喜欢住在他的农场。他说他甚至可以给我一辆自己的拖车。尽管我处于绝望的境地，但我礼貌地拒绝了，因为我知道水星能量的减弱对任何搬到那里的人来说都是灾难性的。

在过去的几年里，我见过索翰几次。他出现了心脏并发症，上次我见到他时，他看起来并不健康。

他仍然住在同一所房子里。不巧的是，当时我对修补门牌号不太熟悉，但这所房子肯定是应该修补一下的。

案例10

住在附近的一些熟人联系了我，寻求有关家庭号码的建议，我帮助他们购买了一个号码4820的住宅。他们在90年代末购买了这处房产，从那以后，它的价值翻了一番多。与所有水星的振动一样，此处房产如今已经开始失去其数字能量。住在这所房子里的男男女女都已入院；男人心脏问题和女人妇科问题。我曾多次建议他们，最好尽快离开这个家去另一个地方。他们喜欢自己在这里建造的一切，但他们应该考虑如果继续住在这所房子里，会对自己的健康造成什么样的影响。

案例11

阿夫萨尼住在581号住宅，在当地报纸上读到我的消息后来看我。阿夫萨尼在这里住的时间已经太久了；她的婚姻很糟糕，经济方面也是个大问题。她身材超重，压力很大，非常不开心。她想知道，一个最初给他们带来"这么多钱"的家，现在怎么会让他们无家可归。我建议她根据自己的出生日期，在住宅号码上再加一个1，以增加太阳能量，将其总能量转变为金星。

案例12（14，能量放大）

我有一个客户，自从我在湾区的第一场节目以来，就一直在收听我的广播。她曾多次在节目上咨询过我，并在有兴趣购买房产时询问从佛罗里达州到夏威夷的家庭号码。她说我帮她在全国各地买了很多房产，然后说她有个问题要问我。她有两个数字，104和另一个水星振动，想知道哪个更好。我解释说，前者效果最好，因为太阳+天王星一般都有利于买卖。

她不明白的是，这种能量是有时间限制的，时间取决于持有者的出生日期和名字。她说："我就知道该选这个，"并表示她计划长期保留这处房产。我委婉地提醒她，过了一段时间，像104这样的房子可能会带来财务上的厄运和法律上的麻烦。它就像一个命运之轮：会上升的东西也可能会下降。

案例13

拉什达在一个波斯电视节目上看到我后，从新泽西州的大西洋城给我打来了电话。她给了我她的家庭号码（3425）和她所有孩子的号码，但她最关心的是和她住在一起的儿子。她的家正处于能量下降的循环中。这个数字能量的时间限制已经过了。我立马建议她用更多的木星+金星能量来修补房子，将它的能量再提升起来。然后，当我们谈论她的儿子时——他是她打来电话的主要原因——我发现问题在于他的出生日期和名字之间的冲突。两者都是强大的能量，但它们相互矛盾。我建议她从儿子的名字中减去一个字母。这不会影响发音，但会改变名字的能量。我告诉她的那一刻，她说我建议更改的名字正是她来这个国家之前为儿子使用的真实姓名。

我问拉什达家里有没有伊斯兰教最神圣的城市麦加的照片，她说没有。我问，"为什么？这对穆斯林来说很不正常。"她突然哭了起来，说："我失去了信仰。"我建议她把神圣的能量带回到家里来，或许可以带一张麦加或麦地那的照片。我们谈话结束后，我能感觉到，在我提出的所有建议后，拉什达松了一口气。我还查看了她的商业号码；它具有稳定的木星能量，这是极好的。她说，她在那里经营一家美容院已经八年了，而且很成功。对拉希达的阅读让我有一种陌生的感觉，但也让我非常满意：我很高兴这是我为波斯世界的人们做的第一次阅读。

案例14

　　一位名叫伊冯的年轻女士联系到了我，她在著名的斯坦福大学医学院担任研究助理。在查看了伊冯的数字后——其中包括一个强大的出生日期——我注意到她的门牌号446对她来说是负加成。她搬进这个门牌号的原因是她"把（地址）加上了数字5"，她一直认为5是她的"幸运数字"。这种特殊的振动有两次天王星+一次金星能量，这是一种丑闻相关且繁重的能量，尤其是在感情关系方面。当我告诉她她在这段关系中会遇到问题时，她很惊讶。她问："你为什么这么说？"我说："因为房子上的数字。"

　　然后，她讲述了自己的故事：她与一位已婚同事有染，这位同事曾承诺与妻子离婚并嫁给伊冯。但是，几年后，什么都没发生，这段关系变得很糟糕，以至于这个"男朋友"还威胁要解雇她。

　　我的第一个建议是让她离开这个家，找另一个地方住。她不太愿意接受这个提议：她一年前刚搬进来，为了避免资本利得税的处罚，她需要在那里住至少两年。我还向她建议了一些数字修补方案，虽然我很清楚，在这样的振动中，修补不会有太大改善。她后来又打电话给我，告诉我她的生活还是一样糟糕。我回答说，唯一真正的解决办法是换房子，但她还是不想。

　　我知道伊冯一个人住在这所房子里的话，在拼命寻找爱情的过程中，她会不断地吸引错误的伴侣，这是因为天王星+金星在房屋号码上的组合。这种能量代表着性丑闻，不会给感情关系带来任何益处。

案例15

　　萨莉卡在夏天来见了我。一年前，她在《超越视界》电台节目中听到我的声音后，曾与我进行过咨询。我记得，当时她的生活（用她的话说）是"一团糟"。她与丈夫分居，工作有问题，想创办一家新的互联网公司，但也在过程中倍感受挫。我修补了她的门牌号，不久之后，她咨询了我，买了一套能量很强的太阳住宅。

事情慢慢开始明朗起来：丈夫与她和好了，生活总体上有所改善，情况看起来不错。然后萨莉卡又来看我了。我记得她还打过几次电话，想再买一栋新房子。在她和我确认了一个号码后，她和丈夫买了一栋4000平方英尺的房子，号码是725，比之前太阳地址的房子大得多。

搬进725号后不久，她的丈夫又开始惹麻烦了。这有两个原因：住在这所房子里近十年的前主人的能量没有被清除，725号的行星能量与丈夫的出生日期能量不一致。我建议萨莉卡在家庭号码的末尾添加更多的土星能量，以平衡行星能量，而且提出了清除能量的方法。萨莉卡按照我的建议做了，现在对她生活的各个方面都很满意，并期待在这个房子里生活很长时间。

案例16（14，能量放大两次）

杰弗里是一位才华横溢的音乐家，他说他一直在想我说的话，然后第二天在收音机里听到了我的声音。他立刻决定找我谈谈他无法维持长期关系的问题。几年前，当我把他带到一个1400号的地址时，他曾咨询过我。他的资产如今已经大幅增加。但这一次，他来招募我作为萨克拉门托地区房产的购买代理，该地区发展非常迅速。在广播中，主持人问我："你认为现在哪个地区适合人们买房？"我建议萨克拉门托，当时杰弗里就正在听。他告诉我，我之前帮他挑选的房子能量已经不平衡了。这一次，他要求我和他一起帮他再买两套房子。客户在如此短的时间内以如此良好的财务回报我，这是非常令人满意的。我觉得我的使命之一是促进世界的繁荣，就杰弗里而言，我取得了成功。

案例17

39200号是我房地产公司之前的地址。在早些时候的办公地址挣扎了五年后，我搬到了这个地址。我选择之前的地址是因为我妻子的建议。她比我更了解这个地区，因为她出生在这个国家，对地点了解更多。在我搬进39200号后不久，我就以一大笔钱卖掉了房子。正是在这个办公室里，我收到了我的第一张百万美元支票：它是我出售房子的股权。我完全意识到了数字命理的能量，并在四年多的时间里改变了我当时的处境，因为我知道，由于水星的时间因素，在39200地址呆更长时间是不好的。

案例18

詹妮弗（詹妮）林涵之是一名中学生也是小提琴手，她的出生日期有水星+海王星能量。水星（5）代表发声途径和言语；海王星（7）是音乐的神秘数字，她在其中表现出色。她的名字和住所完全一致，也和她的出生日期同步。她和父母住在加利福尼亚州卡斯特罗谷2381号的一所房子里。

我不知道她是否在2381号住了五年多，但根据发生的事情，我认为这家人在那里应该是住了五年多了。2381，其中土星+太阳在最后，是血液和铁的能量，比如被汽车或其他金属撞击。她的能量是神秘的，1994年5月27日她那场可怕的死亡也是如此。这个案例再次证明，将数字加起来得到的结果并不能准确反映一个家庭的能量。将2+3+8+1加在一起，得到是14，根本无法看出存在暴力的情况。

二三

23是水星的顶级能量。与1+4或4+1组合不同，这种能量可以无限期地使用。但非常重要的是，这些家庭号码的居民在他们的出生日期和名字上要有正确的能量，这样他们就不会与这个强大的水星号码相冲突，如果它符合居住者的能量，它可以带来巨大的成功。

案例1

阿马尔是一位著名的东印度医生，他在南加州一个著名地区的牧场上有一个23号的地址。有趣的是，他的名字号码能量与他的家庭号码一致。阿玛在这个地址住了40多年。他在美国投资了数百万美元，并在远东拥有许多金融机构。他是一个非常谦逊和虔诚的人，也许这就是他有幸拥有这个幸运数字的原因。

案例2

一对住在27518号地址的东印度夫妇联系了我。在查看了他们的基本数字后，我发现家庭住址并没有什么问题：对丈夫和妻子来说，这都是一个很好的数字。妻子在加州公路巡逻队工作，丈夫在当地一家公司工作。

很多时候，即使是那些数字为正能量的家庭，也只需要清除随着时间的推移积累的能量。我意识到，粉刷房子的内部，在所有角落使用岩盐，或者每周在空间里燃烧一次鼠尾草，真的有助于保持空间的清洁。在这种情况下，这就是我们所需要做的。几个月后，我用他们目前房子的少量股权帮助这个家庭买了第二套房子。这对夫妇非常感激，也意识到房子的能量是如何朝着对他们有利的方向转变的。毕竟，他们正生活在最佳的水星能量振动中！

案例3

36275号是一对从斐济群岛移民到美国的夫妇的地址。妻子在当地一家广播电台听到我的声音后，联系我进行能量阅读。看着她的基本能量和家庭号码，我认为家庭号码没有问题。在我进行了空间清理并对房子内部进行了一些改动后，一项搁置了一段时间的商业交易就完成了。萨克拉门托地区的另外两个销售托管也完成了。几个月后，这家人把房子租了出去，搬到了萨克拉门托经营他们的新生意。我很高兴他们听取了我的建议，没有卖掉房子，而是把它作为投资性房产。

案例4

9824号是一对夫妇的家庭住址，他们通过电子邮件联系我来做能量阅读。他们住在华盛顿州的肯特。妻子拉纳提供金融服务，而丈夫尚未决定是进入房地产行业还是开始食品业务。我建议这种能量不利于食品行业，他最好还是坚持房地产行业。然而，他的妻子从事的业务类型适合这个地址。我建议他们清理空间，在手指上戴上某些水晶。这对夫妇觉得我的建议十分有用，作为回报，他们将我也推荐给了其他人。

案例5

37805是我2008年8月之前居住的街道上的家庭住址号码。这种能量同时放大了土星与水星，意味着这个区域是水星能量的高级居所。我并不惊讶这是我们社区第一栋卖出去的房子，它在2002年左右以近100万美元的价格售出。我看到这所房子外面停着昂贵的汽车，我知道车主们很喜欢这个地方。

案例6

我在当地报纸上发表了一篇关于数字命理学的文章后，一对已经在利弗莫尔地区买房的夫妇就联系到了我。他们的生意做得不好。在给他们提供过咨询后，我告诉他们，目前托管的房子不会给他们带来好运。幸运的是，他们设法结束了销售托管，而后我帮他们在加利福尼亚州普莱森顿买了一栋7178号的房子。这个数字命理与这个家庭非常契合。自从他们搬到这所房子后，许多好事都降临到了他们身上。我经常收到这位女士的来信，她很感激也很高兴能拥有这个好的住宅号码。

案例7

1499是一位著名医生的门牌号。这是一个有趣的水星配置，太阳+天王星+两次火星。对于任何与医学领域有关的人来说，这都是一个很好的地方，因为火星的能量出现了两次。在这种情况下，丈夫和妻子都是医生，每个人都在不同的外科实践领域取得了成功。还应该指出的是，当火星能量重复两次时，它会在房子里产生冲突，就像在这种情况下，丈夫和妻子的个人生活不是最好的。这可以归因于火星出现了两次，并在关系中引入了冲突。

对于家里的孩子来说，这种能量可能很困难，甚至很危险。他们的一个儿子出了车祸。这也可以归因于火星能量。对于任何不在医疗领域的人来说，这都将是一个难以居住的地方，因为它会影响个人和职业领域。任何商人都无法在这种能量中生存，因为它甚至可能给企业带来法律方面的麻烦。

三二

32的能量与23相同，但略弱一些。然而，这个数字对于运动员来说当作球衣号码是很好的，前提是他们有相合的基本数字命理。

案例1

苏雅通过一个共同的朋友联系了我。她经营着一家律师助理公司，住在32号住宅里。她的名字号码和出生日期的能量都很弱。全靠水星能量在她的住所上的能量维系着她的生活。她的丈夫和她离婚了，生意也经营得不好。在为她阅读能量后，我提到正是这所房子才让她走到了这一步。一个强大的门牌号总是能帮助数字能量较弱的人保持生计。如果苏里亚的数字变弱，她的生意也会失败。

四一

数字41相当于天王星在太阳之前的能量。能量略低于14的组合，与14一样，有利于赚钱，但必须在特定时间内产生，否则能量会转移。

案例1（41，能量放大）

在准备这本书的过程中，一对东印度夫妇来看过我。这位丈夫在硅谷的一家公司工作，而妻子最近失业了。他们从401号公寓搬到了不利的火星能量地址。搬家后不久，妻子就失业了。丈夫试图获得签证，在阿姆斯特丹从事一个项目，但发现非常困难。这对夫妇提到，他们在401号时度过了经济上最顺利的时光。他们在401公寓住了两年，决定买一套新房子，却没有意识到他们正从一个赚钱的公寓搬到一个不幸的住宅。

我建议他们对数字进行一些修改，并佩戴某些宝石来提高运气。在我们的第二次会面时，这对夫妇给我带来了他们过去10年来居住的所有地址，我注意到了其中的规律。我多希望他们能早点来见我，这样他们就可以从401号公寓获得最大的经济成功。

我一次又一次地看到这种情况发生：人们在积极的住宅能量振动中赚了很多钱，即便只是公寓或小房子。在大多数情况下，赚钱后，他们会决定去买"更大更好"的房子或公寓，但最终却购买了阻碍他们金钱能量的负面能量振动。因此,如果一个人在某个地址取得了成功,无论是家还是企业,任何改变都应该仔细考虑好。

如果一个人打算从一个地方搬到另一个地方做生意,401可能是一个很好的数字,就比如酒店的房间号码。我认识一位经常旅行的宝石商,如果可能的话,他会定期选择这个房间号。从一个城市到另一个城市旅行时,这是一个很好的数字。

案例2(41,能量放大)

当我在旧金山湾区的广播中阅读人们的数字能量时,许多直觉能力者联系我阅读他们的家庭号码。格洛丽亚就是这样一个凭直觉来看我的人。一天下午,她打电话来,听起来很着急。她提到,自己正在代管萨克拉门托地区的一处房产,这里计划改建为疗养院。格洛丽亚的数字命理非常强大,但当时她的家庭号码与她的基本振动不一致。水星恰好是她的强项,有趣的是,她准备购买的房产地址号码是401号。

我当下就知道这对她来说是一处极好的房产。直觉上,我也觉得,如果她买了这处房产,两年内她的生意就会因为这个数字的能量而增长。作为一名房地产和抵押贷款经纪人,我通常不会与来咨询我的客户进行商业交易。但在这个特殊的案例中,格洛丽亚的房地产经纪人在为难她,而格洛丽亚已经没有多少时间可以完成这笔交易了。所以我帮助格洛丽亚获得了购买房产的资金,三周后,销售托管就完成了。

格洛丽亚买下这处房产后不久,房主(萨克拉门托地区的一位大房东)同意向她出售另一处更大的房产,以进一步扩大她的业务。格洛丽亚非常感激,后来也成为了我的好朋友。她在其他的方面也是一个直觉能力很强的人,自己也有很多客户。

在她来见我之前,格洛丽亚(和许多其他直觉能力者一样)决定"调查我"。她在家里用钟摆。然后她知道我不仅会帮助她学习数字命理学,还会帮助她获得贷款。她不明白数字是如何在房产上起作用的,但通过使用钟摆占卜,她知道这个住所对她来说一定是个好地方。她还检查了用作商务地址的数字,所有这些数字都有负面能量，但她可以按照我的建议改变这些负面能量。

案例3（41，能量放大两次）

我在海沃德的一个文化节上表演了一场能量阅读。一位住在加利福尼亚州匹兹堡4001号房的女士来寻求了帮助。在查看了她的基本信息后，我问她在这所房子里住了多久。她说已经十年多了，我马上就知道命运之轮已经转向了她。她说，当她和丈夫获得这处房产时，他们的财务状况良好，所有的投资都得到了回报。但突然之间，她和丈夫遭受了经济损失，不知道是为什么。她生病了，住在房子里的女儿也离婚了。

正如我所说，水星能量是定时的。一段时间后，它就会恢复原装并开始对你不利，就像在这种情况下一样。这种能量可以得到改善，通过将能量"调整"到下一个水星水平，让命运之轮再次转动。在这种特殊情况下，我建议他们改变居住地，他们照做了。这位妻子后来向我报告说，情况"比以前好多了"。

八六

86拥有土星+金星的能量，是一个强大的行星组合。土星+金星的组合就像戴着一颗镶有钻石的蓝色蓝宝石——一种强烈的晶体振动——它代表着巨大的经济和创造力。

案例1

卡罗琳是一位精力充沛的意大利女士。在与她交谈时，我发现她的家庭号码非常强大。它是一个数字86，具有土星+金星的能量。但是，像其他水星能量一样，这个家庭在这个住所逗留的时间已经超过了限定的时间。卡罗琳说，拥有这所房子多年的母亲失明了，所以卡罗琳搬进了这所房子来帮助她。卡罗琳也在这所房子里开始一项新业务，我提到她需要在开始任何新业务之前转变家庭号码的精力，否则就会失败。考虑到这是母亲的家，她不确定是否要在门上加一个数字。为了与她的基本能量平衡，卡罗琳后来给我发了一封亲切的感谢信。

第八章

金星：数字6

代表金星的数字6有很多种形式：6本身，15, 24, 33, 42, 51, 69, 78, 87和96。当这些数字出现在家里时，它们都代表着爱和金钱，当作为名字数字出现时，它们同样强大。重要的是，这些数字不可以与土星或天王星的能量相互作用，因为这可能会带来不幸和灾难。这种能量经常出现在法律领域、金融机构和美国国税局的人身上。美国国税局的标志是一只鹰，嘴里叼着正义的天平，但我对它的印象是一块海绵，不断吸收越来越多的钱！

金星出生日期的人善于接受别人的礼物。但这些人也可能是吝啬鬼，不想放弃他们的任何钱。那些拥有强大金星能量的人必须学会平等地接受和给予的智慧。就我个人而言，我喜欢把买家放在水星和金星的能量上。但只有当我检查了他们的其他信息以确保它对他们有效时，这才有效。

六

数字6本身归属于金星。

案例1

和田医生是一名麻醉师，他通过一位共同的朋友找到了我。她来看我的时候，她最初不想告诉我她的全名或职业。我们共同的朋友也拒绝透露她的姓名或职业。和田博士住在3021号住宅，是天蝎座，出生日期归属天王星。

只看过家庭号码，我就知道金钱对这个家庭来说不是问题。

但和田博士的出生日期,在我看来与科学或正义相关,却与住所的能量相冲突。随着我们阅读的深入,她对我感觉更舒服了,也敞开了心扉。我礼貌但直接地告诉她,她的出生日期和居住地址并不一致,这样的情况必然会影响一个人的家庭生活。后来,她开始问我一位在她医院工作的医生的情况。她想让我看看他的出生日期,看看他的能量是否和她的一致。

我见过许多特地选择金星能量地址的客户,他们要么是通过收音机认识我,要么是从我的其他客户那里听说的,他们都相信金星是每个人的"爱和金钱的承载者"。但金星能量可能会很棘手,甚至是灾难性的。如果居住者的名字或出生日期中带有天王星或土星的能量,即使是最好的金星地址也可能变得不利。我建议和田医生在她的地址上加一个数字,这样房子里所有住户的能量都能很好地流动。

奇怪的是,和田的女儿分享了她的出生日期,也住在洛杉矶的3021号。这位女儿在电视台工作,长得很漂亮,但却找不到合适的伴侣。和田医生代表女儿来请求帮助。我建议为女儿的家庭住址贴一个数字补丁,以打开能量的渠道。当和田医生离开我的办公室时,她非常感激,并对女儿的未来充满希望。

案例2

法学教授德克森教授在旧金山有6个房产地址,他以律师预备课程而闻名。这种能量来自数字6本身。他的律师预科学校总是很忙碌,他教学生写论文和准备律师考试的方法非常成功。金星是利于法律事务和写作的能量。许多著名的律师在他们的名字上都带有这种能量。

案例3

新德里的一位医生科尔博士住在离我家不远的6号住宅,他曾是一名军医,多年来一直住在这所住宅里。由于他接受医学教育已经是在多年前,他的医学知识已经过时(印度没有医生的继续教育)。但有趣的是,他的患者似乎一直络绎不绝。这个家庭号码就像一块海绵,因为门上的金星能量会吸引金钱源源不断地流入。

案例4

维维安给西雅图的广播节目打来了电话，她首先想检查一下自己和丈夫之间的能量兼容性。她的基本能量有水星+金星，比丈夫的能量强得多。这对夫妇住在1122号住宅里，那里也有她丈夫的能量。我很高兴地告诉她，这是一个很好的数字。她激动地说："我就知道！我就知道！"这让我很开心。很少遇到有在收音机节目给我打电话的人，自身的号码已经与能量同步的情况。所以就我个人而言，验证到正能量让我非常满意。

案例5

一个来自南加州的家庭打电话给我，表示非常有兴趣和我谈谈。大女儿为母亲从越南语翻译成英语，她看了我的网站，听了存档的录音。她母亲提了问，她的母亲无法在家庭住宅（号码21210）里保持健康。在观察了母亲的基本能量后，我意识到她并没有什么严重的问题。由于她的年龄，她的右臂有问题，但房子的能量与她的手臂问题无关。

在过去的几年里，当我与客户交谈时，他们会开始问是否有人对他们"施了魔法"。我以前从未被问过这个问题，但它最有可能在海王星年份出现。我会试图解释能量的流动，讨论脉轮和各种清除能量和空间的方法，因为我觉得，即使有人把伤害的能量指向你，也有办法可以清除它。

在看了这个21210的门牌号，并发现其中的两次月亮和太阳能量之后，我意识到这所房子里除了母亲的健康问题之外还有其他问题。在与母亲交谈时，我发现这里有三个孩子，包括担任翻译的女儿，在他们的关系中都面临着障碍。

然后我意识到，这次的阅读更多地倾向了孩子们，而不是他们想要帮助的母亲。我为每个兄弟姐妹都推荐了一些水晶，并用我开发的一些技巧清理了他们的能量。当我们结束时，我甚至可以通过电话了解到，他们的能量已经发生了转变，他们的个人负面能量已经消散。

一五

数字15具有太阳+水星的能量,这是一个强大的组合。出生在15日的人很幸运,很会说话,而且对钱也很小心,有时甚至会有些贪婪。15号在住宅上可能很强大,但只有当出生日期与金星能量很好地流动时才能起作用。在许多组合中,数字15作为家庭数字会是灾难性的,但在许多其他组合中,它会非常成功。这种能量对名字有很强的影响:许多著名的体育运动员和媒体人士的名字中都有这种能量。

案例1

住在加利福尼亚州诺瓦托的塞西莉亚联系了我。在我与她交谈之前,她已经通过电子邮件向我发送了自己的信息。她的家庭号码是15,名字也很有能量,这告诉我她其实真的不需要我的帮助。她曾在湾区许多著名的学院和大学任教,是一位著名的公众演说家。从她名字上的金星能量可以明显看出这些信息。她的家庭号码同样强大。她在经济上对自己的生活非常满意,多年来与丈夫关系良好。能量同步的时候,金星总是会给人带来幸福和好运的。

案例2

有一次,一位当地记者联系了我,想写一篇关于我的报道。他对数字命理学持怀疑态度,但在活跃的房地产市场中,他感觉应该写一篇报道。我问了他的家庭住宅号码。当他说939时,我以为他在开玩笑:没有记者能生活在那种能量中,因为这是一个低调、安静的人的能量。他笑着说,他的岳父把9号颠倒过来,做成了6号,把振动调到了636。难怪他是一位拥有大量读者的伟大作家,因为在他的住所上享受着金星能量的完全支持!

案例3

拉蒙娜在收音机里听到我的声音后联系了我。她在一家世界著名的科技公司工作，并提到她在一栋住址为4443号的房子里长大。在这种情况下，天王星的能量——在她童年的家庭号码上出现三次——可能会变得非常具有欺骗性，并导致家庭成员之间的疾病和关系问题。拉蒙娜现在在投资任何房产之前都会咨询我，她也成了我的好朋友。

案例4

一位听众给旧金山广播节目打来了电话，询问家庭号码1068。这种能量与这位听众的出生日期完全一致，虽然1068是她以前的住所，但她把它租了出去。她现在想让租户离开，但他们很喜欢这处房产，因为他们有源源不断的资金。她无法说服他们离开，也没有驱逐的理由。她要求我告诉她用什么号码来"破坏"租户的能量。

通常，这不是我会做的事情，但由于她以前住在那里，想搬回来，我建议她在号码的末尾添加太阳能量，以打破租户的能量平衡。然后她就可以搬回家了。

同一位女士后来又在另一个节目里打来了电话，她有了一个新问题。在我回答完新问题后，她提到，上次她在直播中咨询我时，我告诉她在她的号码上加一个数字1，以"鼓励"租户离开，事情如愿发生了！这正是一个强有力的验证。

案例5

一位住在357号住宅的房地产经纪人是通过我的一位美籍华人客户推荐给我的。他的生意不太景气。很多时候，我看到即使是强大的地址也需要偶尔清理空间能量，以消除家里过去的负面能量。罗里实施了我的建议，用岩盐和鼠尾草清理了他的空间，用黄油黄色重新粉刷了内部，并在他的家庭办公室里放了一个小喷泉，之后，他的生意便迅速发展了起来。我现在看到南湾地区到处都是印有他名字的"待售"标志。看到他再次成功，我很高兴。

案例6

印度一座城市的莫希尼路15号是我一位儿时朋友的住所,他现在是一位非常知名的律师。金星在名字和住所上的能量为那些从事法律工作的人提供了巨大的力量。我的这位朋友在大部分案件上都能胜诉,而且从小就住在这所房子里。在访问加利福尼亚州时,我遇到了他,他表示想买一栋更大的房子,因为他和住在同一套房子里的哥哥有一些龃龉。我告诉他,"把你的住所改成任何低于这种振动的地方都会影响你的法律工作。"然后他决定将办公室留在那里,但他的生活空间会改变。因此,他的法律成功将继续,但家庭不和将减少。

案例7

一位住在东康特拉科斯塔县15号的客户来看我。我认识他已经有一段时间了。他搬过很多次家,做过很多不同的工作。作为印度一个富裕农业家庭的独子,他继承了印度的许多房地产。但他似乎认为自己比这里的其他人都优越。他以前给我打过几次电话,但这次他要求亲自见我。

我觉得有点不舒服,因为我知道他与人打交道的风格。但我内心的感觉总是告诉我,与那些寻求建议的人交谈是没问题的。当他提到他15号的新地址和他的卡车运输业务时,我告诉他,这两个能量是不合的。"金星住址和卡车业务"不是一个合适的组合。我还提到,这处房产将永远为他保管好他的钱,他提到他刚从印度回来,在那里他卖掉了一半的继承财产,在美国买了一家公司。我建议他退出卡车运输业务,用这笔钱买一些更加稳定的东西,比如便利店。我想,这么多年来,这应该是他第一次意识到这是他可以信任的建议。

案例8

格蕾塔住在2706号房子里,她有一个强大的土星出生日期。她告诉我,自己已经退休,但在房地产行业工作了很多年。我告诉她,她有一个很强的出生日期和一个很好的门牌号,但不幸的是,它们无法同时起效用。我评估了她丈夫的名字,她回答说:"你知道吗,我不知道我是怎么和这个男人生活这么多年的。这真的很困难。"

格蕾塔说,她和丈夫过着"不愉快的生活",很多时候,她只差一步就要决定离开他了,但始终无法让自己迈出这一步。她现在在疗养院照顾他,往返于家和疗养院之间。但现在他离开了家,她感到一种平静。我建议她在末尾添加一个数字8贴纸,这样它就能更好地与她的出生日期产生共鸣,从而转变她家的能量。当我给她我的分析时,我可以明显看出她的脸上有了光亮。

案例9

一对在很多场合咨询过我的夫妇总是会来找我检查数字,以确保潜在的新数字对自己有利。几年前,他们买了第二套房子,搬进来后不久,他们的第二个儿子就出生了。最近,他们在多次给我打电话征求意见后,邀请我去他们家。在开车去他们家的时候,我很想知道自己能给他们什么帮助,因为房子本身的数字命理已经很好了。

在吃晚饭时,丈夫提到他的妻子在第二个儿子出生后没有恢复健康。除了数字方面,在考虑能量流动时,注意房子里的元素也很重要,尤其是镜子和灯。在房子里走了一圈后,我看到他们在楼梯平台上放了一面巨大的墙镜。这面镜子反射出卧室和楼梯上的影像。我建议他们把镜子拿下来,还建议他们把前门外面的电动喷泉移走,因为它似乎不应该放在那里。

在做出这些改变后不久,丈夫就另一件事来我办公室见我,说他和妻子感觉能量明显好转,她开始感觉好多了,也恢复了精力。

案例10(15,能量放大)

一个住在1914号房子里多年的家庭联系了我。这位丈夫拥有三家汽车旅馆,妻子则在疗养院工作。这座房子的能量(太阳+火星+太阳+天王星)具有破坏性。每当天王星和火星一起出现在一个家庭号码上时,它们就会发生碰撞,导致金钱问题。

这种组合被两次太阳能量进一步加强,使这个家庭的情况变得更糟。在与他们交谈后,我发现丈夫和妻子基本上是分居的,尽管他们住在同一所房子里。他们的两个儿子都完全失控了,和一群坏人混在一起。由于父母都长时间工作,他们无法监控儿子的活动。这个家庭正在拼命地为钱而挣扎着。我建议对房屋号码进行一些修改,并对丈夫想出售但没有收到任何报价的汽车旅馆的号码进行一些更正。

与他们交谈后,我意识到他们的能量发生了根本性的变化,他们对我提供的信息非常满意。我相信,在实施我的建议后,这个家庭迟早会稳定下来的。

二四

24具有月亮+天王星的能量,这是一个强大的组合。24是一个很高端的金星组合,如果它符合住户的姓名和出生日期,那么在家庭住址上是一个很好的数字。众所周知,它可以带来许多关系的建立,但或许其中一部分会受到法律的制裁。这也是一个代表着敏锐且聪明的头脑的数字。

案例1

德维和她的女儿来找了我,他们是我们家的老朋友。这位女士是一位寡妇,在弗里蒙特地区拥有一家汽车定制公司。这家公司没有汽车公司应有的活力,但她的家庭号码却非常强大:36825。

在分析了她的家庭号码后,我认为他们遇到金钱紧张的问题是不合理的。所以应德维的要求,我去看了她的房子。我把车停好,像往常一样,寻找门牌号码。然后,当我找到门牌号时,我看到其中两位数字很久以前就掉了下来。而这家人从未修复过这些数字,所以能量与原本应有的完全不同!

由于缺少数字,这家人进入汽车行业是完全错误的。这位女士对不得不申请破产的可能性而感到害怕,每个月她都会向朋友和家人借钱来补偿这笔生意。看到她的家后,我做的第一件事就是把丢失的号码补上。然后我去了她的公司,用一些数字修补了办公地址,这样公司才能卖出去,这是她想要的。

一个月后,这家人决定关闭这家公司,幸运的是,房东善意地同意在剩余的租期内(整整三年)不向他们收费。破产的危机解除了,德维大大松了一口气。

搬家后,我与这个家庭密切合作。通过共同的家庭朋友,他们发现市场上有一家7-11商店,德维问我是否觉得值得一试。凭直觉,我知道,在第二年年中之后,她将能够拥有这家公司。他们向公司办公室提出了申请,每一天她都在打电话给我和我分享她的压力,问"会成功吗?如果不成功怎么办呢?"之类的问题。我告诉她要有耐心,事情一定会顺利的。她仍然持怀疑态度,但在10月的第二周,他们就正式成为了这家7-11的所有者!

案例2

普丽缇在居住在27518号住宅时购买了一处36726号房产。她和她的丈夫来向我咨询数字和数字命理。虽然他们住在同一所房子里,但他们没有真正的私人关系。丈夫有药物滥用问题,断断续续地工作,而普丽缇则为加州公路巡逻队工作。她私下告诉我,她在工作中和另一个男人约会,因为她厌倦了丈夫,并提交了离婚申请。购买第二套房子的目的是,在他们分居后,丈夫和妻子可以各自拥有一个独立的居所。

这两个人的出生日期都与金星地址相合,幸运的是,我为他们找到了36726号房产。普丽缇想住在新家,但她的丈夫也想!所以他们的关系得到了极大的改善:丈夫找到了一份好工作,他也愿意长时间工作。普丽缇不再谈论起离婚。我确信他们搬入新居后会再次感受到幸福的。

案例3

29238号是我一位朋友买的房子。她经常无意中听到我在讨论数字命理学,她想,既然金星通常是一个"好"数字,那么它对她来说自然也应该是好的。不幸的是,她不知道需要事先核对个人数据(姓名、出生日期和家庭住址),因此陷入了陷阱。在检查了出生日期后,我发现她的丈夫的出生日期与家庭号码相矛盾。他们最近开始在家里经历冲突,除非在号码上做修补或他们搬家,否则这种情况将一直延续。

过去，有些人咨询过在我办公室工作的其他人，却没有意识到他们不像我那样理解数字命理的复杂性。有几次，他们在没有咨询我的情况下去计算了某人的姓名和数字，并且提供了不正确的建议。

案例4（8880）

当我刚来到这个国家时，我在加利福尼亚州的尤巴市度过了一段时间，这是一个小型农业社区。当时，我的雇主在当地广播电台宣传了我作为一名数字命理学家的能力，所以很多人来见我。其中一位是一位绅士，他是开着一辆白色的福特皮卡来的。他似乎有一种想要告诉我"当农民很好，因为农民很富有"的态度。我相信他，因为我刚到这个国家，对在这种文化中赚钱知之甚少，但我很快就学到了不同的东西。

当时，他住在马里斯维尔的8880号住宅。当我看到他的名字和出生日期能量时，我告诉他，他正处于一个非常利于繁荣的能量振动中，在经济上会取得成功。那天晚上，他的弟弟也来看了我。兄弟俩住在同一所房子里，二哥除了务农外，还有一个小的进口生意。二哥的进口生意很成功。不久之后，哥哥的前妻联系了我，来做能量阅读。

她提到了家庭的情况，我的脑海里立马就有了清晰的画面。我问起她的前夫，她说他搬到了同一个牧场的新房子，但没有详细说明他的情况。我问："他是住在同一栋房子里，还是从那里搬走了？"她说他已经在8880号旁边建了一栋新房子，搬进了新房子，这栋新房子的号码是8882号。她给了我他的出生日期，我告诉她这个新号码对他不利，因为它会带来财务和健康问题。

我这话音刚落，就得知了真相：她提到前夫现在很缺钱，而且最近心脏病发作了。他的新婚妻子给他制造了许多困难，他非常困惑和不开心。然后我问她原来的房子8880号发生了什么事。她告诉我，租给了一些年轻的新兵，他们在房子里很开心！我问她姐夫的事，因为他也来见过我，她说他搬到了一个天王星的地址。我说这对他来说也会是一个困难的地方，这个数字"会让他手头的金钱十分紧张。"

首先，她说他"拥有很多房产"，是一个百万富翁，但接着又补充说，他正在申请大额贷款来支付这些房产的费用。自从他几年前搬到天王星住址以来，我就知道他会发生什么。

多年来，我意识到，在良好振动中取得成功的人几乎不可避免地都会选择一个较差的能量振动来"继续向上发展"。这种情况经常发生，我都习以为常了，但每当我遇到类似情况时，还是不免感到失望。

案例5

29193号是一座印度教寺庙的地址。参与购买的经纪人也恰好是会众的一员。他的办公室号码加起来是6。那个特殊的地点对他来说很好，给他带来了很多成功；他的名字在社区里比以前出名多了。当他参与购买寺庙时，他坚持要求会众同意购买29193这个数字，"因为它加起来是24，然后再加起来是6。"

正如我在本书中多次说过的那样，当我看数字时，我不会简单地把它们加起来。我会首先观察单个行星，然后观察行星的组合，以找到数字的整体质量。在29193号中，火星能量出现了两次。这可能是一个对医学专业相关的人来说的好地方：比如医疗中心、诊所等等。但却这不是一个适合宗教崇拜的好地方。

另一位会众出于不同的原因联系了我。他想和我讨论出售一处无关的房产。在和他交谈时，他告诉我他是一座印度教寺庙的成员。出于好奇，我问了他寺庙的门牌号码。当他回答时，我说："这会给你们的会众带来麻烦。"他完全震惊了，说："你怎么知道？"我告诉他，通过观察数字上的行星，我可以看出火星的能量会带来冲突。他告诉我，就在那个时候，两名印度教社区成员正在起诉这座寺庙，而且已经处于诉讼期之中。他还提到，作为社区的一员，他担心他们节省的资金将不得不用于支付律师费用。我告诉他，对会众来说最好的办法是改变礼拜场所。

案例6

4848是当地一位吠陀占星家的新家住址号码,他在东印度社区非常成功,同时在一个非常强大的金星地址工作。他购买4848地址的原因也是,"(数字)加起来是6"!我敢肯定,这正是他买这处房产时的想法。

自从他搬进这个新家以来,我(通过小道消息)听说,他在这里不快乐多于快乐。这并不让我感到惊讶:在这个地址中,天王星+土星的组合出现了两次,随着时间的推移,这个地方可能会变得灾难性。作为一名数字命理学家,我一直在密切关注这个问题!我非常清楚天王星+土星的能量会带来爆炸性的效用,摧毁一个人精心构建的生活。

三三

33是金星最强的振动,因为它包含两次木星的能量。这也是我最喜欢的数字之一。

案例1(33,能量放大两次)

1997年,我搬进了在加利福尼亚州弗里蒙特的观澜湖社区购买的一套全新的房子,号码是3003伍德赛德特伦斯。我买了这个号码,因为知道房子所承载的能量。我用过去八年积累的所有积蓄买了这栋房子,因我相信这对我来说会非常有益。当房子准备就绪时,湾区的第一次互联网热潮正在兴起。

我记得和其他买家在小区外露营,在这个开发项目里买房。这所房子的付款是我在以前住所支付的三倍。几个月来,我一直在努力偿还抵押贷款。我妻子经常感到沮丧,想知道我在做什么。1999年底,我不得不为房子申请一笔小额的二次抵押贷款来继续还款。

2000年初,我决定卖掉这处房产。我选择了2月初的某一天在市场上挂牌出售该房产。当时天气很糟糕,整个星期都在下雨。我妻子看着我问:"我们应该如何给这处房产定价?"我让她把它定价在200万美元左右。她说:"你疯了吗?谁会花200万美元买这个房子?"

我亲自主持了第一个周日的参观开放日，对前来参观的人数感到十分惊讶。大约有75名潜在买家！第一周，我就收到了三份出价。最好的是190万美元，全现金支付，交易可以在10天内完成，由一位个人能力强大的经纪人提出。这所房子后来确实在10天内就售出了。我赚到了自己的第一个一百万。大多数当地房地产经纪人都很惊讶，这套房子为该地区的其他房屋都抬高了价格门槛。自从我卖了3003号之后，生活上一切都很顺利。

案例2

电视节目中的一位来电者住在9996号（火星三次+金星）的家里。我一看到这个号码，就说："哦，这房子里火星能量太多了。"我告诉来电者："这个地方很难住人。"这位女士完全同意。她说，他们一家人在那里住了七八年，家里一直有麻烦和冲突。我喜欢帮助人们，经常建议他们在贴纸上添加某些数字来提高能量。但在这种情况下，我表示搬家是个好主意，因为现在不能删除任一一个数字9。她连说"好吧，好吧"的反应似乎来自潜意识。她已经清楚地收到了信息，很高兴知道可以做些什么事来改善自己的生活。在他们找新房子的同时，我给了她一块临时补丁来提高能量，这样才可以尽快开始转变能量。

案例3（33，能量放大）

6月下旬的一位来电者，拥有一个强大的天王星出生日期，住在303号房子里，电话是从新泽西州打来的。他问我自己在家里过得怎么样。他的家庭号码303与名字完美共鸣，他已经在那里生活了五年多。在我告诉他这件事之后，节目主持人介入了，想知道来电者对我在他家庭号码上的回应有何看法。打电话的人回答说，每次他走进家，他都感到放松和快乐，就像此处就是他真正的归属一样。我只是建议他保持空间畅通，尽可能长时间地待在那个地方。

四二

42具有天王星在月亮之前的能量，这也是一个非常强大的组合。如果它被放大（这意味着数字组合中的任意位置出现零），能量就会变得更加有效。例如，如果居住者的出生日期没有天王星或土星的能量，数字402会带来经济上的成功和好运。42对于与媒体业务相关的人来说是一个很好的住所。印度电影业最成功的人都把这个数字作为他们的家庭住址。

案例1（42，能量放大）

我一位多年的好朋友住在402号地址。当我认识他时，他正努力为自己和家人赚钱。自从他搬进402号房子后，他的生意范围就扩大了，他的生活在经济上也取得了成功。我也认识这处房产的前主人。那是一位高大的东印度绅士，经营着一家盈利的相框公司。赚了很多钱后，他做出了错误的决定，认为这个家"太小了"。离开这个家后不久，他的生意就倒闭了，他长期的婚姻以离婚告终。要是他明白自己之前住的家的能量就好了！在一个带来繁荣和好运的家庭住址中做出改变之前，要仔细考虑并咨询合适的人。

案例2（42，能量放大）

一位给我打电话的先生有一个强大的金星出生日期和同样强大的住宅号码402。在我告诉他能量对他有利，钱不应该是问题之后，他告诉我，自己经营着一家非常成功的家庭企业。但当他发现我也是一名房地产经纪人时，他对在不同地区购买房产有一些疑问。他想要搬家。我非常礼貌地告诉他不要卖房子，因为如果他卖了，他的财务状况会恶化。大多数情况下，决定搬进新家的正能量的人几乎总是会遇到比以前更缺乏能量的情况（和更糟糕的财务状况）。

案例3（42，能量放大两次）

米塔里和父母住在一起，在读到我在《圣何塞水星报》上的文章后就决定来见我。

她穿着工作服走进我的办公室。当她坐下来开始讨论数字时，她尴尬地坐着，将左手藏在袖子里，我根本看不见那只手。会议结束后，她离开了，我对她的左手有些好奇。几周后，她回来见了我。她要求我帮她买一栋小的联排别墅，只要住宅数字合适，她就可以搬出来一个人住。我同意了帮她的忙。在检查了她的信用情况后，我发现由于她的FICO分数很高，很容易以优惠的条件获得融资。

米塔里告诉我的助手，她是在农场长大的。有一天，在为奶牛准备饲料时，她的左手被干草切割机夹住，导致永久残废，限制了手臂的活动功能。她很在意自己的残疾，但并没有让它阻碍自己过上充实的生活。

贷款获得批准后，我指派了一名房地产经纪人与米塔里合作。我们一直在为她找到合适的住宅数字，但每次在竞争激烈的加州房地产市场上，我们的出价都只差一步。在傍晚散步时，我祈求精神向导告诉我如何最好地帮助这位一心想买房的女人。彼时我收到了一条消息，根据她的数字命理学，她应该佩戴某些水晶。第二天，我让她在右手食指上戴一枚镶有黄水晶的金戒指，在右手中指上戴一条马蹄铁带。

一周后，我就为她找到了一个很好的数字命理号码，4200号，完全符合她的能量。幸运的是，挂牌代理是我过去合作过的人。我向经纪人解释了情况，说明为我的这位客户购买新房有多重要，因为她是残疾人，而且已经多次因为出价略低而失败。卖家已经收到了几个报价，但在这种情况下，他们决定接受我客户的报价。我为她感到非常高兴，她也对能买到合适的房子欣喜若狂！

在她搬进这处房产后不久，米塔里想嫁给一个男人，虽然由于她的残疾，他的父母坚决反对，可是他决定无论如何都要娶她。米塔里还得到消息，她将从亲戚的遗产中获得一笔小额遗产。我可以看到金星数字能量对她非常有利，有助于她生活的各个方面，我对她来说真的有帮上忙。

案例4（42，能量放大）

艾西瓦娅·雷是印度的一位女演员，2005年被《时代》杂志评为"世界上最具影响力的100人之一"。她的出生日期是1973年11

月1日,结婚前她住在402号房子里。

一段时间以来,我一直在看艾西瓦娅·雷的电影,也在研究她的名字能量。她的名字中有非常强大的木星和天王星能量。她出生日期也有太阳+海王星的能量,她的海王星能量与名字不完全相合。这就是为什么这位女士如此神奇和神秘:当她跳舞时,你会注意到的是舞蹈本身,而不是这位舞者,她被舞蹈盖过了。由于她的名字和出生日期中有如此多的海王星能量,2005年(另一次海王星振动)她引起了《时代》杂志的注意。

那一年,她的能量被好莱坞吸引,在那里她参与了许多影视项目。随着时间的推移,好莱坞对她来说是非常幸运的,因为"好莱坞"的能量、艾西瓦娅的名字和她的出生日期都是同步的。从她很小的时候开始,这个国家的舞台就太小了,无法发挥她全部的能量;她如今在全世界都声名远播。

五一

51的能量相当于水星+太阳,但与15不同,它的能量是灾难性的。了解水星在太阳之前和水星在太阳之后的组合在家庭号码上的区别非常重要。想想51区,美国军方在那里测试各种武器,以前也在那里测试过核装置。有几个有这种能量的客户咨询过我,他们的生活一直不快乐,压力很大。

案例1

有一位名叫马赫诺什的女性,全家人从洛杉矶地区搬来,在加利福尼亚州丹维尔买了一栋房子。家里的住宅号码是51,这位女士虽然直觉敏锐,但还是对生活很困惑。她听了我的广播后来见了我。马赫诺什提到,这所新房子对她来说非常困难,她和丈夫之间的关系也有问题。虽然她是一名家庭主妇,时长做很多冥想,但她仍然感到迷茫。

我问她这所房子以前的主人是谁,因为我是根据门牌号来收集过去的能量的。不幸的是,她并不知道谁以前住在那里,也不知道他们是什么样子的。我建议她在末尾加一个数字8,以中和负面的51能量,并提升自身的基本能量。此后,她多次联系我,咨询居住在不同国家的其他家庭成员的情况。

案例2(51,能量放大)

  印度孟买的一位著名电影导演准备发行他的第一部电影。这部电影中有传奇般的"数千名演员",其中包括行业中最优秀的男主角。我的侄女,在印度做编舞工作,与他签约为他的一部电影编舞。她打电话给我,问我对这部电影的计划使用的名字有什么看法。我告诉她,名字的能量不好,这部电影不会符合他的期望。事情就是这样:这部电影上映了,但与大家的预期相反,它在投资上失败了。制片人甚至没有在票房上赚回他们的本钱。

  在最近的一次印度之旅中,我拜访了我的侄女。她已经给我准备好了这位导演的家庭和办公地址号码。通过查看他的家庭号码——孟买一个著名社区的501号——我可以看出,这个人在这里作为导演不会太成功。在他看来,他应该是推断出5+0+1=6,这在数学上是正确的。但因为在这种情况下,水星在太阳之前,他的住所就像生活在内华达州的51区,在那里,他无法取得任何实质性的进展。

  他给我留言了三次,但每次我们都错过了,没能直接交谈。尽管他有金星能量的出生日期,但像他那样简单地将数字相加并搬进一处房产,对他或任何人来说都不太可行。

  从我侄女那里,我知道导演无意出售这处房产;他计划永久住在那里。我还得知他已经和妻子分居了。无论是在人际关系还是商业领域,这种能量都无法让他走得太远。

案例3(51,能量放大两次)

  萨希拉在波斯国际网络电视节目中看到了我,并在开车时给我打了电话。她住在一处5100号房子里,她是处女座,出生日期能量很强。她丈夫的出生日期是天王星。当我查看住宅号码和他们的基本能量时,我告诉她,这种能量虽然很困难,但对她丈夫来说比她自己更难。所以我问她,"你丈夫如何?"她回答说,"我最近才和他分开。"在这种情况下,两种不同的能量发生了冲突:1)因为萨希拉有很强的太阳能量，它与她丈夫的出生日期相冲突，2)丈夫的天王星出生日期与家庭住宅号码(金星)相冲突。这种情况让她感到很恼火。

"那么，你做什么工作呢？"我问。"我和你一样是房地产经纪人，"她说。我建议她改变住所，而她已经在计划这样做了。然后她问："我的幸运数字是多少？"我解释说，房子上的数字很复杂，她最好在签署任何新房子的合约之前给我打电话。她很感激我，而且从那往后在完成房产交易之前都会来咨询我。

九六

9和6代表火星和金星的能量，这两颗行星的能量之间存在吸引力。火星的能量非常具有侵略性，而金星可以为合适的人创造财富。当这两个数字出现在同一个住宅上时，它可以为合适的人带来财富。如果居住者出生日期与火星能量同步，那么这个家庭将会很容易盈利；否则，将导致居住者住院和/或经常看医生。

案例1

甲骨文公司首席执行官拉里·埃里森(Larry Ellison)将其位于加利福尼亚州阿瑟顿的8000平方英尺、七居室的住宅投放上了市场。拉里·埃里森的名字上重复了两次火星能量，当这处房产上市时，我非常好奇房子的门牌号码。我打电话给房地产经纪人，向她询问房子的号码。她给了我街道名和门牌号96。我们随后聊了起来，她问我为什么想知道住宅号码。我说我也是一名数字命理学家，一直在研究家庭号码。她表现得很感兴趣，给了我她自己的家庭号码：一个强大的财富号码。

她的名字"能量"给我留下了深刻的印象，那是一个强大的土星能量，她的网站上列出了湾区的所有顶级房产。拉里·埃里森家中的96号住宅具有火星+金星的能量，这座住宅与拉里·埃里森的名字完美契合。他在1987年以600多万美元的价格买下了这座房子，出售要价2500万美元。这位房地产经纪人收到了11份报价，全部来自合格的买家。金星能量也恰好是我最喜欢的能量之一，如果一个人的名字或出生日期没有太多的土星来阻挡能量，这就会是一个很好的居住地号码。对于任何有火星能量的人来说，这都是一个很好的住所，就像拉里·埃里森的名字一样。这个名字和住所有如此大的协同作用，以至于我没有费心去检查埃里森的出生日期！

  通常，当人们在某个住所变得富有时，他们都会想做出改变，就像埃里森搬去了另一所房子一样。我不知道他的新家住宅号码，但为了他的发展，我衷心希望，新住宅的号码能像阿瑟顿的那处住宅一样与他的能量同步。

第九章

海王星：数字7

代表海王星的数字7有很多种形式：7本身，16, 25, 34, 43, 52, 61, 79, 88和97。当这些数字出现在住宅里时，它们是神奇而神秘的数字，当它们作为名字数字出现时，能量也同样强大。这种能量也出现在许多著名的歌手、音乐家、食品企业家和鉴赏家、电影演员和玄学家身上。海王星可能具有欺骗性和困难性，但当它与一个人本身的能量同步时，它会带来巨大的成功。天生带有海王星能量的人天生直觉敏锐，当他们在靠近水的地方工作或生活时，无论是静止还是流动的水源，他们总能获得成功。

七

单独的数字7归属于海王星。

案例1

罗珊妮在收音机里听到我的声音后给我打了电话。她自己也是一位玄学家，有自己的体系。一段时间以来，她一直住在旧金山半岛1510号她丈夫姐姐的房子里。她的丈夫来自印度次大陆，在一家食品公司工作，但却并不成功。当罗珊妮与我联系时，她的丈夫正试图在旧金山地区购买自己的食品企业。我建议她在家里的号码末尾加一个小数字7来转移能量振动，这样住宅地址对她使用直觉能力的业务和她丈夫的食品业务都有好处。

阅读能量五个月后，罗珊妮给我发来电子邮件，说她现有地址上添加的数字所做出的改变对她和丈夫的生活产生了非常积极的影响。"你最近给我做了一次能量阅读，所以我想让你知道我的生活终于开始好转了。我和公婆一起住在1510号住宅。你可能还有印象。我已经做了你让我做的事情。到目前为止，我的工作加薪了两次，我刚刚晋升为主管，并将在山景城经营自己的业务。我丈夫在旧金山有一家代管餐厅。住宅能量已经发生了变化，我嫂子想重新装修房子，粉刷墙壁，全都换成新的。非常感谢你的帮助。你很快就会再收到我的消息。我想再做一次阅读。"罗珊妮的反馈非常令人满意，我很感激她做出转变后发生的好事。

案例2

塔比莎和丈夫住在313号的住宅里，但他们分居了。两人一同来见了我，在看了他们的家庭号码后，我知道这所房子里一定有一种特殊的存在，一种他们看不见但经常感受到的能量。于是他们邀请我去参观他们的房子。

当我到达那所住宅时，从门牌号上就可以看出，这所房子对住在那里的丈夫来说更好。而塔比莎的确几个月前就搬走了。当我问他们为什么把入口漆成红色时，他们没有回答。我告诉他们，红色代表火星的能量，火星会与他们的住所能量相撞。丈夫说，房子几年前着火了，从那以后，他和塔比莎就一直有问题。我建议他们把改成更温和的颜色，并通过在门牌末尾添加一个小小的数字1来改变家庭号码，这样它就可以与丈夫和妻子的能量相合了。那位丈夫并没有理会这个建议，说这对他来说"不合理"。自那以后，他们离婚了，而塔比莎接管了丈夫在房产里的一半份额。

案例3

罗薇娜在旧金山有一个号码为1231的住宅，她在5月的时候给广播节目打来了电话。当主持人看到她的出生日期和名字时，问她："所以你在这处房产住了多久？"罗薇娜说："三十年了。"然后主持人说："哦，那么这对你来说一定是个好地方。"主持人认为在同一个住所住了三十年一定意味着这对罗薇娜来说是个好数字。

我看了她的号码后，发现她的家庭号码和出生日期并不一致。我告诉罗威娜以数字8的形式添加更多的土星能量来修补房子。她告诉我，她正准备搬出这所房子搬到另一个国家。有趣的是，她的新号码将是1051（又是海王星地址）。我建议，在搬进这个地方之前，她应该使用更多的土星能量，使其与她的基本能量振动可以共鸣。这对她来说似乎是有道理的。由于广播时间限制，她没有时间说太多，但当我结束广播时，罗威娜给我的语音信箱留了言，要求进行深入的能量阅读。

一六

数字16的能量相当于太阳+金星。这种能量在家庭里是很困难的，总是伴随着健康和金钱方面的问题。这种能量的强度大概在"数值理想"能量尺度的最低端。然而，当16的能量出现在出生日期或名字上时，它却具有相反的性质。许多著名的电影明星、政治家、音乐家和玄学家在他们的出生日期和/或名字中都带有这种能量。

案例1

珍妮特在收音机里听到我的消息后联系了我。她自己的直觉能力很强，她告诉我，在节目中听到我的声音时，她正在冥想，而且立马就有很强烈想要给我打电话的冲动。她住在一所6046号的房子里。

在查看了她的基本能量并分析了门牌号后，我意识到这是一个阴阳交界的地方。她同意了，并说她在这所房子里病得很重。她家的其他成员也住在这所房子里，我用数字来转变了门上的能量。

第二年，我又接到了珍妮特的电话。她告诉我她打电话来是因为她"有话要告诉"我。她说："在冥想时，我被告知要告诉你，是时候写你的书了。"我很惊讶，因为当时我正在整理文件和信息，开始写这本书。我在找一个抄写员，准备继续前进。珍妮特还告诉我，她很感激我提供的信息，是时候与世界分享我的知识了。和她说话时，我起了鸡皮疙瘩；因为这相当程度上证实了我当时的想法。

案例2

D-16是我家在新德里邻居的地址,我看着许多租户在这里不断地搬进搬出挣扎生活,不难看出这所房子里存在着许多不幸的能量。我见过两名住户死于他们莫名感染的疾病;钱对住户来说一直是个问题;而且,在一个三层或三层以上的住宅区,这是唯一的两层住宅。

我记得,当我父母竞标建房子的土地时,我母亲差一点就买下了这块地。幸运的是,我父亲把出价推迟了几秒钟。他没有得到那片地,这让我妈妈当时非常难过。但是,从长远来看,没有获得这个地址是幸运的。他们得到了另一块土地,并且在那里生活了40多年。这对我母亲的家庭生意非常有利,她过着幸福的家庭生活。每次回家,我都会特意告诉妈妈,她没有拿到D-16是多么幸运!她非常虔诚,我相信她有强大的精神向导阻止她购买这个不幸的数字。

案例3

多年来,有很多通灵师和直觉能力者来见过我。在大多数情况下,他们不会透露自己的身份。玛德琳就是这样一个通灵师。当她来看我时,她穿着几乎全黑的衣服,戴着一顶黑帽子。当我看到她的家庭号码(3418)和出生日期时,我的第一反应是,"你是通灵师吗?"她相当困惑,说:"是的,我是。请先为我做阅读,然后我会告诉你我是谁。"

她在家里经营着几家玄学生意,在看了3418这个数字后,我建议她稍微更改一下企业名称。我还建议玛德琳在她的房子里增加更多的太阳+金星能量。从那以后,我们成了好朋友,她会定期和我联系交流。

案例4

阿黛尔住在康特拉科斯塔县的3715号住宅中。当我见到她时,我告诉她,这种家庭能量会给她的健康带来问题,尤其会影响她的脚。当时,她和丈夫正在购买另一栋具有类似能量的房子。

我建议,如果可能的话,他们不要签下合约。这通常很难,但他们确实取消了合约，并找了一个更有益的水星地址。我为他们感到高兴。生活中没有意外：我在正确的时间遇到了他们，以确保他们搬到了正确的地方。从那以后，我还见过阿黛尔很多次；上次她来的时候，她还给我办公室带了花和一张感谢信。

案例5

莫妮克的出生日期是负面能量；在她出生时就受到了负面的土星能量影响。她住在一个16号的地址。

在看了她的名字（它的能量上显示有感情关系问题）后，我可以看出这是我几年来见过的最糟糕的数字之一。

各种各样的问题困扰着莫妮克：感情关系——她和丈夫离婚了；法律问题——她的大儿子因各种罪行进出监狱；以及药物滥用——她的小女儿很漂亮，但是对药物上瘾，总是在监狱进出。钱总是很紧张。幸运的是，莫妮克有一份稳定的工作，但她不得不长时间工作以维持生计，并不断被迫为孩子支付律师费和保释金。应她的要求，我去了她家。

当时天已经黑了，我们站在后院，我在房子里走了一圈。混凝土露台上有一个长方形的标记。我在这里感到浑身发冷，仿佛走在坟墓上一样。我问莫妮克谁以前住在这里。她说，在他们买下之前，这是一座佛教寺庙。她对这处房产没有特别的了解。我建议她修补家庭号码，但由于某种原因，她没有信心坚持到底。我还建议，如果补丁不起作用，她可以卖掉房子，搬到更好的地方。

莫妮克后来又给我打来了电话。我问她近况如何，她突然大哭起来。我问发生了什么事。她告诉我，儿子再次入狱，律师费又到期了。我已经给了她我最好的建议，但她没有坚持到底。这个例子强调了这样一个事实，即除了让别人提供指导外，人们还必须采取行动去改变自己的处境。

案例6

许多年前，我受邀参加旧金山的一个广播节目。我很惊讶，因为我以前从未上过收音机节目。主持人直觉能力很强，在访谈前问了我很多关于数字的问题。然后她告诉我,2月的最后一周将是我们的第一期节目的播出日期。她问我想如何为她的听众安排我的采访,我说我想让采访的互动性更强,人们可以提问并了解我的强项。而这个节目持续了近五年。

第一个打电话来的是约兰达,她有很重的英国口音。我问她出生日期和住在哪里。她给了我"16号公寓"的地址,还有一个能量非常积极的海王星出生日期。我的第一反应是,"你腰部以下有什么问题吗?"她当下的反应显然是对我的回复感到非常惊讶。她说她正在考虑回英国做手术!虽然没有透露具体的健康问题,但她表示我是对的。

这位客户为我打开了大门,这让我确信同意参加广播节目是正确的。从那以后,我在广播节目中做了数百次阅读,因为相信自己提供的信息是正确的。

约兰达后来给电台主持人发了电子邮件,感谢她邀请我参加节目。她还说:"我预约了周六去见杰西,回来后确认了我一段时间以来对疾病和住在16号公寓的想法。之后,我会找另一套公寓。杰西还告诉我用自己的真名,而不是昵称,所以我也打算付诸实践。"

案例7

梅兰妮住在康特拉科斯塔县的一个1591号的地址,拥有一个能量很弱的土星出生日期。在咨询了许多心理学家和直觉能力者后,她在收音机里听到我的声音后来见了我。她在一个语言治疗诊所工作,在家里住了很多年,在这所房子里经历了欺骗和失去家庭成员。丈夫和她离婚了,和她住在一起的一个儿子在情感上很痛苦。我建议她换房子,而不仅仅是换门牌号,以给她带来好运。

有一次,当我在旧金山广播时,梅拉妮打来电话。听到她的声音我很惊讶,但我认出了她的声音,知道她是谁。她说我没有给她一个补丁来修复这些数字。我说我建议她搬家,因为房子的能量太低了。她说自己不能卖房子,所以问我是否可以给她一个用来修补的号码,她可以加上这个号码来改善自己的处境。我表示,她可以添加一定的数字来暂时改善她的家庭能量，但这并不是一个完整的解决方案。

在某些情况下，我觉得人们应该因家里极度负面的能量和经历而改变住所。我很少这样做，因为我知道搬家有多难。修补要容易得多，也快得多，但在某些情况下，搬家是唯一真正的解决方案。

案例8

科妮莉亚是个直觉能力很强的画家。她从湾区搬到门多西诺，在一所艺术学校任教。当她联系我时，她住在45061号房子里，这和她的出生日期不合。她卷入了一场持续多年的诉讼中，涉及她在门多西诺地区购买的一处房产。她经常生病，脚也有问题。我建议她在地址末尾增加更多的木星能量。从那以后，科妮莉亚就成了我的朋友，自从她修补了门牌号后，生活总体上有所改善。

案例9

多拉是旧金山湾区非常有名的直觉能力者，多年来一直在做疗愈工作。她来见我的时候，没有说自己是谁，只是说想见我。

她住在奥克兰7333号的房子里。我立刻就能看出她身上有些神秘。多拉的住所和她的名字非常吻合，但可以通过在她的家庭号码中添加更多的海王星能量来进一步改进。我建议她在末尾加一个数字7，使其成为73337，这样它就更加符合她的能量振动。

多拉自己也会给别人提供咨询，当我建议给她加一个7时，我没有意识到她在用自己的钟摆来验证我给她的信息。她确实将7添加到了住所上，后来也告诉了我它是如何转变能量的。多拉还说，当她第一次在收音机里听到我的声音时，她用钟摆和其他仪器来检查过我，而且被牵引来与我联系。从那以后，她成了我的好朋友，并向她的许多客户推荐了我进行数字阅读。

案例10

拉文德是一位台湾女性，来自一个对所有宗教持有信仰态度的家庭。她熟悉数字命理学，但使用的是一个非常不同的系统。她来向我咨询她的商业伙伴关系。她的出生日期告诉我，她在合伙关系中总是会处于下风。而这正是她的真实处境：她的伙伴正试图把她的食品生意买断。她不知道该如何做抉择。她的家庭号码1429也是一个能量微弱的振动。她的母亲生病了，哥哥经常向她借钱，却从不还钱。我建议她在家庭号码的末尾添加一些水星能量，她照做了。

两个月内，拉文德就把房子卖掉了，并且搬进了一处正面的土星能量振动住宅里。之后，她还推荐了其他朋友和家人来咨询我。

案例11

四月下旬，我接到一位年轻女士的电话，她听起来很困扰，甚至在电话里都能听出来。我刚和她说话，就开始接收到她的负能量影响，甚至连我自己也开始头疼了起来。

让她平静下来后，我问了她的出生日期和地址。她说，她和丈夫最近在中央山谷买了一栋房子，号码是2617。虽然她的名字和出生日期与房子很相配，但她的丈夫在出生日期有负木星能量。当时，她在当地一家医院当护士。

他们大约两个月前搬进了这所房子，从那以后，她的丈夫就开始失眠。他经常听到和看到房子里的东西。她不明白这一点，因为他看起来很正常。但到了晚上，他会"失去理智"：他会手里拿着刀在房子里走来走去，好像有人要攻击他。他声称自己听到屋顶和阁楼上有人说话。

这所房子有太多的海王星能量。住所也与丈夫的出生日期相冲突。我解释说，他们有两个选择：要么修补号码，把房子租出去，这样他们就可以将一部分房产权变现，要么就卖掉房子，但愿能在出售时收回成本。

第一个选择对他们来说更加合理一些。他们认为出租房子，然后自己再另找住处是个好主意。我问她是否有关于以前主人的信息，或者关于他们之前住在那里的人的信息。她说，之前的主人是一对西班牙裔夫妇,他们在那里住了六个月,然后突然离开了。这让我确信,这房子肯定有什么奇怪的地方。

案例12

莉莉打电话给阿拉巴马州的《联系谈话》电台,她在线收听到了我们的节目。莉莉想知道她和丈夫最近买的房子号码4219。她想知道新的号码与他们两人如何能够产生共鸣。

我看了他们的数字后,发现这房子看起来更适合她丈夫,而不是莉莉本人。我建议她加一个数字8,以清理能量,使两者的共鸣都中立一些。"我的水晶是什么?我应该戴什么石头?"她问。我回答说:"吊坠里的紫水晶对你有好处。"她笑着说:"太好了,我是一名宝石学家,我家里有很多紫水晶。"谈话以一句大大的"谢谢"结束,这对我来说是一次非常令人满意的交流。

案例13

安珀住在4408号房子里(天王星两次+土星,能量放大),她的出生日期有强烈的土星能量。在看了她的数字后,我告诉她,"安珀,你的房子是一个'铅锤'。"她回答说,"哦,这是一个很棒的房子,但我从不待在那里。"天王星和土星的能量总是相互吸引。我见过很多有强烈天王星或土星名字或出生日期的人吸引更多的天王星或土星能量,每次这种情况都像流沙一样。人们在这种能量的影响之下会慢慢地陷进去。每次看到它发生都很不幸,但很有意思。

案例14

马苏德,一个20多岁的年轻人,和他清真寺的伊玛目一起来见我。这位伊玛目见过我几次,他对我给人们提供的信息很着迷。这次,他是来找我做房地产相关的服务,但同时想让我为住在2725号的年轻人做咨询。这个数字带有欺骗的能量,而且它与马苏德的出生日期不相合。

在问了马苏德几个问题后,我询问了他的个人生活。我说他有"四段以上的关系"。我说的那一刻,伊玛目看着他,问他:"这是真的吗?他说得对吗?"他说:"不,不是四段。实际上是……五段。"难怪他说每每回家都感觉"不舒服"。

这位伊玛目显然很沮丧,看着他说:"你只应该有一个妻子。"年轻人低头看着地板,点了点头。

此时,我觉得伊玛目对我向客户提供信息的能力的信心进一步增强了。在握手并结束会议之前,我们讨论了一些房地产方面的问题。

案例15

格温妮丝在旧金山的一家公共图书馆工作,她对自己的工作非常不满。她有一个很强大的名字,与她的出生日期很协调。另一方面,她的家庭振动(2662)在经济上却消耗了她的能量。她说自己的"感情关系不好,入不敷出,还有一个缺点:经常抽大麻。"我建议格温妮丝在她的住所里增加更多的土星能量,让它对她来说是一个更好的地方。人们不应该总是因为生活中发生的事情而受到指责。很多时候,正是他们的数字命理让他们做出了违背自己兴趣的事情,就像这个例子一样。

二五

这个数字具有月亮+水星的能量,经常出现在作为伟大精神学习和治疗场所的住宅上。

案例1

位于加利福尼亚州伯克利市罗素街2959号的云林寺有一个号码为25的地址。林云仁波切大师以他的黑教密宗佛教(BTB)教义而世界闻名。如果你站在这座寺庙的门口,你可以看到台阶一直往上走,这座建筑就在山顶上,你必须爬将近50级台阶才能到达主楼的门。这个数字与建筑物的能量相匹配。人们只需要简单地站在这里,就能感受到能量在场地和建筑中脉动。

案例2(25,能量放大)

圣克鲁斯的一位脊椎指压治疗师打电话来咨询我。她更关心自己的生意,而不是家里,她想知道发生了什么。

我查看了她的公司名称和地址(似乎不是负能量),并询问了她的住宅号码。她住在205号房子里,离水很近。根据她的出生日期,这种能量根本不适合她。我建议她在现在的地址上加上一些数字,转变房子的能量。反过来,这也将改善她的生意情况。我还建议她在院子里种一些植物来促进自己的生意。在我提出建议后,她非常有信心继续实施这个修补计划。她的情况虽然一开始也还不错,但现在变得好多了。

案例3

15955是中央山谷一位客户的家庭号码。她的住宅与基本数字命理并不相合,我想知道她是怎么设法留在那里的。我说:"如果这是你的家,你很难结婚。"她表示同意,说自己已经离婚十年了。她和父母以及哥哥住在这所房子里。我建议对地址进行某些更改时,她很犹豫,因为她说房子不属于她,她的家人不允许她这样做。于是我强烈建议她改变住所,戴上某些水晶来改善自己的处境。

某些石头,作为戒指或吊坠佩戴,在改善负面情况方面非常有效。在这种情况下,我建议她戴一颗银色珍珠作为吊坠,以平息她的情绪能量振动,让她更好地控制自己的处境。后来,她请也住在这所房子里的哥哥来咨询过我。

他经营着一家卡车运输公司。他做这一行已经很多年,但却没有赚到任何钱。这并不让我感到惊讶,因为对于汽车或卡车运输企业来说,这不是一个兼容的住宅号码。我建议这位兄弟改变家庭号码,以改善他的生意,也改善住在那里的妹妹的生活。此外,我建议他在右手中指上佩戴更多土星能量。他很感激我的建议,我确信这些建议的确改善了他和他妹妹的生活。

案例4(25,能量放大)

我在奥林达的一次玄学研究的女性聚会上遇到了这位客户。她与一些著名的玄学师有联系，并在她拥有房产的圣地亚哥地区与他们保持着密切合作。她向我问起刚刚在奥琳达买的新家。这是一个强大的太阳地址：667。她说非常爱这所房子。

然后她向我问起她在圣地亚哥的房子，如今已经被租出去了，地址是205号。我告诉她，这是一个宗教精神很强的地方。她很感兴趣，说圣地亚哥的房产被租给了一位佛教老师，他把它变成了一座寺庙，并吸引了大批追随者。她补充说，上一次她访问圣地亚哥时，在进入自己的房子之前，她都必须得脱鞋子才能进！

每当月亮和水星出现在家庭住址上时，它们都会带来很强的玄学能量，以及非常强的冥界存在感。这可能是有益的，也可能是困难的，具体取决于居住在房屋中或拥有房屋的个人情况。

案例5

七月，我和一位女士在她加拿大的家里会面。她小时候的地址是6991（金星+火星两次+太阳）。现在房子已经变了，它在一个转角处，入口移动过并分配了一个不同的地址，这在一定程度上提高了房子的能量。她将自己在事业和生活上遇到的所有困难告诉了我，母亲的意外去世，以及她无法理解的各种奇怪事情。她讲述了自己的整个故事，包括她面临严重法律问题并几乎被监禁的时期。

在收到所有这些信息后，我问她当时的家庭号码是多少。她回答说："6991。"我马上就明白了：号码上有两次火星能量，像一个枢轴，而其他数字（和人）则围绕着它旋转。幸运的是，当房子重建时，旧房子被拆除了，这在一定程度上改善了情况。我告诉她，换了号码是幸运的。与她交谈后，我不得不清理自己的空间和能量，因为我觉得她给我传递了很多压力和负能量。

案例6

32938是一位家庭朋友在旧金山湾区的住所。父母正面临着与正在上高中的大儿子相处的问题。他的数字命理正与房子的行星能量发生冲突。父母非常努力地让儿子走上正轨，但似乎什么都没用。我记得我告诉他们，这所房子的能量正在让他们儿子的情况变得更糟。

一天晚上，当父母回到家时，他们发现儿子在驾驶父亲汽车的时候失去了控制，直接开着车穿过了车库，几乎撞到了父母的卧室里。当父亲想知道发生了什么事时，儿子却撒谎说是"其他孩子"干的。当然，他们很快发现是儿子自己干的。他们修好房子后，父亲非常急于买一套新房子。

他们现在住在同一个城镇的舒适的木星能量区，自从他们搬进来后，新房子的价值增加了很多。儿子的情况也已经平稳下来了，因为这所房子对他的个人能量来说更加和谐。

案例7

鲁帕利和家人住在旧金山湾区28573号的房子里，这与她和女儿的能量完全相合。但后来鲁帕利告诉我，她的丈夫多年来一直虐待她。

通过查看她丈夫的姓名和出生日期，我很快就找到了问题的根源。她告诉我，夜里她总是会感到一种非常强烈的存在感，她的女儿也是如此。她还说，她的丈夫与一名已婚妇女有染。他试图摆脱妻子鲁帕里，但他的恐吓策略没有奏效。原因很明显：家里的能量与她是完全同步的。这个男人不可能让妻子离开这所房子，因为家里的能源对她有利。

鲁帕利正准备按自己的条件与他离婚，我告诉她，当达成和解时，最好再重新清算并结清丈夫的份额，而不是搬到别处。这对她来说是有用的，因为她当时还没有考虑到那么远。我还建议了一些对她有益的水晶。她完全接收了我提供的信息，而后高兴地离开了我的办公室。

三四

34的能量相当于木星+天王星。这是海王星能量最好的缩影。正是好莱坞的代表能量——木星代表发展，天王星代表魔法和媒体——正好引领我们走进电影和虚构的世界。

案例1（34，能量放大）

在最近的一次印度之旅中，我拜访了多年未见的堂姐。她住在新德里郊区的一所朴素的房子里，地址是304号。这么长时候后再次见到她，我很高兴。我堂姐出生于1955年3月2日，她的家庭能量与她完美契合。与我的许多家人不同，她一直很相信精神的力量，她的家庭也给她带来了好运。她的两个女儿现在都是医生，唯一的儿子在一所工程学院就读。

在印度这样的大学竞争激烈的国家，学生必须有非常好的成绩，并在资格考试中取得好成绩才能被录取。我这三位年轻的亲戚都取得了成功，这主要归功于他们母亲的支持和家庭的能量。然而，如果一个出生日期为木星或金星数字的人住在这所房子里，他们就不会经历同样的成功，甚至可能会对他们造成伤害。

但当海王星与你的个人能量相协调时，它所带的祝福就会显现出来。她开玩笑地问我："卖房子的时候我该怎么办？我们现在可以买一个更大的房子了。"我让她不要卖房子，并解释说如今的住宅对他们来说是一种运气。她告诉我，有人给了她房子的押金，但就在第二天，她把钱还了回去，表示自己改变了主意。

案例2

一位给《超越视界》打来电话的女士住在29878号的房子里。这是月球、火星、两个土星和海王星的组合，总振动是木星+天王星（即34）形式的海王星能量。根据她告诉我的信息，我说这对任何住在那里的人来说都是一个非常棘手的住所。她很快表示了同意，说她住在那里的儿子是一名职业足球运动员，然而突然被交易到了东海岸的另一支球队。她想知道如果没有他，这房子对她来说是否合适。根据她的数字信息，我说这不会很好，尽管这是一座漂亮的房子。但无论房子本身有多吸引人，如果号码与你的能量不相合，它就无法适应你的能来个你，也不会给你带来你应得的好运或幸福。

案例3（34，能量放大）

达维娜最好的朋友是我的客户，我是通过这位客户认识她的。我们在旧金山一个风景如画的房间里见了面，那里的景色很好。在获得她的信息后，我开始清理达维娜的能量和个人空间。她拿出一张母亲的照片，直接放在了我面前。

她那样做的那一刻，我感到身后有一股能量，还有一种刺痛感。这很奇怪，因为这种情况之前几乎从未发生过。我确实偶尔会感到一种能量，但当我看到她母亲的照片时，我说："我感觉你母亲好像就站在我身后。"我说这话的那一刻，眼泪开始顺着她的脸流下来，达维娜提到她的母亲就在一周前在南非去世了，她非常难过，因为妹妹不知怎么拿走了达维娜的那份遗产。达维娜最近和她的新伴侣搬到了不列颠哥伦比亚省，正在寻找解决办法。

她离开后，第二天又打来电话给我，问我不列颠哥伦比亚省温哥华海滨附近的一栋304号房子的情况。这种数字命理对她和她的伴侣来说都是正确的。她喜欢这个地方，但想要降低报价。我建议她提高报价，因为我相信她有能力购买这处房产。她在电话里的声音比我们在旧金山见面时轻松了许多。

六一

61具有金星+太阳的能量，这会产生负能量。它会不断造成健康和金钱方面的问题。

七九

79的能量相当于海王星+火星。这在住宅上是一个很麻烦的组合，但当同样的能量出现在名字上时，它则会带来非凡的成功。这种能量仍然带有欺骗的基调（由于海王星的出现），火星能量肯定会给拥有这种能量的名字的人带来濒死或类似的紧张体验。

案例1

住在旧金山的道恩找我帮她在萨克拉门托买了一处房产。在我读完道恩的数字命理后，我推荐了一些最适合她的数字。她全权委托我帮她找正确的地址。我问了她现在的地址，她说是79号。

她话音刚落，我就问："你在这所房子里休息得好吗？"她说："不好。"

然后我问她："你见过这房子里漂浮着什么能量吗？"她说她从来没有觉得自己有足够的洞察力去看到它们，然而她总是感觉有些"奇怪"，但自己又无法解释。

我告诉她，这个与海王星+火星振动的住所和她的出生日期不相合，还可能导致房子着火还不知道是什么原因。我说这话时，她张大了嘴巴，告诉我，"几个月前，我儿子的卧室就着火了，是因为电线短路。"他们关掉了所有的灯和开关，才控制住了火势。

道恩的脚有健康问题，还经常被她遇到的男人欺骗。她承认自己找不到稳定的关系。我觉得，这些信息足以让她相信我作为一名数字命理学家的技能，以及她改变住所的紧迫性。仅仅几个月后，我们就在萨克拉门托地区为她找到了一个非常棒的家庭号码。

第十章

土星：数字8

代表土星的数字8有很多种形式：8本身，17、26、35、44、53、62、71、89和98。土星的能量既强大又棘手，土星代表大企业、公司和房地产行业。它也倾向于在出生日期和姓名号码上吸引天王星和金星的能量。每当它们结合在一起时，这些组合都是非常具有破坏性的。

土星出生日期或土星名字编号的人通常会取得成功，并被世界所看到和认识。许多名人，如芭芭拉·沃尔特斯、汤姆·克鲁斯、比尔·马赫、霍华德·斯特恩、凯蒂·库里克、迈克尔·杰克逊和伊姆兰·汗（一位著名的板球运动员），在他们的名字（或者当他们成名时的名字）中都带有这种能量。

数字8（代表土星）本身的能量就足够强大。它在很大程度上会为合适的人带来成功和财富。我听过很多来自远东的人谈论数字8，但他们只是盲目地选择它。我也听过一些著名的数字命理学家联合节目谈论数字8，并让他们的听众在钱包里"写一个数字8"来赚钱。这毫无意义：任何名字或住所上带有土星能量的人如果使用了额外的土星能量，即便只是在钱包里写一个数字8，都会很快地感受到土星能量的负面影响。

土星的能量要求纪律和业力（坚持并完成业力正确和所需行动的责任）。土星的另一个名字也是"卡鲁姆达塔"，它作为名字号码的时候会给携带者带来巨大的名声和成功。

八

数字8的归属是土星。与东方的许多信仰不同，数字8的能量可以是积极的，也可以是消极的。许多有中国或日本文化背景的人认为数字8是非常幸运的。它可能的确是幸运的，但并非一直如此。当8单独作为一个家庭号码时，它会带来很多悲伤、能量阻碍和沉重的能量，让居住者感觉自己总是在艰难地"爬上坡路"。

案例1

贝琳达在广播中听了多次我的节目后联系了我。作为一名职业瑜伽老师与一名直觉能力者，她很关心自己住了很多年的家的情况。她住在奥克兰4031号房子里，出生日期是火星能量，名字也带有负面的火星能量。她在这所房子里经历了太多的意外事故和伤害，她丈夫的精力也与家庭号码相冲突，他总是觉得自己被困住了，无法前进或完成任何事情。我建议贝琳达在门牌号的末尾加上数字1和6，以转变能量。我还建议她把自己和丈夫用作主卧室的房间换成房子里的另一个房间。

她家里放有祖先的骨灰盒，我建议把这些先搬到房子外面的另一个地方，在一个有遮蔽的壁龛里。我还建议她用鼠尾草和岩盐清理自己的空间，并且重新粉刷内部。自从我们初次咨询以来，我已经和她谈过几次了，她听起来心情更放松了，还向我推荐了许多客户。

案例2

凯瑟琳在一家银行工作，住在8号公寓里。她有天王星的出生日期，她两个儿子的出生日期带有土星和金星的能量。没有人能够忍受这些能量组合在一个家里所带来的负面影响。我告诉凯瑟琳，如果她继续住在这套公寓里，生活对她来说将是一段"艰难的旅程"。她表示同意，说自己很难过；她的丈夫已经和她离婚了，两个儿子也很难应付，因为他们的父亲现在离开了。离婚后，她也有过几段感情，这让她更加不开心。当时，凯瑟琳正在考虑买房，我帮她选择了正确的门牌号。我后来听到过几次她的消息，她如今对自己的生活更满意了。

如果天王星的出生日期或名字号码的人生活在一个土星住宅中，他们的生活可能会非常困难。这种情况就像踏入流沙一样：无论你做什么,都无法脱身。因此,如果你在考虑8号住宅,在做出决定之前请务必咨询专家。

案例3

  一个住在弗雷斯诺地区的东印度家庭来见了我,他们在2051号房子里住了很多年。虽然有木星的出生日期,但父亲的名字号码与房子相冲,而他的小儿子木星能量较弱。

  这个家庭有很多问题。小儿子误入歧途,开始吸毒和贩毒,结婚后很快离婚,频繁在监狱进进出出。他的这种生活风格成了家人的噩梦。然后,父亲的生意开始陷入困境,亏损了很多钱。根据我的建议,他们买了一个有强大木星数字的新家。我后来收到过他们的几次来信,他们对新家很满意;父亲的生意大有好转,经济状况稳定下来,儿子也安定下来了。

案例4

  阿泰斯是一个孤独的女人,在财务和个人生活上苦苦挣扎。我非常乐意为她免费阅读能量。然后她要求我也为她住在萨克拉门托的女儿莱昂诺尔做一次阅读。

  就在同一个星期,我和那位女儿联系上了。莱昂诺尔和她的父亲住在3401号房子里。她的名字和家庭数字号码相合,但与她父亲的名字不相合。我根据数字收集了能量,并告诉莱昂诺尔,这个家对她爸爸来说可能很困难,因为土星的能量与他的名字不相合。她同意了,并说这的确是事实:她总是觉得他的心从来都不"在那里",即便他身处家中的时候也是一样。我并不惊讶,这个地方让他离了婚。我建议莱昂诺尔在主数字上添加一些海王星能量,以转变房子的能量,获得更多的繁荣和好运。她对阅读的结果感到满意,也准备做出改变。

案例5

  自从别人意识到我会阅读数字,我就经常接到朋友、家人和熟人的电话。一个住在不列颠哥伦比亚省的家庭经常给我打电话,一直等到我有时间和他们交谈。我和住在房里的男人谈过，告诉他他的住所号码8号，与他或他的家人不相合，会让他在这种沉重的能量下窒息，就像在脸上盖着枕头睡觉一样。

他表示同意，并说多年来，他的生活一直很艰难，无论是经济上还是个人生活上。尽管他的孩子受过良好的教育，但没有一个能找到令人满意的工作或人际关系。他病了好一阵子，生意也不好。土星的能量非常强大，但使用起来又很棘手。

在加利福尼亚的办公室里，我拿起了这个男人的土星家庭数字，专注于阅读它。我意识到这对他来说不是一个好地方，但我看不到房子里的其他能量。无论如何，搬家肯定是对他有利的。我建议，与其修补这所房子，不如卖掉它，搬到同一个地区。于是，这家人开始找房子，他们一直打电话给我，直到我为他们确认了一个好号码。

这个人买了新房子后，说了一个有趣的故事。他说，与他合作出售8号房子的房地产经纪人是一位非常虔诚的锡克教徒。在他们完成交易后不久，代理人正准备走，忽然看到一个高大的男子，也是个锡克教徒，站在他面前。代理说自己"被他推倒了"，当他摔倒时，眼镜也摔碎了。卖家说，这位虔诚的锡克教徒代理人被这一事件吓坏了，如果没有携带圣书或妻子或其他人的陪同，他哪儿也不会去。他说，自己遇到的能量让他意识到，"这些人都是因为你才搬离这所房子的。"卖家搬进新房子后松了一口气，现在已经很好地安顿下来了。

案例6

娜丁代表她的母亲给凤凰广播打来了电话，她的母亲住在12507号的房子里，拥有11501号的出租房产。在查看了她母亲的基本信息后，我得出结论，她的住所对她来说很好。当我问娜丁她的母亲在这所房子里住了多久时，她说"超过35年"，所以我建议母亲简单地清理一下空间来恢复精力。

但随后娜丁提出了关于租赁房产的问题。她的母亲在向11501号房产的租户收取租金时遇到了困难。当她最初购买这处房产时，她是看中了这些数字加起来是8，但可能没有意识到土星能量对她来说可能有多困难。我告诉娜丁,这处房产的租户会感觉就像睡在一条湿漉漉、令人窒息的毯子下,他们很难按时支付房租。我通过在门牌号末尾添加更多金星来纠正这种能量,这与她母亲的出生日期很协调。这种能量转变可以使租房者赚到更多的钱,并且能够毫不费力地支付租金。

案例7

一位看起来很激动的女士在广播节目里打来了电话。她得在1040号和1313号之间做出选择。她想知道,对于她的家庭房地产办公室来说,哪个数字合适。1313的能量与她自己的基本数字命理学更匹配,当我为她确认这一点时,她回答说:"我就知道,非常感谢!"她说这个数字在她睡觉时也一直萦绕在脑海里,所以我想她的精神向导正试图给她正确的数字。然而她仍然希望在物质层面上得到确认,而我很高兴能为她确认这个信息。

案例8

西雅图的一位女士联系到了我,她和丈夫住在13022号(太阳+木星+月亮两次)的房子里。他们俩都有天王星的出生日期。他们的能量与住所不相合,这位女士说,她对自己的关系和家里的精力感到很迷茫。她还准备在家经营一项新业务并且成立一家公司。

我帮她稍微调整了公司的名称,还为她的住所增加了更多的海王星能量,使其与家人的基本能量可以更好地流动。这是土星+天王星能量被吸引在一起的另一个例子。幸运的是,在这种情况下,它及时得到了纠正。

根据我的经验,我意识到生活在土星或天王星能量中的人也有土星或天王星能量的银行账号、电话号码,甚至汽车登记号码,这会使问题更加复杂。我也意识到,天王星的能量在银行账户上不会太好,而一个强大的土星账号——如果它与持有者的名字和出生日期相合——将带来很多成功。但根据我的经验,银行账号最好的还是金星能量。

案例9

有一次我在一场婚宴上,和在加拿大的许多朋友和家人交谈。我正要去吧台的时候,走到一半被迫停下了脚步:"凯尔西先生,你能过来吗?"我被介绍给了一位绅士,他和妻子、另外两个朋友以及给我打电话的家人静静地坐在一起。被介绍后,我被问到我以何为生。我说我是房地产经纪人。堂兄喊道:"不,不,不是关于房地产的——跟他们说说数字的事!"

我坐在这位安静的绅士旁边,问了他家的电话号码、出生日期和全名。他住在1331号房子里(太阳+木星;映像),我可以从这些数字中的碰撞能量立即看出他有健康问题。我问他:"你的血液循环怎么样?"我告诉他,这种能量对他不好,非常危险。他的妻子插话说,她住在这所房子里不开心。她问了我之前的一个商业号码,我认为是不错的,她也同意。

后来我发现这个人是医学博士,但他有很多健康问题。当我正要离开时,博士说:"但这一切难道不违背我们的宗教哲学吗?"我说:"不,这与宗教无关;这是我的研究,都是基于数学的。"

偶尔,我会遇到一些专业人士,他们在感知方面非常"左脑型"(只信科学)。我解释说,多感官很重要,古代知识和现代信息可以以新的方式结合在一起。

案例10

曼特住在萨克拉门托的13220号房子里。她在阿帕达纳电视节目上见过我。我接到了她在圣地亚哥的儿子的电话,他想让我为她做一次阅读。这位儿子弗雷敦曾在电视上见过我一次,所以他对我的工作很熟悉。我打电话给圣地亚哥的弗雷敦,他让我们和他在萨克拉门托的母亲进行电话会议,并自己担任翻译。我的第一个问题是,"你妈妈的名字是什么,如何拼写的?"

她的名字曼特,与她的住所相冲突。我试图有条不紊,一步一步地来调整,但我的客户要求立即取得成果。我首先表示,这个住所对这位母亲来说压力很大。我问她在那里住了多久。弗雷敦说,"两年多一点,"并补充说,"真的;她在家里一直很沮丧。"继父总是行踪不定;他会短暂地出现,然后长期消失,这加剧了她的绝望。我建议曼特戴一条黄色蓝宝石和珍珠项链，因为这两种水晶都与她的能量相协调，有助于她巩固感情关系，还可以改善她的财务状况。

很多时候，我都观察到，关系问题源于卧室本身，这对夫妇晚上睡在那里。除了糟糕的数字命理，卧室或被子或床罩的颜色，甚至过度使用镜子都会造成问题。所有这些困难都存在于这位母亲的家中。我帮她修补了门牌号，并建议她清除卧室里的阻碍。我觉得儿子和他的母亲都很好地接受了这个信息，在我们结束通话时，他们显得更加放心了。

一七

数字17具有太阳+海王星的能量，当它出现在名字和家庭号码上时是一个强大的数字。这是一系列的名声和成功，与所有水星的出生日期和名字号码都非常匹配。

案例1

D-1/17是我家在新德里的电话号码。我父母于1973年建造了这所房子，从那以后，我母亲就在这所房子里经营着她的家庭工艺品生意。每天都有很多人来到这所房子。进出的人流络绎不绝，其中大部分都是为我母亲的生意而来。

我的弟弟于1997年从印度武装部队退役，他在这里建立了自己的学院，为印度武装部队培训潜在的军官提供培训，而我帮他命名了学院。最上面的两层楼用于学院，每天约有200名学生接受他和工作人员的指导。他的学院成为了印度武装部队年轻新兵的顶级训练学院，而他在经济上也非常成功。在这种情况下，土星的能量最大化，因为房子的居住者在出生日期都有木星的能量。它会不断为他们带来知名度、名声和金钱。我父亲从军队退役后很享受生活，经常在家读书和学习。整个家庭都很兴旺，这是因为他们的个人数字与家庭住宅的能量相匹配。

案例2

42371（天王星+月亮+木星+海王星+太阳）是弗里蒙特地区一位西班牙裔女士埃斯佩兰萨的家庭住宅号码。她在收音机里听到我的节目后来见了我，当我看到她的号码时，它们都很协调。

我没看出有任何问题，所以我问她在这所房子里住了多久。她回答说："二十多年了。"但她来看我一定是有原因的，所以我问了她丈夫的名字，于此发现了问题。当我说问题出在她丈夫的名字和出生日期上时，她说他确实是她来看我的原因。她的丈夫在出生日期有大量的火星能量，这种能量与埃斯佩兰萨和门牌号相冲突。我建议他戴上某种水晶来平衡自己的火星能量。她非常高兴地离开了我的办公室。埃斯佩兰萨对自己家的修补结果非常满意，后来她还推荐妹妹托姆来咨询过。

案例3

南加州的一位脊椎指压治疗师联系了我。在她的电子邮件中，她写道，她和丈夫破产了，总是拖欠账单。

她的丈夫找到了一份新工作，情况有所好转，但客观来说仍然不太好。

这位脊椎指压治疗师原以为她可以购买现有的诊所，但由于对方的虚假陈述而不得不退出。她现在正试图索要赔偿金。她和丈夫住在15209号房子里，她的诊所在310号办公室。大多数都是土星能量，就像在这个家庭住址一样，会倾向于吸引天王星或土星的能量。

在这种情况下，这所房子吸引了310号作为脊椎指压治疗师的营业场所。由于这个310号的地址，她的生意受到了影响，而且进行了这笔注定失败的交易。我通过使用更多的太阳和金星能量来纠正她的住所，之后她的财务状况也有所好转。

案例4

在《超越视界》电台节目中，一位来电者给了我他的家庭住址号码，这个号码有很强的土星能量。他的出生日期和他的房子相合，我知道这个房子对他来说是个好数字。当我告诉他这个家对他有好处,只需要用鼠尾草和一些室内油漆来清理能量时,他却并不太高兴。主持人此时介入了,并询问来电者在这所房子里住了多久。他回答说,他在那里幸福地生活了很多年,但在过去的几个月里,一些个人问题开始困扰他。

即使是最好的数字也必须定期清除可能随着时间的推移而收集的负能量。清理能量的方法包括使用鼠尾草、盐、使用新的室内涂料和彩绘。

案例5

我的一位老朋友结婚了,和妻子住在圣何塞的一套公寓里。他联系了我,说他和新婚妻子之间有很多问题。这是一个17号公寓,丈夫和妻子的基本数字与这个住所相符合。

我表示号码没有问题,但他的妻子已经离开家去了妇女庇护所。他坚持要我去他家看看,我也去了。他的卧室四周都是镜子,床头板也有镜子。他们的问题是:镜子太多了。吠陀传统中众所周知,卧室里的镜子会在晚上困住你的灵魂。我建议他把所有的镜子都拿走,换一套床。几个月后,他的妻子就搬回来和他住在一起了。

即使你的数字命理学完全符合你的个人数字,不正确地佩戴水晶,或者在房子的错误区域放置镜子或水,都会给人际关系带来问题。

案例6

一对夫妇在收音机里听到我的消息后联系了我。丈夫和妻子分别来见了我。他们住在一个弱木星能量地址,在金钱和关系方面都有问题。我给他们的房子打了个补丁,但几个月后,他们决定卖掉房子。他们让我为他们代理。我对他们卖掉房子的决定很满意,因为即使在修补了房子之后,这仍然不是他们理想的居住地。

在房子开售的那个月,我的客户在凤凰城获得了一个工作机会,结果证明这对他来说是极好的。公司给他提供了一份薪水更高、责任更重的工作。他开始在凤凰城找房子,并不断给我打电话，告诉我许多潜在的家庭电话号码。最后我们找到了一个数字4562，它对这整个家庭来说都是正确的行星能量。这个数字结合了强大的土星能量(天王星+水星+金星+月亮)，会吸引幸福和成功。

案例7

44333的能量是两倍天王星+三倍木星能量。这是湾区一位著名发明家的住所。天王星代表科学和技术，而在这个例子里，木星(金钱)紧随其后跟了三倍。这个人非常富有，仍然活跃在研发领域，虽然是有选择性的。而这个例子显示了土星能量的最大潜力。

有趣的是，这位发明家的名字和姓氏上都有水星能量。通过住在这个住所，他创造了一个水星+土星的组合，两者结合得很好。水星的名字也代表了他的智慧和天才。这一点，再加上住宅上巨大的土星能量，不仅使他成为发明家，而且使他的发明能够成功地推向市场并获得经济回报。

这处房产的新主人是我的一位朋友，他主持了一个成功的广播节目。自从她搬进这所房子后，她的广播听众增加了，她也得到了很多晋升机会。不幸的是，由于她的月球能量在土星存在的情况下可能会停滞，她自己的基本能量与这个数字的能量并不像前一个拥有者那样协调。

案例8

基恩弗拉是一位意大利女士，是一位老朋友推荐给我的。基恩弗拉住在5750号住宅，她的名字能量很强，但她的出生日期有着强烈的火星负能量，与她的住所相冲突。

我注意到，在出生日期具有火星能量的人最终往往会与医学领域的东西联系在一起。在这种情况下，基恩弗拉已经在一家健康食品店工作了很多年。她很沮丧，这是可以理解的，因为她的职位突然被商店的一位新经理取消了。在查看了她的号码和新经理的名字后，我发现经理的天王星能量与基恩弗拉的名字相冲突。住在土星居所的基恩弗拉突然被解雇，她想知道，在那里工作了这么多年之后，为什么会突然发生这种情况。

当我向她解释能量的差异时，她很满意。她说，她很快就决定了要和我联系，因为她自己也是一名通灵师，一直在帮助别人。我建议她利用太阳+金星的能量来帮助房子的能量，并且找一份新工作；我发现她已经面试过其他公司，并期待很快能够收到工作邀请。

土星的能量吸引天王星的能量，两者在一起就会爆炸，除非地址被修补。这里有两个土星(她的名字和房子)与天王星(新经理)能量发生了冲突。

案例9

当我在印度武装部队服役时，我在第三廓尔喀步枪队第一营。80年代初，作为一名年轻的军官，我加入了印度远东丛林和丘陵地区的营，在那里叛乱很常见。在丛林中巡查了一年后，我的营被转移到邻近的曼尼普尔邦，即其邦首都因帕尔。当时，印度军队正在积极追捕一个甚是兴盛的叛乱组织的领导人，该组织的名字叫比什瓦尔。我的营在该地区呆了一年多，我们不断巡逻和突袭。随后，我们被另一个营，即17号JAK步枪营替代了。

三个月内，该营的一个巡逻队遭到袭击，负责的军官被卷入了一场枪战中，最终他们击溃了比什瓦尔。这成为了全国新闻，17号JAK步枪营因英勇无畏而获得了许多嘉奖。

我记得我的指挥官感到很痛苦，说他错过了这个机会是多么"不幸"。当时，我还不喜欢数字和数字命理学，我无法把一个营变得如此出名和另一个营只是清理灌木丛的关系联系起来。但现在我并不感到惊讶，因为17号JAK步枪营的能量是强大的土星能量，它带来了名声和成功，就像在这种情况下一样。

案例10

艾琳在《超越视界》节目中打了电话来。她住在11546号的房子里，有能量强大的金星生日。在看了她的数字命理后，我告诉她，她的出生日期和住所相冲突。在这里，感情关系和金钱对她来说也会很困难。艾琳表示同意，但总体而言，她听起来仍然对自己的处境感到不满。我还是建议她离开11546号，而不是做修补，但在许多能量冲突的情况下，她很难做出改变，因为钱太紧张了，这几乎是一个悖论式困境。所以我建议艾琳在她的家庭号码末尾添加更多的土星能量，并戴上某种水晶来提高她的运气。

案例11

　　一位住在阿拉米达县南部的著名女商人，名字带有数字17的能量。她来自远东，是著名的武术大师之一。她还在环太平洋国家经营着两家公司，住在一个视野开阔的大庄园的17号房子里。

　　在圣何塞的一个朋友办公室见到她后，我被邀请到她家。我看过她的家庭住址，当我终于见到她时，我提到她有一个强大的家庭数字号码。有一天晚上，我收到了去她家的邀请。那里有许多知名人士，包括当时的旧金山市长威利·布朗。这是我第一次有机会与旧金山市长握手，其他非常著名的商业和政治领导人也在那里。这个家有一种非常玄奥的土星能量，与房子主人的能量相协调。

　　我还可以看出，由于这种能量，那所房子里有很多活动。自从第一次访问以来，我多次被邀请回到这所房子参加筹款活动。

二六

　　26的能量相当于月亮+金星。当它出现在名字中的时候，以及大部分时候出现在出生日期中时，能量非常强大。然而，当它以任何形式出现在住宅上时，都会带来很多厄运。它无疑会带来健康挑战、金钱损失和人际关系问题。

案例1

　　一位我多年没说话的老熟人给我打来了电话，这让我很惊讶。我记得她是我的同学，上学时她非常漂亮。她访问了我的网站，对数字和数字命理学很好奇。当时，她和丈夫在大西洋沿岸买了一处26号的住宅。她给我新地址的那一刻，我告诉她这不是一个好数字，会影响她的财务、健康和丈夫的健康。我建议她给这个数字增加更多的金星能量，使其更强大。

我在三月份接到了她的电话。她想让我和她的丈夫谈谈，她的丈夫听起来很担心和困惑。他的两家公司经营不善，自己还出现了一些心脏并发症。我问他们在地址上加的号码是否还在。他检查了一下，告诉我他们已经把号码挂了起来，但它已经不在了。他们似乎对我的建议掉以轻心了。然后我建议，如果可能的话，可以在同一个片区购买一套新房产。我挂断了电话，并且衷心希望他们能接受我的建议，这样他们就不会像我的其他朋友一样遇到困难，可以安稳地在得克萨斯州自己的26号住宅里生活。

她的丈夫后来打电话给我说妻子住院10天了。医生们正在进行检查，最终诊断她患有癌症。我问丈夫，他和妻子是否修补过房子，他说没有。

这位女士进入了自己的53岁（在她52岁生日之后），这是一个土星年，她已经住在一个编号与土星能量相似的房子里。更糟糕的是，随着季节接近冬季（有很多土星能量），这些土星能量都融合在一起，让这位女士为自己的生命而痛苦挣扎。虽然她最终挺过来了，但我看到他们如此痛苦还是很难受。我相信我最初建议的住宅号码修补本可以防止这一不幸事件的发生。

案例2（26，能量放大）

阿斯特丽达在《超越视界》节目中听到我的声音后联系了我。当时，她是旧金山一家大型时装公司的高管，住在旧金山市中心206号公寓里。她有一个能量强大的名字，这使她成为了一名高级管理人员，但她的公寓号码给她带来了金钱问题和糟糕的人际关系。我建议她在公寓里加一个号码，她照做了，但管理公司把它从门上拿走了。几个月后，阿斯特丽达搬到了夏威夷，并且给我打了很多电话，直到我们找到了对她来说完美的金星地址。她现在很开心，安顿得很好，甚至还送了我一盒巧克力作为感谢！

案例3（26）

萨宾娜来找我做了能量阅读。当时,她住在海沃德的一个26号地址。她没有工作,也没有钱,信用很差,也不知道该怎么办。我建议她戴上珍珠戒指和马蹄铁带,以土星的能量提升自身。我帮她为房子再融资,并稳固了她的债务。有些房子无论如何修补,也无法为居民提供益处,26号的住宅通常属于这一类。我建议她最好换个住处,因为这只会给她带来更多的困难。我建议在她卖掉房子之前使用临时号码做修补。

但萨宾娜没有对住宅号码进行建议的修补,并且仍然存在问题。她的一个兄弟和她住在一起,而且多次进出监狱。她自己离过婚,又再婚,然后又分居了。她的房子甚至被非法闯入过两次。她的房子第二次被盗后,她打电话给我,问:"我该怎么办?"我给了她和以前一样的建议:"换房子。"不过,她似乎仍然不想这么做,不幸的是,她这一连串的问题还没有结束。

案例4(4769)

黛西给我打了好几次电话,想亲自来做能量阅读。当我和她交谈时,她和丈夫分居了,独自住在旧金山半岛的一套11号公寓里。她有很强的数字命理学基础,通过看公寓号码,我可以看出她和丈夫有问题。他住在马林县4769号的一栋独栋房子里。这种能量代表了金钱的损失和其他不必要的接续问题。

黛西在一家很大的零售公司担任高管,但对自己的生活状况感到担忧。她似乎无法和丈夫住在自己的房子里。我说这房子显然有感情关系和金钱问题,这就是她独自生活的原因。我还告诉她,这房子里有人会有健康问题。黛西马上接着说,她住在这所房子里的丈夫体重有问题,但"没有健康问题"。我说她现在的公寓号码可能会让这段关系恶化,她应该给另一所房子增加金星能量,这样他们俩就可以在同一个屋檐下共存。这对她来说是有道理的,因为她一直在考虑从行政工作中退休,搬回自己的家。金星上的新能量将改善他们的关系,并使他们在未来保持在一起。

案例5

春天,我雇了一位房地产经纪人,是由另一位房地产业经纪人推荐给我的。这位年轻女士刚刚起步，没有多少经验。因为推荐人和我关系很好，我决定给她一个机会。她起初看起来很兴奋，但后来却没有跟我跟进。两周后，我发现她出了车祸。我打电话给推荐我的那位女士，问发生了什么事。她说那个年轻女人伤了自己的背。她预约了回来，出示房地产许可证，并与我公司签订了合同。很显然，若非是因为事故和受伤，她原本是不打算来的。

出于好奇，我问我的朋友这位年轻的房地产经纪人的家庭号码是多少，她告诉我这是弗里蒙特地区的一个4949号住宅（天王星+火星，两次）。看着这个数字，我可以看出这是一个非常困难的地方；这将带来健康和金钱方面的问题。而事实的确就是这样，据我的朋友说，他更了解这对夫妇。我问自己，为什么在雇用新的房地产经纪人之前，我没有调查她的地址，看看她的住所是否需要改善以确保财务成功。

案例6（24929）

古纳姆非常期待来咨询。他周末给我打来了电话，坚持要在周一来办公室见我。我为他腾出了时间，当他走进来时，我按照惯例获取了他的个人信息。我记下了他的全名、出生日期和住址。他的家庭住址是位于海沃德的24929号，这是一个非常极端的火星能量住宅号码。我告诉他，这处房产肯定会给他与妻子和孩子的关系带来问题，让他陷入不断争吵的状态。话音未落，泪水就开始顺着他的脸流下来。他说他两年半前才买了这处房产。他是一个虔诚的人，经常参加寺庙仪式，并祈祷得到指导，以了解他搬进房子后发生了什么变化。

古纳姆在过去的一年里一直睡在车库里，他的妻子和两个女儿住在主楼，他们彼此之间很少交谈。通常，我喜欢通过在地址上写数字来调整房子的能量。但是，在这种情况下，我建议他有两个选择，因为他和妻子之间没有沟通，也没有任何进展：她可以买下这处房产，他可以得到他的股权份额，或者他们可以一起卖掉房子，把股权分出来，这样他就可以住在别处了。

他问我是否愿意帮他卖掉这处房产，我同意了。我通常不喜欢把数字命理学客户和房地产生意混为一谈，但如果人们坚持，那么我也会提供帮助。

古纳姆随后表示，他拥有婚前购买的另一处房产，住宅号码是26950。我再次表示，这是一个资金紧张且难以获得盈利的地方。他告诉我，他把这个地方租给了一个过去四个月都没有交房租的租户。他正在把她赶出去。这并不让我感到惊讶，因为我经常会遇到这一类困难的数字。这样的数字限制了业主和租户的资金流动。

案例7（9467）

迈尔斯打电话给我，表示很想来做能量阅读。我记得他打过一次电话给电台，在广播中问了我一个问题，但我不记得当时给他的房子的具体补丁了。他和妻子已经搬到了一所新房子，在那里住了大约六个月。他的新房子号码是9467。

在看了他的出生日期（强烈的天王星能量）和他妻子的信息（强烈的金星能量）后，我可以看出这对夫妇过得很不顺利。

这个住所的能量是火星+天王星+金星+海王星。我告诉迈尔斯，这所房子对他一点也不好。他说，在他和我在电台节目上谈话后，他修补了房子，事情"有点稳定了"。他还说，他刚刚完成了一门神视力课程，全班同学都来到他的新家为他清理了能量。但由于某种原因，仍然感觉有些不对。当我和他说起他和妻子的关系时，他说我"一针见血"。

我还提到，如果能找出这处房产的前主人是谁，或许会有点意思。迈尔斯回应说，在他和妻子搬进来后不久，邻居们走过来告诉了他们前三个住户的情况，他们都说这房子闹鬼。

当我与那些出于直觉去咨询他人但尚不清楚自己房产发生了什么的人交谈时，我感到很有说服力。他们还没有意识到在他们门上振动的行星能量有多强大。迈尔斯向我询问了他的生意，并且想知道这个生意名称的能量振动。看了这个名字后，我告诉他（幸运的是）这是一个很好的振动。他表示同意，并说自己有十二个不同的分支机构，都在湾区。他还说，这所房子的最后一位居住者，一位捷克工程师，在这所房子里度过了"非常艰难的时光"。

在我和他谈过之后，我感觉到自己正走在正确的道路上，清理房子的能量并且指引那些来向我寻求帮助的人。

案例8

一位当地商人的名字中蕴含着强大的土星能量。在第一次互联网热潮期间,他在湾区的生意非常成功。他住在硅谷的一个大房子里,房子的号码很合适。他在合适的时间出售了自己的房产,并在圣何塞地区购买了第二处房产,该房产的土星地址能量较弱。我碰巧通过一个共同的朋友认识了他,我们一起吃了晚饭。在得知他的家庭号码后,我告诉这位朋友,这位商人如今没有住在正确的地方,这将影响他的业务和个人财富。

我参观了新房子,参加了一个大型聚会。不久之后,我听说主人摔断了腿,一段时间后,他的生意也开始下滑。我已经有一段时间没有听到他的消息了,我担心如果他不换房子,他的财富可能会面临风险。

三五

35的能量相当于木星+水星。当他们在住宅上组合在一起时,会造成严重破坏。

案例1(35,能量放大)

我有一个客户来看我,打算给一个家庭成员买房子。那位认识我的家庭成员坚持要通过我们公司购买房子。但这位家庭代表很不舒服,因为他自己家里有房地产经纪人,他想知道为什么他的亲戚如此坚持要通过我们买房。

他直截了当地告诉我,他来只是因为她带他才来的,所以我解释了我用数字命理学做了什么,以及如果人们想要我的服务,我如何用它来帮助他们购买合适的房子。该男子随后表示,他拥有一家汽车经销商。我很好奇,问他:"如果你不介意的话,你能告诉我你的家庭住址吗?"

他说是350号,他还告诉我他在那里住了几年。他非常不情愿地告诉把出生日期告诉了我,我非常直接地告诉他,这个住所对他的生意不好。他突然坐直了身子，脸上带着激动的表情，问我："那么什么是好数字？"我不想告诉他，因为他对数字命理学持贬义态度。他又问："因为有三个数字，所以你告诉我这不好吗？还是两个数字更好？"

我最后说："这比你想的更复杂。"他急着要离开，但他把妹妹留了下来，说她想买什么都"对他没问题"

也许他会在某个时候回来了解土星下的木星+水星能量，但我觉得，至少，他现在对数字命理学的态度更开放了。

案例2（35，能量放大）

当伯尼斯第一次给我打电话时，她说她自己也是一名通灵师，上次她在收音机里听到我的声音时，她觉得很想和我谈谈。她还说，多年来，她认识并咨询了许多其他数字命理学家，但仍然对周围发生的事情感到困惑。她和两个兄弟以及他们的父母住在旧金山一栋350号的房子里。她有一个强大的天王星出生日期，这与她的名字能量（土星）相冲突。最糟糕的是，家庭能量——350（木星+水星，放大）——使情况变得更糟。她说自己还在另一家康复中心工作，但感到很抑郁。

我对她的处境并不感到惊讶，因为伯尼斯的住所、名字和出生日期都相互冲突。她的一个兄弟有很强的土星能量。他18岁时中风了，脾气总是很坏。当她给我打电话时，这个兄弟正在戒毒所。

这位兄弟的名字能量很有潜力，但他并没有意识到自己的出生日期和土星地址正在发生冲突。我没有因为他的处境责怪他；正是家庭的能量导致了他所有的痛苦处境。

二哥的天王星出生日期很强，他在家里总是感到消极，从来都不想待在家里。这个情况也是因为一股强大的天王星能量与土星居所相冲突导致的。

而那些为建立自己的企业工作了多年的父母，正被迫关闭他们的企业，因为它正在衰落。

这个案例是天王星+土星能量发散的经典例子。我告诉伯尼斯的第一件事是将太阳+水星能量添加到现有的家庭号码中，我们刚挂完电话，她就准备好去做变更了。我还建议，在某个时间点，改变这个家庭的住所会比较好。她凭直觉说，她早就觉得有必要这样做了。在这种情况下，坏事发生在了好人身上，但他们不了解问题的根源或如何解决问题。

案例3（35，能量放大）

露辛达是一位年轻女士，她通过一位共同的朋友联系到了我。她最近从巴西搬到了美国，和大多数移民一样，她一个人打好几份工来支付账单。她来找我聊自己一直试图逃避的关系问题。她的出生日期与她的名字不相合，更糟糕的是，305号公寓加剧了这一下降的趋势。在解释了她的能量是如何运作的之后，我告诉她，她很容易吸引到错误的感情关系。她同意了，说最近一个男人答应娶她，她应他的要求给了他钱，但最终他想要的只是她的钱，而不是婚姻。我为她做了一些能量清理，建议使用某些水晶，并用更多的月亮和天王星能量修补她的公寓号码。露辛达离开时感觉更开心了，我相信她的运气很快就会好转。

六二

62的能量相当于金星+月亮。这是一种极其微弱的能量。它涉及财务灾难和健康问题。但如果这种能量出现在一个名字上，它的作用就完全不同了：它对周围的人都有利，并会带来世界级的名声。许多著名的好莱坞明星的名字中都有金星+月亮的能量。

案例1

62是一位住在新德里的朋友的公寓号码。他父亲非常富有，他是独子，父亲现已退休。这位朋友在过去的20年里一直住在这套公寓里。他在一家稳定的公司有一份可靠的工作，但只要他住在公寓里，就一直靠父亲的贷款生活，因为他自己的工资似乎总是不够用。

我在春天拜访了他，在我离开时，我表示他的公寓号码会给他带来经济损失，也会影响他与妻子的关系。当时在那里的父亲很想知道更多。我建议我的朋友在公寓里添加一些海王星能量,以阻止资金外流。我能感觉到,收到解决方案后,这位父亲松了一口气,他当天就做出了更改。

案例2(62,能量放大)

乔纳森在南湾的一个城市工作,他告诉我,他是一名医学直觉能力者,也是一名全职伐木工人。有趣的是,在我们预约的时候,突然下起了倾盆大雨,所以他冒雨来赴约。

我们开始交谈后,我告诉他的第一件事是,他名字上的天王星能量会让他一直不断地付出。他说:"我一直这样做。除了给无家可归的人小额捐款外,我还为绝症患者做治疗工作。"他的出生日期有很强的太阳能量,我告诉他,他在人际关系中可能会很难相处,很固执。他说:"我是个好人,但我离婚了。不过我有很多朋友。"然后,看着他602号的房子——他和另一个男人合住的房子——我告诉他,这会带来金钱问题和更多的健康挑战。他告诉我,自从他搬到这所房子后,他就生病了,也不明白自己发生了什么事。他还说,住在那里多年的店主中风了,还患有心脏病。我建议乔纳森用一定的数字来修补房子的号码,但我也提到,他搬家会有好处。"那么,我该搬到哪里去呢?"他问。他的驾照上显示的是1023号,我问他为什么驾照上有不同的地址。他说,这是他表哥的家,他以前住在那里,如果他想再次住在那里,"就在上周"他正好表示可以给他提供一个房间。答案就在他面前!当我为他进行阅读时,他一直非常专注地看着我,读完后,他告诉我,他想告诉我一些关于我自己的事情。乔纳森告诉我,我被各种人的咨询淹没了(这是真的),他说我"压力很大,脖子后面很疼"(也是真的)。他最后说:"凯尔西先生,其实你不能同时帮到每个人也没关系的。"我没有太在意。但他两次都直接说中了!

七一

71的能量相当于海王星+太阳。能量与17相似,但在能量强度上略低。

案例1(71,能量放大)

澳珀联系了我,她是一位物理治疗师,嫁给了一位心脏外科医生。他们住在大西雅图地区的701号房子里。丈夫的能量被家里的号码压垮了。突然间,他自己不得不接受重大的心脏旁路手术,医疗生涯也走到了尽头。他的名字上有很多土星能量,这与家庭号码相冲突。

他们唯一的儿子也住在同一所房子里,他的名字上有金星能量,这也与家庭号码相冲突。18岁时,他患上了严重的糖尿病,对学习也失去了兴趣。

澳珀是敬畏上帝的,当我建议做一些改变时,比如在地址上添加某些数字,她同意我的说法,但不确定她的丈夫是否"会允许"。从那以后,我就没有收到他们的消息,但我真诚地希望他们能改变家庭号码来改善生活。

八九

89的能量相当于土星+火星,当它出现在名字中时,可能是一个非常强大的数字。根据居住者的个人数字命理,它在地址上也可以带来同样的幸运。

案例1(89,能量放大)

809号是一位打电话给《超越视界》的人的地址。来电者有一个强大的海王星出生日期,她的基本能量使她成为了一个非常直觉的人。在这种情况下,住所上的土星+火星能量使她的家成为了一个快乐的地方。当我告诉她这种能量对她有好处,她需要做的就是偶尔用鼠尾草来清理空间时,她同意了。她说她在那里住了将近二十年,在这个家里过得很幸福。

请注意,对于出生日期为天王星或土星的人来说,同一居住地可能非常不利。但就她而言,能量是完美的,与她自己的基本能量同时振动,让她在这所房子里过上了美好的生活。每次我为那些已经在家里很开心的客户做数字能量分析时,我都觉得自己有能力传达好消息。

案例2(89)

赫蒂彻在阿帕达纳电视节目上看到我后,从西班牙给我打来了电话。她住在89号房子里,对自己的困境感到非常迷茫。她的天王星出生日期实际上与她的居住地相冲突,她说自己经常做噩梦,丈夫的生意也很糟糕。我建议她加一个数字6,在经济和个人上帮助她和她的家人。她非常欣慰和高兴,我也感到很开心可以与我的第一个来自西班牙的来电者交谈!

第十一章

火星：数字9

代表火星的数字9有很多种形式：9本身、18、27、36、45、54、63、72、81和99。火星能量会带来高能量、冲突、愤怒、力量和意外。在吠陀体系中，火星代表星期二，它的颜色是红色的。印度教徒经常在星期二去寺庙为曼加尔（印地语中的"火星"）祈福。吠陀传统中众所周知，如果火星在星座中的位置不好，它可能会导致无尽的问题、身体伤害，甚至入狱。强大的火星能量总是伴随着强大的世界领导人，在他们的人生计划上以及他们的名字中。许多著名的政治家、运动员、医生和科学家的名字都蕴含着这种能量。

九

数字9的归属是火星能量的最高形式。

案例1（216）

罗斯在《超越视界》上听了我几次，并联系我阅读她的家庭号码。当我听到她的名字时，我立马就知道了她是谁，并问她，如果她是一位拥有大量客户的伟大玄学家，为什么还会需要我的帮助。她回答说，她在收音机里听过我几次，对我做数字命理学的方式很着迷，她认为这与大多数数字命理学家不同。露丝住在加利福尼亚州圣拉斐尔的216号房子里。她的出生日期和她的名字相合，但她的家庭号码却不相合。我告诉她，这种能量可能会在房子里或与周围的人产生冲突。她同意了，并告诉我，她多年来一直与邻居有问题。他们经常在晚上用灯照她的房子骚扰她。我建议她在家庭号码中添加更多金星能量，以平息火星能量的影响。后来，她很友好地在广播中给了我一个正式的感谢,并亲自证明了在门上加上正确的号码是多么有效。

案例2(432)

亚历克西斯在报纸上读到我的事。她住在圣何塞的432号房子里,名字和出生日期的能量都很强大。通过查看她住了很多年的家庭号码,我可以告诉她,这所房子对她当时经营的生意不利。她同意了,并且表示自己的生意没有她想要的那么好。我们在住址号码的末尾添加了数字1和5(太阳和水星),并将能量更多地转移到金星,以与她在家里做的工作相协调。从那时起,亚历克西斯就被源源不断的客户淹没了。她的生意蒸蒸日上,除了和我成为了朋友,她还给我带来了许多新客户。

案例3(1305)

厄休拉,一位房地产经纪人,在收音机里听到我的声音后来见了我。她住在洛斯阿尔托斯的1305号住宅里。她的名字带有很多海王星的能量,这告诉我她是一个直觉能力者。她说她已经帮客户看风水很多年了。她的名字上也带有微弱的月亮能量,这表明即使她结婚了,她也会在人际关系上遇到问题。根据她的家庭号码,我说火星能量太大,这会导致她与身为律师的丈夫发生冲突。我通过将地址改为金星来提高了房子的能量,使其对法律从业者和她个人和职业都非常有益。厄休拉后来还给我打了几次电话,甚至邀请我给她的一群朋友谈论数字。

案例4(162)

来自斐济群岛的卡里姆和我早些时候帮助过的一位朋友来见了我。他最近搬到了162号的新房子。火星能量是非常难操作的:如果它不随你的名字或出生日期流动,它很快就会阻碍一切,你的生活似乎就会停止。这正是卡里姆所经历的:当他搬进这个新住所时,他的生意(一家他拥有多年的管道公司)突然开始失败。他非常沮丧,并表示这已经持续了三个月。他的伊玛目甚至参观了这所房子并为其祈福,但卡里姆仍在等待结果。

根据他的名字和出生日期，我建议卡里姆在他的住宅中增加一些水星能量，这样就可以让能量开始流动，让他的生意重回正轨。他非常感谢这些信息，我可以从他的能量转变的方式看出，在我们咨询后不久，他就会修补门牌号。

案例5（3015）

一位年轻人和他的父亲来到我的办公室，联系了我。这位客户住在圣拉蒙的3015号房子里。在我得到家里的住址号码、他的出生日期以及家里其他居民的信息后，我告诉他，这种能量不适合这个家庭，因为它会让一切都陷入停摆状态，甚至让人进医院。他完全惊呆了。他告诉我，自从他们搬进这所房子不到一年后，他的妻子就被诊断出患有乳腺癌癌症，他的生意发展也突然变慢了。当我问起他以前的住所时，他说他住在603号（也是火星），他认为这加起来是数字9，这就是他卖掉房子搬到3015号的"确切原因"，因为它"加起来也是9。"

他在603号住着的时候非常高兴，因为它有强大的金星+木星能量。他的生意兴隆，家庭也兴旺发达。他离开前在那里住了将近五年。他搬家是因为他认为9是"一样的"。当然，他不明白这个新的9没有金星能量，而是木星+太阳+水星。不幸的是，当木星和太阳同时出现时，它们会相互冲突。我建议他在门上添加一些水星能量，以转移振动，改善生意情况。

在我说了那句话之后，他说数字5（水星）一直是他的"幸运数字"。我能感觉到他的能量就在我面前发生了转移。他对我给出的答案感到很满意，并且非常渴望回家去做这个变更以及我建议的其他改变。

案例6（351）

我认识这个家庭很多年了。这对夫妻离婚了，但在多年前认识我后又复婚了。他们买了一栋编号为351号（木星+水星+太阳）的新房子。他们在这所房子里住了十年，夫妻俩经常吵架。大女儿出了一场严重的车祸；小女儿也不听任何人的话。

在财务上，他们的情况很差，生意完全停滞了。情况变得如此糟糕，他们不得不以低于市场的价格出售生意。在家住了十年后，这位妻子给我打电话，想通过电话咨询我。我并不急于回答她的问题，因为我觉得她对接受我的建议并不认真。但在7月初，她亲自带着和我非常熟悉的妹妹来了我的办公室。

在伊妮德给了我她的门牌号后，我描述了这里的行星能量是如何相互冲突的，会影响任何没有这种数字命理学能量流动的家庭，就像她的情况一样。她对在火星住宅的生活普遍感到很沮丧。房子正在市场上出售，而她正在考虑搬到另一个地区。我帮她修补了房子，以实现快速盈利的销售，并建议她和她的女儿们戴上一些水晶，这样女儿们才可以找到合适的丈夫，而母亲和自己的丈夫在一起也会更加富裕和快乐。

时常会发生的情况是，当事情进展顺利时，人们会忽略有用的建议，但当事情进展不顺时，他们很快就会试图得到有用的建议！虽然它给我们带来了不必要的痛苦，但这只是人性。

案例7（5121）

伊芙在七月底来见了我，她住在弗里蒙特的5121号房子里。她在收音机里听到了我的节目，后来告诉我她"有强烈的欲望"想见我。当我见到她的那一刻，我立马就能看出她自己非常有玄学意识。在我们开始之前，我问她："你也为人们做能量阅读吗？"她说是的，她的确有在做。她还说，她喜欢我办公室的能量，也更喜欢新油漆的颜色。

伊芙的出生日期很强大，但居住地的能量却很矛盾。当我向她描述她家住宅里行星的能量时，她很惊讶。她告诉我，自己已经离婚，她现在的伴侣正经历着严重的健康问题。她的父母都出现在这里过，而且，直觉上，她总是觉得房子里有某种非常强大的存在感。她还说，有一天下午大约三点钟的时候，她父亲的身影就出现在了房子里。她告诉我，当她研究这个地区时，她发现整个分区曾经是美洲原住民的墓地。

除了她父亲的能量，伊芙也总是感受到其他的能量，她说她雇了"很多人，很多次"来为她清理空间，但都无济于事；他们无法清理这个空间。她在湾区的一家知名公司工作，通过查看公司得地址，我可以看出她的工作场所也存在巨大的冲突。她告诉我，每次在她的公司举行会议，人们都同意采取行动。但当他们离开大楼的那一刻，他们采取行动的意图也就随之而去。情况非常糟糕，最近有数百人被解雇。我告诉她，"明年，这个地方将被出售。公司不会保留这个设施。"她说"已经有人在谈论过这个了"，她正在其他地方找工作，因为她的公司有可能被出售。

她来看我的另一个原因是她想开始使用的名字的修改。我看了看名字，一切都很好。我问她，"你是怎么想出这个名字的修改的?"她回答说，她已经"引导了它"，但仍在寻求外界确认这个名字是否合适。我还帮她清理了一些地方，并建议给她的房子做一次修补。

案例8(9)

路易丝打电话来查看她的住宅。她住在马林县的一套9号公寓里。她很担心自己的家庭号码，但在我回答之前，我猜出了她的名字，并告诉她，她的名字能量根本没有流动。这给她的生活带来了冲突和挣扎。她说，她的姓氏实际上是她从前夫那里得到的，但离婚后她没有改。路易丝想改名，但"没有抽出时间"。她说她"在过去的二十年里过着非常艰难的生活"，这也在她过去居住的数字上得到了证实。以前有一套公寓，房子和公寓号上都有月亮能量，这让她陷入了贫困。

她还说，那是她一生中最艰难的八年，她不得不向父母借钱才能生存。不出所料，月亮能量经常对家庭及其居住者造成这种影响。

当我回去查她的娘家姓时，它有强大的金星能量，所以我建议她改回那个娘家姓。她说，"哦，难怪；用这个名字的时候，我没有男人追我!"路易丝在一家高端美食公司工作，并在全国各地旅行。我修补了她的公寓号码，并重复了我的建议，让她把姓氏改回娘家姓，她同意了。我感到非常满意，因为往往是那些被困在能量等级底部的人从我提供的信息中受益最多。

案例9

孟买市拥有土星能量多年，直到一个新的政党上台。他们坚持将名字改为"孟买"，并将能量这个名字从非常强大的土星改为火星。这座城市现在是印度的犯罪之都，这座城市的能量正在受到破坏，因为许多"宝莱坞"活动甚至不再在孟买举行了。

2006年7月11日，孟买发生了几起火车爆炸事件，震惊了世界。这些爆炸事件发生在晚高峰时段，针对的是几条交通繁忙的通勤线路上的男子车厢。当然，由于男女火车车厢的接近，女性也被杀害。总共有207人丧生，700多人受伤。2008年11月的酒店恐怖袭击始于本月26日，这个日期由土星能量主导。土星+火星是一个非常爆炸性的组合，行星能量的冲突放大了这场灾难。这种恐怖可能会持续下去，直到这座城市的名字被改成了更好的振动（Mumbaii，有两个i，这将使这个名字成为太阳振动）。

一八

数字18代表太阳+土星，是火星最困难的表现形式。这种能量代表伤害、法律纠纷、分居和离婚。当它出现在家庭号码上时，它是毁灭性的，从专业角度来看，只有医疗领域的人才能受益。

案例1

科帕和他的妻子来见了我。他们住在4356号房子里，几个月前搬了进来。自从他们搬家后，科帕就被解雇了，他的妻子也很难找到工作。通过与他们交谈，我可以看出他们的感情关系也不好。我表示，新居——一个全新的住所——是造成这种僵局的原因。我建议他们在门牌号最后添加更多的金星能量，以使数字对他们有利。

有趣的是，当我问这对夫妇他们以前住在哪里时，他们说401号公寓——水星振动非常好。他们告诉我，他们住在这套公寓里赚了很多钱，但只住了两年。很快，他们意识到这个地方对他们来说"太小"了，他们买了更大的房子，而这给他们带来了厄运。如果他们在401公寓多住几年，然后在做出改变之前咨询专家，对他们来说会更好。新房子的能量被修补后，我接到妻子的电话，表示她现在收到了许多工作邀请，非常高兴和感激。

案例2

旺达住在圣何塞的189号房子里。这个行星组合是火星能量最低的形式之一。旺达有一个很好的名字，这帮助她在这里待了几年，但她也在这所房子里经历过法律纠纷、家庭争吵和离婚问题。我建议她在右手食指上戴一块黄色蓝宝石，以改善与新男友的关系，并为家庭号码增添更多金星能量。从那以后，我见过她很多次，她对这种转变感到很满意。

案例3（1296）

德维在《圣何塞水星报》上读到我的消息后来看我。当我看到他的家庭号码时，我告诉他，这种能量可能会给他的家庭生活带来麻烦。他对此很着迷，问我是怎么得出这个结论的。我告诉他，他家号码1296上的行星振动会导致问题。

他表示同意，并说，他搬进这所房子后不久，结婚多年的妻子就和他离婚了。直到那天，他还不明白为什么会发生这种情况。他告诉我，买这所房子时，一位风水大师告诉他，数字加起来是18，最后的8是"幸运的"，会给房子带来好运。但是，由于行星的振动和数字没有一起流动，德威的家庭生活被毁了。他还讨论了他的公司的地址，即5324，我告诉他，这是他做生意的好地方。他很同意，并向我展示了他的办公大楼的照片，该大楼横跨三栋建筑。所以他很满意地离开了，因为他的问题已经得到了回答。

他后来再次拜访了我，并向我介绍了他的"补丁"的后续情况。他是一名工程师，非常富有，他给我带来了自己的房子和我早些时候见过的兄弟的房子的情况。他告诉我数字修补对他们俩都有很大的帮助。德维来找我，询问他大楼里有一个新的空缺，并问什么样的修补方案可以帮助他更快地把房子租给新租户。他后来证实了，在他听从了我早些时候的建议后，情况发生了变化。他很感激，但以一种微妙的方式。

案例4

D-1/18是我家在新德里邻居的地址。他们全家和我家大约是同一时间搬进来的。除了丈夫和妻子,房子里还住着儿子和女儿。

两个孩子都很聪明,尤其是儿子。他是那种可以在所有竞争性考试中得分最高的人。父母非常希望有一天他能出国成为一名研究科学家,为家庭和国家带来巨大的荣誉。但是,突然间,这个非常聪明的儿子患上了白血病。父母竭尽全力挽救他的生命,他们带他去伦敦输血,但他仍然没能活下来。每次我去印度看望家人,我都会想起他,为家人感到难过,他们不幸找到了这样一个负面的地址,遭受了这样的悲剧。

如果你环顾四周,现在所有的房子都是四层楼。但我的邻居,他们的数字能量是负面的,住在老式的单层房子里,被周围更高的建筑的能量"压迫"着。

案例5

当地东印度社区的一名成员与他的儿子和女儿住在加利福尼亚州北部的火星住宅。这个年轻人娶了一位非常漂亮的女士,我在家庭聚会上见过他几次。我最后一次见到他时,我从他身上读到了一些非常奇怪的能量,并告诉我的妻子,"这个年轻人有点不对劲。"当我说这些话时,我的妻子经常回答,"停!你想得太多了!"但在这次谈话几周后,我妻子就接到了一个朋友的电话,她告诉我一个可怕的消息,这个年轻人在去东海岸出差时发生了车祸,当场死亡。当时我不知道他的家庭号码,但后来,当我研究它时,我发现是最低水平的火星能量,对这个可怜的家庭造成了如此大的破坏。

案例6(18,能量放大)

一位住在180号住宅里的绅士联系了我,他的个人火星能量非常低。他在出生日期也有类似的能量,而且名字号码也很弱。他很困扰,我告诉他,他目前的能量代表了与家人的意外和困难,尤其是可能会造成分居或其他法律纠纷。

然后他告诉我,这就是他来看我的原因。他唯一的女儿在这个国家出生长大，因为他是一个虐待儿童的父亲，所以女儿被紧急寄养了。就在来见我的第二天，他就应该去法庭说服儿童保护服务机构，表示自己可以提供一个合适的家。当时没有太多时间来帮助他解决他的处境，但我确实建议在某个时候改变他的住宅应该会是个好主意。我还通过重新拼写他的名字，帮助他想出了一个强大的名字振动。

他后来给我回了电话，询问他想出售的房产，但没有提到他女儿的情况。这位不幸的父亲如此疯狂地想要与女儿恢复良好的关系，以至于他成为了加利福尼亚州北部一位骗子的受害者，这位骗子承诺他可以付费"修复关系"。骗子在被抓到之前就逃跑了，但在他逃跑之前，从我的客户那里骗了很多钱。

根据我的经验，我了解到，在门上的数字被移动后，它们通常需要四到六周的时间才能开始与房子的能量实现共同振动，以达到完全的效果。与其他任何事情一样，期望一夜之间取得成果是不现实的。

案例7（18）

在参加一个东印度家庭举办的聚会时，我看到了一位我多年前在尤巴市见过的女士。她一看到我，就想起了我，问："你还在做数字能量相关的工作吗？"在社交时，我并不想和她谈论数字，但她很固执。她想让我和她儿子谈谈，他也参加了聚会。于是我同意和他谈谈。当我坐在角落里时，我看见她走到吧台，几乎是把儿子拖了过来。他似乎对我不感兴趣，但我想找到最好的方法来帮助他。

儿子问："所以数字能做什么呢？"我告诉他，我会读家庭号码，并据此告诉他一些事情。他住在尤巴市的一栋18号房子里。在看了他的出生日期和名字能量后，我告诉他，这不是一个适合他的婚姻或财务的好地方。但他已经喝了几杯酒，似乎没怎么注意我说的。

后来，我在洛杉矶参加葬礼时再次遇到了这个年轻人。他走近我；他的声音完全变了，他看起来非常谦逊和善良。一位家庭成员告诉我，他正在经历一场"非常混乱"的离婚问题。他的家族农业生意也陷入了困境。我当时没有心情和任何人讨论数字,因为我的注意力都在葬礼和死者的家人身上。但是,有那么一瞬间,他之前表现出的态度闪过我的脑海,我想,"好吧,也许这就是他妈妈坚持让他见我的原因。"似乎生活的确给了他一些艰难的教训,他只是需要坚持一下。

案例8(189)

萨维塔住在英国考文垂,住址是189号。有人向她提起了我的名字,她彼时正在加利福尼亚拜访家人。她来看了我讨论她的数字命理。在过去的十二年里,萨维塔一直和父母住在189号房子里。

在看了她的名字和出生日期后——这两个都不适合她——我发现门牌号只会让事情变得更糟。189号是火星能量的一个非常强烈的表现。萨维塔想咨询她的个人生活。我告诉她,如果她在这所房子里结婚,婚姻将以离婚告终。我说,这所房子里的能量非常紧张,住户可能会被驱使去做一些非常危险和激烈的事情的地步。这也是一种可以让住户住院的能量。她表示同意,并告诉我,她嫁给了一个约会多年的年轻人,尽管基于这个年轻人的背景,她的父母一直反对这桩婚事。

结婚不到一年,在被一个她认识十年的男人虐待后,萨维塔离婚了。她的父亲非常沮丧,几乎要被激发暴力倾向了。她妈妈非常沮丧,她也住院了几次。我告诉萨维塔,189号的能量永远不会给家庭带来任何幸福或安宁。我确实建议在这个号码上做个修补,她立刻给英国的父母打了电话。即使在修补了房子之后,我也说,如果这个家庭能改变他们的住址,找到一个振动更强烈、更明亮的地址,那就太好了。今年晚些时候,萨维塔打电话告诉我,这个家庭的所有成员在木星能量的新家里都精神好多了。

案例9(4464)

我在一家餐厅的私人房间里享受着为一对新婚夫妇举办的派对。一般来说,当我有空的时候,我不喜欢在公共场合与人交谈,但出于某种原因,当我被介绍给新朋友时,总会有人指出我从事数字命理学工作的事实。

我坐在这个私人房间的一个安静的角落里,和其他家庭成员讨论房地产,突然,从另一个角落里,我听到了我的名字,"K先生,你能过来一下吗?"我以为我被介绍给了一位刚刚走进来的绅士。

然而,当我坐在他对面时,他嘴里说的第一句话是:"帮我看看我的家庭号码吧,我听说过你!"现在我真的觉得很尴尬,有点生气,因为我是在私人活动中参与私人谈话。但出于礼貌,我让他给了我他的家庭号码。他回答说:"4464。"这对我来说很容易。我告诉他,"你会遇到钱的问题,就感情关系而言,也会变得一团糟。"我说这话的那一刻,他的脸就像石头一样掉了下来。"噢,那和我说说我的工作号码吧。"我问他,"你做什么?""我卖汽车。""什么号码?"他说,"4号。"我说这个号码会让他的生意彻底破产。

他完全惊呆了。所有的快乐的情绪都从他脸上消失了,他开始示意妻子(坐在旁边)过来。他问了我另一个号码,他以前的营业地点。我说这是一种"极好的能量"。他完全同意:他的生意在那里蓬勃发展。说完这句话,我站起来道歉。无论对话的内容有多少,总会有更大的原因造成这种干扰。

案例10(3384)

艾瑞斯在《超越视界》中听到我的声音后来看我。艾瑞斯和她的女儿在卡斯特罗谷的3384号房子里住了大约12年。女儿在当地一家商店工作。在检查了艾瑞斯的家庭号码和工作号码后,我告诉她,她一定以某种方式与医疗领域有联系。她说我是对的——她当时是湾区一家制药公司首席执行官的私人秘书。然而,她的个人生活却支离破碎:她和女儿之间有着极端的问题,女儿受伤了,出了事故,变得"难以管理"。艾瑞斯自己的个人问题也一样,因为她40多岁时还是单身,但和所有好母亲一样,她更关心女儿的未来而不是自己的未来。

我告诉艾瑞斯,房子的能量本身太强了,修补它不会有太大区别。如果她能搬到另一个地方,那将会是一个好主意,我会帮她选择合适的号码。第二天,她给我打电话,告诉我她已经提前30天通知了房东,并将暂时搬到父母家,直到她找到新房子。她有一份稳定的工作和良好的信誉，并聘请了我的公司为她找到合适的房产。我接受了责任，为她寻找最好的数字。

案例11

约兰蒂住在3717号住宅，海王星能量两倍。这和她的出生日期是相合的。这位女士有两份工作：一份是医院的护士，另一份是另一家医院的夜班护士，她在那里帮助临终关怀病房的人。

在约兰蒂来看我之前，我见过她的两个姐妹，但她的能量与她们完全不同。她有一双蓝色的眼睛和一种非常明亮的气质。她告诉我，她在我的办公室里感觉很舒服。我问她为什么，她说："因为我经常和人打交道，我自己也会读取一些能量。"甚至在约兰蒂来见我之前，我就记得她的妹妹坎迪斯咨询过关于她的事，我当时建议她在家庭号码后加一个数字5。

当我亲自见到约兰蒂时，我问她新的修补方案如何了。她告诉我，自从加上数字5以来，来她家做能量工作的人数和家里的能量都发生了"明显的变化"。我建议她戴一块祖母绿来增强自己的能量，她说她有一块从未用过的祖母绿，而且她可以调整大小并用于此目的。

我经常有像约兰蒂这样的客户，他们在精神力上非常敏感，阅读变得更像是一种平等的信息交流。后来，我在为她儿子做数字命理分析时意识到，她来看我的真正原因是为了她的儿子安德鲁。看了儿子的命理后，我立刻指出他过得很艰难。约兰蒂同意了，没过多久我就弄清楚了。我建议他把名字从安德鲁改成德鲁，用他父亲的首字母J作为中间名。她同意了，并表示她将确保儿子使用新名字。有时，我在阅读过程中提供的最有用的信息并不是给客户本人的，而是给他们身边的人的。

案例12

玛丽索打了电话给我，告诉我她和她的未婚夫的信息。有趣的是，他们都有太阳+水星作为他们的基本振动，但他们现有的家庭号码（在她的情况下，6426；在他的情况下，3721）都不是结婚后住在一起的好地方。玛丽索想知道,他们结婚后应该住在哪栋房子里。我建议他们搬到水星或金星正振动的新房子里。这让她茅塞顿开;数字阅读对她来说很有意义,她似乎觉得自己得到了正确的答案。太阳+土星是一个困难的火星能量组合,以至于我不得不减少在这种振动中寻求帮助的人的例子。

二七

27的能量相当于月亮+海王星。与之前的火星强度不同,这种能量更高、更吉祥,这取决于它出现的出生日期上。那些住在27号住址家庭的人通常会受到赌博的诱惑,他们应该避免赌博,因为如果他们参与赌博,他们一定会输。这不是一种能吸引资金的能量。

这种能量可以使从事任何与金属有关的行业的人受益:制造、维修、艺术。它也通常会是适合教授和教师的住所,因为这种能量代表了聪明的头脑。

案例1

普利斯卡联系了我,她给我发了电子邮件,询问她的家庭号码9918。她也是做抵押贷款业务的房地产经纪人,但她没有成功。我很快意识到,这是因为她住所的能量不适合做这种生意,她的工作地址也同样如此,因为里面有太多的海王星能量。

通常,我不喜欢建议人们改变居住地,但在这种情况下,我建议普利斯卡在寻找新家时,在她的家庭号码上加上5,做一个临时补丁。一年后,她联系了我,告诉我情况发生了变化,她想买一栋新房子。

案例2(27,能量放大两次)

纳内特的出生日期是摩羯座,住在圣拉斐尔2007号的房子里,她说她在收音机里听过我几次。看到她的名字和门牌号后,我为她感到有些担心,因为这种能量代表了伤害、事故和法律纠纷。她说,她的名字最近被改了,她咨询了两位数字命理学家,他们证实了新名字与她的性格相匹配。所以纳内特在所有官方文件和加利福尼亚州更改了自己的名字。我告诉她,我对她的新名字"振动"一点也不满意。

仔细看了名字后,我告诉她,在名字后面再加一个字母"N"(这不会影响发音)会完全改变振动。我还建议她放弃她的新中间名。然后她问:"我现在该怎么办?我必须在所有官方文件上再次更改我的名字吗?"我告诉她,她需要做任何法律要求的事情,但不同拼写的能量肯定会对她有所帮助。她很高兴得知这个名字仍然发音相同。这个名字的新拼写与她的出生日期和门牌号相合。纳内特还想知道她的两个女儿的能量,她对我给她的答案很满意。

能量振动是很严肃的事情。俗话说,"名字本身就能做销售。"我个人非常重视名字的振动,甚至比出生日期更重视,因为一个强的名字可以补上一个弱的出生日期。

案例3(27,能量放大三次)

20700是著名的旧金山半岛社区一处优雅房产的号码。店主艾米丽是一位成功的女商人,也是我的好朋友。在第一次互联网繁荣时期,湾区的房价飙升。艾米丽决定卖掉她的高端住宅,并以近600万美元的价格投放市场。我了解到,在投机或快速赚钱方面,月亮+海王星并不是一个好的组合。尽管有最好的房地产经纪人,这处房产还是卖不出去。

在大幅降价后,艾米丽确实卖掉了房子。她选择的时机不错,但数字命理学不会给她带来她想要的丰厚利润。我一直觉得她给我带来了好运,我从她那里得到了很好的商业建议。她最终死于癌症,并且非常勇敢地接受了它,正如一位真正的白羊座女性。

案例4(9198)

在为一位在奥克兰任教的学校教师阅读能量时,我偶然发现了她任教的学校的号码。号码是9198。我一听到这个,就告诉她这个地方不是教育的地方;这是一个麻烦和执法部门会经常造访的地方。她同意了,并说实际情况就是这样。我们经常将院校的许多困难归咎于学校或缺乏资金，但这样的学校解决方案会给学生和教师带来麻烦。这位老师自己生活得很好；但负面能量从她工作的学校的号码中散发出来。

案例5

45288号是我认识多年的一位女士的住所号码。她搬出这所房子很久之后，就女儿的婚姻和儿子的事业来找我咨询。出于好奇，我问了她以前的所有地址：45288号是她现在家之前的地址。我评论说"火星的能量可能会变得非常困难"，她敞开心扉，并且开始说了许多故事。

她说，在全家搬进这所房子之前，他们在生意上非常幸福和成功。但在搬家后的几周内，她与丈夫的关系就开始恶化，生意也开始遭受巨大的损失，她说，在她"最疯狂的梦想"中，她都从未想过自己会离婚，但她在这所房子里做到了。她十几岁的女儿完全失控了，这位母亲非常困惑，好像走到了死胡同。她不知道该走哪条路。

在房子的能量将家庭分开后不久，母亲回到了她和丈夫共同拥有的一所房子里，幸运的是，这所房子充满了快乐的能量。她说，在搬到45288号大房子之前，他们一直住在这所房子里——一所较小的房子里——生活非常快乐。

这位女士现在是我们的常客。她在换房子或购买新企业之前会咨询我。她的生活发生了变化，她更加满足了。女儿也走出了艰难的阶段，现在结婚了，在东海岸幸福地生活着。

三六

36具有木星+金星的能量，是一个吉祥的组合。木星+金星的组合会为所有居住者带来成功和好运。

案例1（36，能量放大两次）

南樱桃大道3060号是弗雷斯诺地区的一座锡克教寺庙。当我第一次来到加利福尼亚时，我被这个数字所吸引，因为它恰好是我自己的能量，我非常幸运和感激寺庙的领导允许我在那里生活了一个多月。正是在那里生活的时候，关于我作为一名数字命理学家的能力的信息开始被人们所知。我如今仍然经常去这座寺庙，我很感激上帝在我最需要的时候给了我庇护。这座寺庙现在已经变成了一个巨大的建筑群，来自世界各地的锡克教教师经常参观它。

四五

45的能量相当于天王星+水星。这是火星能量的玄奥体现形式。对于那些从事娱乐业的人来说，这是一个很号的数字。作为一个家庭号码，它可以为那些能量与之兼容的人带来经济上的成功和幸福，但与往常一样，它也会给那些能量不兼容的人造成冲突、经济困难和/或健康状况不佳的问题。

案例1（45）

一位白羊座女性住在一栋漂亮的三层楼高的房子里，号码是45，她的生意和财务都很成功。作为白羊座的人，她的能量会冲刷掉丈夫的能量，但两者是相容的。然后，她的膝盖突然出现了问题。她本可以很容易地使用家里的一楼，但由于楼梯使用困难，她决定离开这所住宅。她没有意识到这个门牌号对她来说有多么强大和幸运。房子已经卖掉了，他们找到了新的房产。不幸的是，大多数人没有意识到他们成功生活的能量有多好，以及离开一个幸运的地址后他们的生活会变得多么困难。

案例2（45，能量放大）

我的一位东印度客户在过去几年里一直咨询我，他在康特拉科斯塔县西部购买了一处房产。在我和他聊过数字命理学之后，他继续买下了450号的房子。他一搬进这处房产，他的豪华轿车业务就开始扩张。他移民时一开始只有很少的钱，但现在可以享受蓬勃发展的豪华轿车业务了。这种家庭能量对他的个人和商业企业都有好处。

当天王星和水星一起出现在一个地址上时，它们可以为合适的人提供极好的能量。正如我重申的那样，这不仅仅是将数字加起来等于9的道理；是因为特定行星的组合决定了能量。

案例3（45）

扎拉通过我的一个朋友联系到了我。扎拉出生在12月25日的圣诞节，她告诉我她有"强烈的预感能力"。就在她在拉斯维加斯买了一栋公寓楼之前，她说她做了一个预知梦，最终买下了这座巨大的公寓楼。但她看起来很难过，想让我帮她为她的几处房产再融资。在我查看过她的家庭号码后，就知道为什么她的生活如此混乱了。

扎拉之前与前夫和他们的三个孩子住在45号房子里大约18年了。45具有天王星+水星的能量，无论是正能量还是负能量，都非常强大。她告诉我，在这所房子里，她多年来一直受到丈夫的身体虐待。他甚至多次威胁要杀死她和孩子们。多年后，她终于离婚了，活下来讲述了这个故事。她现在和父亲住在一起，父亲是一位身体虚弱的老人，她的孩子也已经长大了，可以独立生活。她告诉我，她很幸运，在经济上非常成功，但出于某种原因，她的全家都在努力"争取"她和她的父亲。

我解释了数字在过去是如何影响她的生活的，以及它们现在是如何影响她的。当她将信息与她过去和现在的门牌号联系起来时，这对她来说很合理。我帮她修补了她现在的房子。接下来的一周，扎拉就回来告诉我，她下意识地感觉到有些事情发生了变化，在做出改变后，她感到"舒适和放松"。这种充满活力的转变一直在发生，从我的客户那里听到这些变化令人深感欣慰。

五四

54是45的能量更弱的振动。

案例1

马尔瓦住在波士顿的一栋54号房子里。她是一家国家航空公司的空姐。马尔瓦没有亲自来看我；她妈妈把她的情况告诉了我。

数字54与马尔瓦的能量不完全同步,她的母亲也表示同意。

马尔瓦搬进这所54号的房子后不久,她遇到了一个男人并且嫁给了他。有趣的是,新丈夫的能量根本不适合这处房子,很快,这段婚姻就结束了。我告诉母亲,是因为房子,而不是马尔瓦本人,把丈夫赶了出去。母亲再次表示同意。马尔瓦后来遇到了第二个男人,他的能量与房子和她的号码相合得很好。母亲也完全同意,说这对夫妇在一起很幸福,"好像他们是天生就该在一起。"我知道他们的数字是不完全和谐的状态,所以他们确实是天生的一对。

火星能量总是很难的。它会对一些人有效,但对许多人来说却不然。当你带着这种能量搬进一个家时,必须谨慎行事,尤其是对新婚夫妇来说。

六三

63的能量相当于金星+木星。这是火星能量的一个引人注目的组合。如果能量与人本身的数字命理相一致,它将带来经济和个人上的成功。它是火星能量的高级表现形式之一。

案例1(63,能量放大两次)

卡斯特罗谷的里奇伍德大道6300号是我搬到这个国家时买的第一栋房子。我在这里住了四年多,我买它的原因是我对数字命理学非常熟悉:知道它与我的基本能量可以很好地组合在一起。但是,住在这所房子里时,我总是觉得有人想闯入我的房子。幸运的是,它从未发生过。

这所房子对我来说很幸运,正是从这所房子,我搬进了弗里蒙特的一个更大的家。从6300号搬来后,我决定把它留下,所以我把它租给了在加州州立大学海沃德分校(现在的加州州立大学东湾分校)工作的一名警察。有趣的是,他从另一个火星地址搬到了这所房子,在那里他离婚了。

我把房子租给他的第二天,他让搬运工把他所有的家具和物品搬进了房子。就在那天下午,确实有人从厨房窗户闯入了房子。

他的许多物品，例如电视和显示器，都被拿走了。我打电话给他时，他明显很沮丧。第二天，他让当地警察局的一些朋友在该地区巡逻，但为时已晚，抓不到那些小贼。他在这所房子里住了几年，然后被提升为康特拉科斯塔县东部布伦特伍德地区的副警长。随后他搬走了，我把房子租给了一个新租户，他是一名兼职大学教授。

我的新租户也与加州州立大学海沃德分校有联系。不幸的是，她搬进来后不久，就因为养了太多猫而忽略了院子，把房子毁了。房子开始发出臭味。一位正在该地区展示房屋的房地产经纪人打电话给我，问我："发生了什么事？"我开车过去看了。然而，由于她的性格，很难让我的租户离开房子。最后，我不得不卖掉房子，因为在这里发生的事实。火星能量再次发生了作用。大家可以看看这个6300号地址的能量对所有三个居住者的影响是如何不同的，这是火星能量为家庭居民起正面效用或反面效果的一个典型例子。

案例2

希瑟住在马林县63号的房子里。她在收音机里听了我很多次，最后决定来找我做一次阅读。她的名字和出生日期都很有能量，但并没有和她的门牌号一起共鸣流动。

虽然63可以是一个很好的数字组合，但它并不适合每个人。当我告诉希瑟，这个家里的压力太大，她容易出事故，而她表示了同意。她回答说，自己最近出了车祸（这不是她的错），正在处理她的索赔。她希望这笔和解金可以作为华盛顿州新房的首付款。我告诉她，她63号的住所不会给她带来定居的钱，但如果她在地址上添加更多的金星能量，肯定能够吸引属于她的金钱。"我今天就做！"她宣称。

希瑟有一个女儿和她住在"63"号房子里，她也遇到了类似的问题。我知道，在他们修补房子后，他们在决定搬迁过去的新区也会吸引类似的能量。

第十二章

共鸣的数字

虽然之前的章节里都在反复讲会造成困难和复杂情况的数字的例子，但实际上还是有很多积极的例子的，这些情况下客户对自己的住宅和生活都很满意，而且数字的能量对他们是非常有益的。

太阳

薇奥兰特 (667)

维奥兰特是一位著名的另类医疗治疗师的亲密伙伴。当这位治疗师从纽约搬到西海岸时，许多年轻人都和他一起搬到了那里。不久之后，他开始取得成功：首先是在国内，然后是在国际上。他把名气打了出去，收获了金钱。

但是，根据维奥兰特的说法，后来他的标准似乎发生了变化：追随他的年轻人说他是为了寻求更高的意识，但事实上他已经"脱轨"了。

维奥兰特去看了一位朋友的房子，并抽出时间和我聊天。她非常想问问自己最近买的房子号码，667（金星两次+海王星）。在我看过了她的出生日期和名字后，我很高兴地告诉她，这一套住宅她买得非常好。这对她来说是一种认可；她后来告诉我，她买了房子后不久，就邀请了一些著名的通灵师来评估房子，他们都表示房子很好。自从搬进这所房子以来，她一直忙于自己的精神工作：她向湾区越来越多的客户传授阿育吠陀原则，并觉得自己在各个领域都过着充实的生活。

玛丽亚 (29530)

5月，我在西雅图为一位名叫玛丽亚的来电者进行了一次直播阅读，她有一个非常强大的太阳地址：29530（月亮+火星+水星+木星，放大）。她和男朋友住在一起，出生日期上带有太阳能量，男方的出生日期上的能量也与她的完全同步。在那天早上我在广播中做的所有阅读中，这一个是最好的。我告诉她，这所房子对她来说非常吉祥。她表示了同意，并在直播中向我表示衷心的感谢，感谢我验证了她直觉上已经知道的事实。

布莱奥尼 (35623)

布莱奥尼在当地电台听到了我的声音，当她来我办公室接我时，她告诉我，她在《超越视界》上听过我几次节目，最终觉得自己还是必须亲自来见我一面。她有一个好名字，一个强大的出生日期，还有一个很好的家庭号码35623。看了她的数字后，我告诉她，她的数字命理学"超级好"，因为我很少遇到这种所有方面都同步的情况。她非常高兴，说她喜欢她住了十多年的房子：它让一切都向着对她有利的方向流动。然后她问起了她的两个姐妹。在观察了她们的能量后，我知道布莱奥尼和我之所以建立联系，不是因为她，而是因为她的姐妹们，她们需要修补自己的房子和名字号码。如前所述，当人们来问自己的号码时，真正重要的信息往往是替其他人问的。

雷娜塔 (91)

当我开始在旧金山做广播节目时，许多人打了电话来。雷娜塔就是其中之一。她按照我的要求发送了信息，然后我们预约了电话交谈。我在家里的办公室，看着她的号码。我很好奇，如果一切同步的话，她为什么要来找我谈话：她的名字、住所和出生日期的能量都是一致的。

当她按照预约打来电话的时候，她问我对她发送的信息有何看法。我开始诚实地告诉她，"我真的不知道你为什么想咨询我，因为一切对你来说都很好。"我说这话的那一刻，我听到了她的笑声。她说，她自己很有直觉能力，从事精神工作已经30多年了。她告诉我，当她在收音机里听到我的声音时，她拿出了一些塔罗牌来问我的事情。所以雷娜塔觉得她需要和我谈谈。从那以后，我见过她几次面，她真的是一个有天赋、了不起的女人。她住在91号（火星+太阳）的家里，对自己的生活很满意，有一批稳定的客户定期找她。

水星

基思 *(365)*

我的一位酒店老板朋友基思和他的父亲来看了我，他经常和我保持联系，以防我的任何客户需要个人贷款。他来"检查"我的新办公室。我们开始谈论数字，他说他读过《圣何塞水星报》的文章。然后他近乎指责地说："我们认识这么多年了，你却从来没有提到过你也会做数字阅读。"他慢慢开始谈论他的数字，然后一切就都水落石出了。

我认为基思自己的私人住宅不会有很强的金钱能量。但他的弟弟住在莫德斯托一栋365号的房子里，我告诉他"这房子很有钱"。他们的父亲那天和基思一起在我的办公室里，他说这栋房子是家族企业的总部。它建在一块5英亩的土地上——房子里大约有13000平方英尺的面积——他说，所有的贷款文件都已敲定，并且完成了。他还说，自从小儿子搬进这所房子以来，他们只经历过成功和幸福。我一点也不惊讶，因为这个地址有木星、金星和水星，水星的整体振动是正面的积极能量。

马里布的男人

有一天，我和一位家庭成员去马里布的一所房子吃午饭。当我们到达时，我看到这是马里布一个美丽的庄园，地址是水星能量。在与业主交谈（并与我的亲戚私下交谈）后，我得出结论，这是一个非常快乐的地方：业主把部分房产租出去作为聚会场所，每个周末都有名人来。店主是我国为数不多的富人之一，在许多国家都有商业盈利。

他最初的职业是牙医。他是一个善良、亲切的人，这个房子里全是名人、总统、市长和其他高层人士的照片。他在这处房产已经住了30多年；它有一个强大的水星地址。尽管一切对他来说都很好，但主人是一个善良、乐于助人的人，只通过与他交谈，是不可能知道他在经济上有多成功的。

我记得，午饭后，他开车送我们去了离他的庄园不远的另一处房产，俯瞰着太平洋。他提到自己"已经顺风顺水很多年了"，很容易找到合适的投资者来建造度假村。我问如果要建造度假村，物业地址会是什么："186"是他的回答。

一切对他来说都非常顺利：他的家庭住址非常好，资产也很雄厚。名字里还带有强大的太阳能量。拜访这样一个人是相当令人满意的；我了解到，有些人天生就被赋予了正确的能量。我还注意到，这些真正有福的人中的大多数也是非常有灵性和奉献精神的。

莎娜 *(698)*

698是我6月份广播节目中一位名叫莎娜的歌手的家。她有很好的基础数字命理，门牌号（金星+火星+土星）与她的基本能量不完全同步。虽然这是经常发生的事情，但每次有人打电话来咨询，发现他们的数字命理学是平衡的时候，能够告诉他们住宅与他们的能量是和谐的，这让我感到非常兴奋。他们在电话里的反应也令人满意；这让我感到快乐，也能通过广播散发出积极的气息。这位女士说，她在这所房子里住了十七年，在这里感到很满足，这证实了我提供的信息。

基莎 *(32)*

我在朋友家遇到了一位非裔美国妇女基莎。当时还有几个人在场，我读了每个人的家庭号码和出生日期。通常情况下，几乎每个案例都需要一些建议或补丁来微调能量，但基莎不需要。她住在街上一个强大的地址（木星+月亮），在财务和个人方面都很成功。当时，她正在佐治亚州购买一处很大的房产，想咨询一下数字的情况，结果证明这对她来说很好。她向我询问了她在湾区的两处租赁房产，我告诉她，这些数字会不太好坚持下去。她回答说："

它们已经上市了。"

在整个团队中，基莎是唯一一个如此自信和成功的人，我觉得她一定是真的很幸运。我觉得她走的是同一条路，但比我领先一步。当我遇到那些在生活中实现了完全和谐和优雅生活的人时，我个人会感到很振奋。

金星

教授 *(186)*

旧金山大学的一位教授在《超越视界》节目中听到了我的发言，并给我发了一张包含她的个人信息的纸条。在我查看了她的出生日期、姓名和家庭住址后，我可以看出她住在一个很棒的住宅里：她的名字与出生日期和住所完全同步。这个家是一个非常充实的地方，一个会带来经济收益的地方。我建议她不要卖掉这处房产，因为186号（太阳+土星+金星）这样的能量很难找到。四月，她给我发了一封简短的电子邮件，感谢我提供的信息（"非常感谢！祝福你！"）。这又是一个客户在已经顺利发展的生活中寻求验证的案例。

阿姆里塔 *(4209)*

在我找到当地的蒙特梭利学校之前，我女儿去了一所私立的中国幼儿园。我很快意识到，出于某种原因，阿姆里塔在那所学校并不开心。然后，我妻子决定把她搬到离我们家更近的幼儿园。但阿姆里塔仍然不高兴。

我一直在不停地寻找，最后终于在我家附近找到了一所蒙特梭利学校。当我见到学校校长时，她带我参观了学校，我非常惊讶地看到学校里办了这么多活动，然而噪音却这么小，于是决定把女儿送到这所学校。

有趣的是，我进去的时候没有注意到门上的数字，因为它藏在入口处的一棵大橙树后面。学校的地址是4209号（天王星+月球+火星），这使其成为一个绝佳的位置。自从我们让她进入这所学校以来，我一看到女儿在学习时有多开心，她学到了多少，就感到自己也深受启发。每天早上，她去上学都很积极，而我们不必像以前那样催促着她做好准备。

有许多学校的地址都很麻烦，就是我们在新闻中会看到的各种麻烦：枪击、警察、暴力等等。但我不怪孩子们；我只怪他们门上的数字能量。

库马尔先生 *(168)*

许多成功的东印度人都居住在不列颠哥伦比亚省的温哥华。我研究了一位著名的商人库马尔先生，想要从数字上了解他的情况，他的木材厂开了很多年。在我读到他的名字号码后，我很想知道他住在哪里。于是一位家庭成员，也是他的密友，开车送我去了他的住所。

他的地址是168（太阳+金星+土星），这是一个强大的组合；我看到两尊狮子雕像在守卫着入口。多年来，他的企业积累了大量财富，他已成为当地东印度社区的杰出（和慈善）成员。他是一个简单、诚实的人。他多年前作为移民来到加拿大，而今天已经积累了一笔财富。他精力充沛，非常勤奋——许多人都是这样——但他的成功在很大程度上来自他住所的强大能量。

珀尔 *(24927)*

六月，珀尔给我在西雅图的广播节目打了电话。她出生日期带有月亮能量，住在24927号房子里。这个组合中的大多数行星能量都流动良好，所以我告诉她这对她来说是个好地方。她告诉我，自己已经在那里待了五年多了，但在大多数情况下，当人们的生活进展顺利，财务状况良好时，他们总是想要再爬升一个台阶。我建议珀尔在决定搬家时要小心，因为她已经处于极佳的振动状态，要找到一个同样好的振动状态会很困难。

凡妮莎 *(240)*

在旧金山的新生活博览会上读书时，我遇到了许多最初的电台听众。许多新来的人也来找我，要求阅读。一位名叫凡妮莎的年轻女士住在240号（月亮+天王星，能量放大）的房子里，她的出生日期是金星能量。当我询问她其他家庭成员的出生日期时，他们每个人都有相同的金星能量！我很惊讶，因为很少有人能拥有如此协调的能量。我告诉这位年轻女士，她能住在这所房子里是非常幸运的。

她说她和丈夫一起买了这所房子，并提到他们买下这里之前曾经是个教堂。他们搬进房子后不久，她就做了一些清理工作。我可以看出她是很有直觉能力的。我劝她永远不要卖掉这所房子。她说自己打算永远保留这处房产。因为爱、幸福和财富源源不断地涌入这个地方。作为一名数字能力阅读者，可以为人们验证积极的信息让我感到满意；意识到这个世界上确实有一些天生幸运的人，这让我感到安心和个人满足。

木星

肯娜 *(21)*

肯娜在旧金山的收音机里听到了我的声音，并预约来与我谈话。她住在一个著名社区的21号（月亮+太阳）房子里。她的家和她的名字能量非常强大，与她的出生日期也同步。她用了一种不同的数字方法来计算自己的能量。我告诉她，她的房子有木星能量，这告诉我，财富会毫不费力地降临到她身上。

我还提到，她的个人能量很强大，在很大程度上支持着她的丈夫。肯娜告诉我，她的丈夫拥有一家成功的企业，他们已经幸福地结婚多年了。他们唯一的女儿也有非常强大的能量，我也读过她的数字能力。当时，肯娜正打算在葡萄酒之乡买第二套房子，并就她正在考虑的一些数字征求我的意见。这又是一个所有数字都处于完美位置的房子的例子，成功和幸福的生活在这里蓬勃发展。

土星

谢默斯 *(665)*

当谢默斯打电话给我,想咨询自己的地址号码665(金星两次+水星)的时候,我正在凤凰城地区的广播节目中。根据他的名字和出生日期,我告诉他这是一个非常理想的门牌号。当他说他在那里呆了将近七年,一切似乎都很顺利时,我能听出他声音里的幸福。他也感到被认可了。

海王星

安德莉亚 *(22012)*

安德莉亚住在西雅图地区的一栋22012号房子里,她给我的广播节目打来了电话。她有天王星的出生日期,问道:"杰西,你觉得我的门牌号怎么样?"我说:"这个号码对你来说真的很好。"我问她在那里住了多久,她回答说:"十一年。"她说这是"一个适合全家的好房子",她想在那里再住三年,直到她的一个女儿高中毕业,然后就搬家。我说这种振动对她来说很棒,搬家不会是一个好主意,因为很难再找到这样一个合适的数字了。她真的很高兴听到房子里充满了能量,并表示女儿毕业后她将继续留在现在的家里。

第十三章

著名的地址、政治家和名人

一些著名的政治类住宅举世闻名：宾夕法尼亚大道1600号——美国总统官邸；#唐宁街10号——英国首相官邸；#萨夫达尔·詹路1号——印度前总理的官邸，等等

看看这些和其他官邸的数字命理学，了解他们的能量是如何为他们的成功发挥作用的，这很有启发性。

著名的地址和位置

美利坚合众国

美国这个名字本身就有土星（数字8）的能量，它代表着一个拥有大公司和流动财富的国家——最佳状态的土星能量。

华盛顿特区宾夕法尼亚大道1600号

1800年，托马斯·杰斐逊首次将白宫用作总统官邸。1822年，宾夕法尼亚大道被并入了总统公园北侧。

白宫数字（1600）上的能量由被两个零放大的太阳+金星表示，但它最终组成了一个海王星能量的结果。这是会造成欺骗、疾病和风暴或火灾损失的能量，包括涉及手或手臂烧伤的厨房事故。具有讽刺意味的是，对于国家元首来说，这种能量是微弱的。

每一个在白宫工作的人都是在全世界目光的压力下工作的，但白宫数字所散发的能量却并不是力量：尽管他们可能有意传达某种信息，但对方收到的信息却并不一定如愿。即使像新闻秘书这样的工作人员尽最大努力披露和分享他们所知道的，他们的陈述也不会被接受或被认为是完整的。无论总统是谁，在1600号做的发言总是会被质疑的。

罗纳德·里根总统因其名字和出生日期的能量而幸免于难。

吉米·卡特总统的名字中有强烈的太阳能量，但他的名字吉米携带了月亮的能量，他的出生日期也携带了海王星的能量和额外的月亮能量。这些能量无法战胜罗纳德·里根的数字命理学，但由于他的月球+海王星人道主义和慷慨，卡特总统赢得了全世界的尊重。

理查德·尼克松的名字理查德具有很强的火星能量。尼克松1月9日的出生日期进一步加剧了火星能量的问题。这带来了完全太多的火星能量，最终将他赶出了白宫。尼克松夫人和这样一个反复无常的男人住在一起，可能也有一段不幸福的婚姻。

这些总统之所以被吸引到宾夕法尼亚大道1600号，是因为他们的个人名字和基本能量。他们之所以能在总统任期内幸存下来，是因为他们的个人能量，尼克松除外，他多余的火星能量不可避免地会让他"堕落"。

虽然很难改变数字，尤其是官邸的数字，但我强烈建议将白宫数字从1600改为1900（只需将6旋转180度）。这将使其整体能量提升到太阳能量的顶级水平，这样总统将得到其他世界领导人的完全尊重和这个国家公民的信任。如果这个数字没有改变，在某个时候，这个地址就将不再是国家元首的住所了。

伦敦唐宁街10号

这座住宅建于1666年大火后伦敦重建期间的17世纪末，于1721年首次成为英国首相的官邸：罗伯特·沃波尔爵士是第一位居住在这所房子里的首相。数字10是任何国家元首的稳定和授权住所。该房产的大多数现任者已经完成了一个或多个四到五年的任期。这是一个很好的数字，因为太阳能量很强，代表着名望和权威。在2005年5月的议会选举中，托尼·布莱尔第三次当选首相，这是自第二次世界大战以来唯一一位获得这一荣誉的工党首相。此后，戈登·布朗、戴维·卡梅伦、特蕾莎·梅、鲍里斯·约翰逊、利兹·特拉斯和里希·苏纳克继任。

现任首相里希·苏纳克出生于1980年5月12日，这个日期带有强大的能量。他的基本能量对应于数字2和6，即月亮+金星。苏纳克的名字和他的出生日期完全一致，最好的数字就是2和6。里希这个名字有木星的能量（3），木星与他的出生日即5月12日相匹配。木星支持金星能量，当苏纳克步入42岁的年纪时，他成为了英格兰的新首相。

2023年5月12日之后，他的能量将发生转变，不再那么有利。道那个时候他实际上已经进入了人生的第44个年头，土星的能量是有限的。这种能量与他的频率不太匹配，因为它会将土星的能量引入他的生活。苏纳克可能会突然感受到反对的逆风。他极有可能被迫下台，由新首相接替。

白金汉宫，伦敦

白金汉宫就是它自己的地址；没有街道号码。白金汉宫这个名字承载着强烈的土星能量。当一个住址承载着强大的土星能量时，就像一朵乌云笼罩着一样。它的效果非常有限，会带来忧郁、沉湎于过去和不快乐的影响。生活在这种能量之下也会让人变得易怒和沮丧。

尽管近年来小报上一直充斥着关于王室困难的故事，但至少从18世纪中叶开始，这些问题就一直困扰着王室。所有被这座宫殿吸引的人，只要他们的名字或出生日期上有土星、天王星或金星的能量，就都会发现白金汉宫是一个很难充满能量的地方。

举个例子来说，卡米拉·帕克·鲍尔斯的名字中带有土星的能量；这种能量把她吸引到了白金汉宫。现在查尔斯王子已经成为英国国王，我们将看到白金汉宫的能量将不再与卡米拉相合。

当戴安娜王妃住在白金汉宫时，她曾公开表示自己"讨厌"这个地方以及随之而来的所有政治事件(戴安娜的木星能量较弱)。

欧洲议会,布鲁塞尔

比利时的卢·维尔兹60号地址是欧洲议会的总部,数字60本身代表金星能量,即顶脉轮。这代表着通过立法和成员达成一致意见的一个富有成效的地方。这个数字很好地推动了能量向前发展,达成相互理解。由于金星正能量主导着这个地方,所以这里的业务应该能够顺利进行。

诺贝尔基金会

邮件地址:瑞典斯德哥尔摩45号SE-102,5232号信箱

访问地址:瑞典斯德哥尔摩斯特雷加坦14号

每年在挪威奥斯陆颁发诺贝尔和平奖;
其余奖项都在12月10日这一周,在斯德哥尔摩颁发,
这是阿尔弗雷德·诺贝尔逝世纪念日。

诺贝尔基金的名字带有天王星能量;整体的能量非常"海王星风格",具有通灵和直觉的影响,也相当于皇家。当诺贝尔委员会评选年度获奖者时,除了左脑分析外,还使用了大量的右脑信息。14号是来访的街道地址,代表着一个做出决定和节省资金的地方。尽管公众起初并不总是清楚地理解诺贝尔委员会的决定,但经过进一步思考,这些决定通常会变得可以理解。

联合国

邮件地址:
纽约州纽约市联合国广场760号,邮编10017

2006年9月,当我在联合国观看会议进程,聆听委内瑞拉总统查韦斯和伊朗总统如此好战地说的话时,我很想知道这座大楼的地址是什么,人们为什么可以在那里如此自由地表达自己的意见。

不出所料，地址760携带了放大的海王星+金星的能量；这种能量代表着公平和平衡，对于一个代表世界各国的组织来说，这是一个恰当的地址。

中国和新冠肺炎COVID-19

中国带有数字15的能量，即太阳+水星。数字15总是以不可预测的方式行事：你永远不知道它会变成什么样子。如果我们总体地区看数字15，金星的能量会影响中国。2020年就引入了天王星的能量，这给世界带来了新冠肺炎。天王星和金星的能量组合在一起造成了无尽的混乱和并发症，就像新冠肺炎在2020年造成了令人难以置信的混乱一样。令人难以置信的是，新冠肺炎的名称能量振动加起来是31，这也与4和天王星有关。2021年，年份数字将能量改变为了中性，但2022年才开始与新冠肺炎的能量相矛盾。2023年初进一步与病毒的能量相矛盾，并开始削弱其在世界各地的影响力。

有趣的是，联合国在这个过程中始终无法提供太多帮助；联合国的地址与中国的能量相冲突，因此无法达成共识。

俄罗斯和乌克兰

弗拉基米尔·普京出生于1952年10月7日，现任俄罗斯总统。他的数字命理对数字2和7有很强的影响，这两个数字分别代表月亮和海王星的能量，这使他成为了一个直觉能力很强也很得体的人。利用他发达的直觉，普京知道什么时候应该抓住时机，准备和下令入侵乌克兰。他对战术的出色运用在目前对乌克兰的袭击中显而易见。

普京出生在天秤座，出生日期由数字6金星统治，受数字8土星的轻微影响。金星使普京成为了一个熟练的操纵者，他利用自己的魅力谋取利益，而土星（最冷的行星之一）不允许他与他人联系或对人类需求产生共鸣。根据他的个人数字来看，普京不太关心帮助一个国家的事务，而是更倾向于通过将自己的名字永远地留在史书上，将自己的事迹铭刻在历史上，无论是好是坏。

如果我们计算普京出生日期的复合数，我们会发现它是34（10+7+1+9+5+2=34），这进一步增强了他的直觉能力。俄罗斯总统弗拉基米尔·普京，名字数字加起来就是强大的数字46。这个数字经常出现在名人的名字命理学中。普京这个名字本身就有24，金星的幸运振动赋予了他物质上的奢华和对生活中最美好事物的热爱。

他的对手弗拉基米尔·奥列克桑德罗维奇·泽连斯基出生于1978年1月25日。他的名字振动有1号太阳和5号水星的影响，这使他比普京更具逻辑性和理性。乌克兰国家名字的能量完全符合他的个人能量。他的俗名泽连斯基也与他的数字同步，这增加了他的实用主义精神。泽连斯基目前正在运行他的9号循环，以火星和战神为代表。泽连斯基从2022年3月18日到2023年1月的生日都需要小心。如果他能安然无恙地过这段时期，他的周期将会改变，2023年他生日后不久，他就会名声大噪。

作为一个国家，俄罗斯这个名字的总和是一个数字16，它带有一种繁琐而复杂的振动。另一方面，乌克兰拥有22号的能量，也被称为主数字。尽管如此，数字22在我看来并不是一个名字的最佳选择，无论是对个人还是国家来说。例如，数字4和6往往会带来灾难性的情况。中国的名字带有数字15的能量（加起来是6），2020年，新冠肺炎从中国爆发，并对世界造成了严重破坏。不出所料，乌克兰是一个22个名字的国家（加起来是4），目前正处于一个未来不定的可怕状态。

总体而言，根据乌克兰的国名，2022年全年对乌克兰来说都不是积极的。2023年，当一年的能量从6（2+0+2+2=6）转变为7（2+0+2+3=7）时，整个国家的情况会开始得到缓解。2022年10月7日之后，普京将进入土星周期，形势将发生变化：他将面临从胃肠道到脚部的严重健康挑战。然后，他将被迫面对自己的业力，是时候为他造成的破坏和毁灭付出代价了。从那时起，就将是弗拉基米尔·普京下坡路的开始。

政治家

众所周知，数字的能量在各种地址中都是显而易见的，但它也是一种影响个人名字数字命理学的力量，尤其取决于它是如何将这个人与他或她的住所联系起来的。这适用于所有人，从政治家、名人到普通人。

纳伦德拉·莫迪

印度总理纳伦德拉·莫迪先生有一个土星出生日期（17日）。他出生于1950年9月17日，相当于数字41，为他提供了水星能量。他很早就结婚了，但这段感情关系没有成功，因为大多数早婚都不适合土星出生的人。由于他的出生日期，数字5在他的生活中起着重要作用。

莫迪成为了印度第14任总理。这个例子清楚地说明了数字41（5）和数字17，或水星和土星之间的神奇联系。印度的选举将于2024年5月举行，距离莫迪的生日还有几个月。他将年满74岁，进入75岁，但在此之前，他可能会失去一些席位。反对派甚至可能组成反对他的联盟。因为选举将在5月举行，距离他9月的出生日期还有几个月，在那之前，月球+土星的能量不会对他有利。除非选举结果在离他出生日期更近的时候公布，否则他现在拥有的大多数席位可能会被大幅削减。只有在2024年9月他的生日之后才能获胜，因为当时能量将再次为他带来吉祥。

前总统乔治·W·布什

2000年，前副总统阿尔·戈尔以微弱的劣势惜败，未能成为第43任总统，因为他的名字"能量"并没有吸引到数字43。而前总统乔治·W·布什的名字像磁铁一样吸引了数字43，因此他成为了第43任总统。

布什总统拥有克劳福德牧场，在他担任总统期间被称为"德克萨斯州白宫"。这个地方的地址是德克萨斯州克劳福德市草原教堂牧场43号。他于1999年购买了该房产；这儿以前是一个养猪场，他对这处房产进行了全面翻修。布什的出生日期是7月6日，它携带着月亮+金星的能量。数字43本身代表海王星（天王星+木星）。

让我担心的是这位总统的任期——他是第43任总统，给美国带来了更大的两极分化，给世界带来了战争。世界贸易中心、生物恐怖主义、炭疽疫情、中东的破坏，都是因为带有数字43能量的人处于这种位置上的表现。"得克萨斯州白宫"也有同样的数字，43！布什的名字有海王星能量（16），这把他吸引到了宾夕法尼亚大道1600号。

前总统巴拉克·奥巴马

美国第44任总统、前总统巴拉克·奥巴马于1961年8月4日出生。他的出生日期意味着他出生在狮子座的太阳标志下，狮子座由太阳的能量表示，即数字1。

他所有的数字都是不完全同步的：他出生在太阳标志1，狮子座；加上1961年8月4日，归结为一个主数字；他的出生日期是数字4；他住在白宫，1600号。所有这些兼容的数字——太阳、月亮、天王星和海王星——都非常好地平衡了他的个人能量。在远东的环太平洋国家（尤其是中国），他们不喜欢数字4，甚至不允许在汽车牌照上使用数字4，奥巴马的4完全被太阳的1所平衡，太阳能量的1完全统治着他。他的天王星和太阳能量相得益彰。否则，你不会看到一个生于4日的人当选第44任总统，但正是他的能量很好地平衡了。

但奥巴马的祸根是：8月4日，数字4（天王星）的能量，总是会为自己吸引更多的数字8，更多的土星能量；每次它吸引这种能量，就像一个漏斗效应，一场灾难。在他担任总统期间，这种情况只发生过两次。

第一次是白宫与Solyndra（美国的一家新能源公司）一起进入风险投资行业。Solyndra这个名字的能量是数字8，土星。Solyndra "出生"在加利福尼亚州弗里蒙特市，那里也有很多土星能量。许多与Solyndra有关的文件都是在与4相关的日期上签署的。因此，尽管Solyndra得到了白宫的最终支持，但数字4和8的结合使其失败了。

这一切对前总统有何具体影响呢？每当他的出生日期吸引了太多额外的土星或天王星能量时，他的公众形象以及他发起的任何吸引能量的活动都会变得很糟糕。

我们还见证了这一点，因为《平价医疗法案》(也称为奥巴马医改)在全国范围内的推出，该法案举步维艰。从数字的角度来看，奥巴马医改这个名字与Solyndra这个名字有着完全相同的能量：土星。这项立法的正式名称是《平价医疗法案》，它带有金星能量，对奥巴马总统来说效果很好。但其反对者和许多媒体在提及立法时使用的术语，奥巴马医改，却带有土星的"负漏斗"能量。难怪他自己的工作人员总是将该计划称为《平价医疗法案》！即使没有数字分析，他们也能理解这是一个更好的名字。

2014年和2015年对这位总统来说非常具有挑战性，因为2014年是他完成当前土星周期的一年，在2014年的生日后，他进入了个人火星周期。这两颗行星与他的出生日期不太吻合，所以他在立法工作中经历了更多的障碍。这些行星能量也带来了健康问题，可能会影响他的人身安全。

前总统唐纳德·特朗普

前总统唐纳德·特朗普于1946年6月14日出生在纽约皇后区。他的出生日(14日)和出生月(5日)都含有大量的水星能量。事实上，位于纽约第五大道的特朗普大厦于1983年2月14日开业。美国第45任总统的总体数字组合能量很大。金星和木星的能量进一步补充了数字45。

特朗普的名字两次带有金星(24)的能量，并与最大的行星木星复合，木星是好运和扩张的象征。金星的能量吸引他追求财富、美貌、娱乐、奢侈的生活和媒体。金星为他的生活带来了力量和活力。唐纳德·特朗普的名字组合带有木星能量，这是最大、最广阔的行星。天王星对他的数字组合也有影响。天王星带来意想不到的东西，增强直觉能力，让人在思想和行动上变得与众不同。

不幸的是，特朗普将在2023年6月年满77岁，届时将进入他人生的第78个年头，但选举只会在2024年11月举行，届时特朗普将迎来他的第79个年头。他的78岁并不是他理想的能量。接下来的两年也将阻碍他前进。在选举时，其他候选人很可能更受公众欢迎。

小约瑟夫·罗比内特·拜登总统

小约瑟夫·罗比内特·拜登总统，更为人所知的名字是乔·拜登，出生于1942年11月20日。他现在已经80多岁了，时间对他来说实在是太残酷了，他甚至可能突然面临健康挑战。他目前所处的土星周期，加上他明年将进入的火星年，将对他造成阻碍。这是一种运气会被"放弃"的能量。

乔·拜登总统的数字突显了数字1、2、4和7之间的兼容关系。他出生于20日，他的名字加起来是13，是第46任总统，白宫的1600地址都是共同作用的要素。拜登的名字中充满了木星的能量。作为最大的行星，木星一生都祝福他在美国政府担任要职。同样有幸拥有强大的月亮能量，所以拜登总统是一位受邀的外交官，很容易与对手交朋友。他的能量倾向于帮助群众。数字2和7以及它们的任何映像对他来说都是有用的数字。白宫地址1600，总统任期46，都对他有利。他在2020年11月年满78岁，进入海王星年，这一事实帮助他赢得了2020年的选举。

前市长鲁迪·朱利安尼（纽约市）

数字17（土星：太阳+海王星）为那些将其作为名字编号的人带来了名声，或者如果它出现在与他们相关的任何序列中。

鲁迪·朱利安尼是纽约市第107任市长。他的政府与之前的纽约市长没有什么特别的区别。但在2001年9月11日，朱利安尼被推到了全国的聚光灯下，表现出了大多数人原本认为他不具备的领导力和鼓舞人心的品质。他带领纽约和整个国家度过了9月11日之后的黑暗日子。

实际上，正是数字107给了他这样的名声：这对他来说是因为他是第107任市长，而且这个数字充满了能量。如果他是第106任或第108任市长，他永远不会如此出名。但他的个人能量吸引了这个数字，事实证明，即使在他离任后，这个数字也会为他带来坏的名声。朱利安尼有时仍会成为头条新闻，而这通常与前总统特朗普有关。

朱利安尼的星座是处女座，由数字5代表，与前总统特朗普的

14号出生日期(5)有关。数字5和5总是相处得很好：他们代表着良好的沟通和相互理解。一个5总是能和另一个5配合得最好，所以他们彼此相处得如此融洽也就不足为奇了。但水星的能量波动也很危险——它会突然上升，然后又直线下降。这就解释了后来朱利安尼和特朗普都面临的法律问题。

伊丽莎白·亚历山德拉·玛丽(伊丽莎白二世女王)

出生日期：1926年2日

去世：2022年九月8日

统治时期：1952年2月6日至2022年9月8日

伊丽莎白·亚历山德拉·玛丽，以她的俗名伊丽莎白二世女王而闻名，是英国和其他英联邦国家的女王。她是英国在位时间最长的君主(也是在位时间最久的女君主)，在位70年零214天。她的出生日期包含了大量的月亮+木星能量(2和3)。她在四月21日的出生日期也很强大：她出生在木星增强的金牛座能量之下。

伊丽莎白女王的通俗名字包含两个主数字：22和33。在这种情况下，这两个主数字加起来是55，这是太阳和水星的两倍。英国和白金汉宫都有土星能量，但土星能量非常吸引数字5。这解释了女王的长期统治和她对世界的巨大影响。伊丽莎白女王的两个数字5深深地将她与英格兰和王宫联系在了一起。

女王的直觉非常敏锐，她像是开了视野开阔的天眼：她能准确地感知和感受事物，比之前的英国统治者更准确。她的皇冠上镶嵌着一颗Koh-i-Noor(光之山)钻石，这扩大了她的皇冠脉轮，使她能够做出更好的决定。她确切地知道该做什么，并坚持自己的决定。

纳尔逊·曼德拉

出生日期：1918年7月18日

诺贝尔和平奖：1993年

1994年5月10日,南非第一位民选总统就职;离职于1999年

去世:2013年12月5日

南非比勒陀利亚的官邸名称:Mahlamla'ndlopfu
("大象洗澡的地方")

  纳尔逊·曼德拉的出生日期带有月亮+木星的能量,但他的名字是一个非常强大的数字,有太阳+水星的能量。因此,他的名字能量与奥普拉·温弗瑞的名字能量相似。他给比勒陀利亚的官邸命名为Mahlamla'ndlopfu("大象洗澡的地方"),它承载着太阳能量,是州府的正确名称。曼德拉的出生日期就代表了受伤、事故和婚姻问题,但也表示他会有非常敏锐的头脑。他的名字和出生日期一起作用,让他下定决心忍受严厉的监禁,并最终取得胜利。

名人

埃隆·马斯克

出生日期:1971年6月28日

  特斯拉首席执行官埃隆·马斯克出生于1971年6月28日。埃隆的名字中有八个字母,名字的振动也减少到数字35或8,就像脸书这个名字的能量一样。作为一个水象星座,埃隆的能量与数字7配合得很好。巨蟹座由代表月亮能量的数字2主导。他的公司名称特斯拉也携带海王星的能量,与他的出生日期和数字28(他出生的日期)同步。通过观察他的数字,埃隆的直观能力非常强大,并会受到更高能量的引导。

  他的出生日期证明了他是水象星座,这让他喜怒无常,直觉敏锐。在他的出生日期中,强大的太阳的能量和他的复合数字中的海王星的能量与特斯拉公司的名字同步,特斯拉也携带海王星的能量。他的运气在靠近水的地方更好。特斯拉的主要制造厂位于加利福尼亚州旧金山湾区的弗里蒙特市,非常靠近太平洋。世界各地还有其他工厂,但它们的位置对公司来说并不理想。

加密货币和比特币

虽然不是一个人,但加密货币本身就是一个名人:这种货币形式正在彻底改变金钱的概念以及人们赚钱、投资和分配的方式。加密货币继续发展,在当前的经济条件下,它在投资者中非常受欢迎。它将继续存在,这个行业只会复苏。这是因为比特币这个词吸引了数字23的能量。

数字5代表的是快速移动的水星。它不仅移动速度很快,而且具有波动的能量。数字5与数字5的能量配合得很好。如上所示,比特币的加起来也等于23,减的结果为数字5。未来几年将使比特币投资者受益。他们应该做好发展的准备,应该关注这只股票的峰值,以便及时获利。这些信息仅基于我解释的数字。一如既往,没有人能对生活中发生的任何事情做出保证。

哈利王子

出生日期:1984年9月15日

哈里王子的俗名具有强烈的金星和月球能量,与土星结合在一起。他的星座是处女座,由水星主导。他的能量完全与白金汉宫的地址相合,所以如果在适当的时候,他回来寻根,我不会感到惊讶。他的水星能量,再加上白金汉宫和英国的土星能量,总是会被拉回到一起。水星和土星有着共同的磁性联系。

迈克尔杰克逊

出生日期:1958年8月29日(处女座) 去世:2009年6月25日

梦幻岛地址:
圣伊内斯山脉菲格罗亚山路5225号

迈克尔·杰克逊的梦幻岛牧场位于圣伊内斯山脉菲格罗亚山路5225号,是"定时"水星能量的另一个例子。杰克逊的出生日期是1958年8月29日,他拥有太阳+水星的基本能量。这座5225号住宅拥有两倍他的基本水星能量。

但由于水星的能量是定时的，它只在一段时间内工作，然后就会消失。迈克尔·杰克逊的牧场就是这样。在他生命的最后几年，他与许多损失作斗争，并被迫支付数百万美元以解决法律诉讼。这就是因为房子的能量，它有两次水星和两次月亮能量。如果杰克逊继续在那里拥有合法住所，这个地址可能会让他破产，但它也给他带来了严重的健康问题，并让他失去了声誉（甚至可能是生命）。如果他再住在5225，令他头疼的法律诉讼就会继续下去。

甚至在2009年6月25日之前，很明显，梦幻岛牧场这个名字本身就带有一种非常欺骗性的海王星能量。根据迈克尔·杰克逊的出生日期和梦幻岛这个名字，迈克尔·杰克逊在不久的将来很可能会遇到一些严重的麻烦，无论是法律处罚还是经济损失。当时麻烦的形式尚不清楚，但当然时间会揭示一切。

早在2003年11月23日，《今日美国》就预测："最新的指控可能会导致杰克逊丢失房子。据《福布斯》报道，这位曾经的超级巨星据说负债至少2亿美元。《名利场》称，杰克逊每年花费400万美元来维护梦幻岛。随着杰克逊的法律费用不断增加，关于梦幻岛将永远不会再存在的谣言也越来越多。"

尽管迈克尔·杰克逊在审判中被宣告无罪，但由于经济原因，他不得不关闭梦幻岛，并在2005年6月被宣告无罪后，将自己和家人搬到了巴林。他似乎是受阿卜杜拉王子和其他人的邀请来的，但有报道称，在2006年2月这段关系破裂后，杰克逊成为了一个"基本上无国籍的人"，一直在爱尔兰、英国、德国、意大利、巴林和迪拜旅行。

卡米拉·帕克·鲍尔斯和查尔斯王子

卡米拉的出生日期：1947年7月17日

查尔斯的出生日期：1948年11月14日

本名：卡米拉·罗斯玛丽·尚德和
查尔斯·菲利普·阿瑟·乔治

与查尔斯王子订婚后的官方住址：克拉伦斯宫
现居：白金汉宫

与查尔斯王子结婚日期：2005年4月9日
（原定于2005年4月8日；因葬礼推迟
查尔斯王子出席的教皇保罗二世）

查尔斯王子在出生日期和名字上分别具有强烈的水星和海王星能量，他的能量与英格兰和伦敦这座城市的名字不完全同步，伦敦是他的主要居住地之一。有些人认为他"情绪失控"，但实际上他是有远见和分析能力的。这些特征来源于他名字上的海王星能量。

卡米拉携带月亮+木星能量；她的名字带有海王星能量。查尔斯和卡米拉的名字都有海王星能量，所以他们能够展望未来。卡米拉·帕克·鲍尔斯携带土星能量，这带来了持久的名声，但这个名字与她的出生日期相冲突，而她的出生日期也携带土星能量。这可能是破坏性的，所以她以前的已婚姓氏被正式介绍的"康沃尔公爵夫人卡米拉殿下"所取代也是件好事。这让她找回了自己名字的海王星能量，并与她长期的爱人和丈夫查尔斯和谐相处。

卡米拉的月亮能量与白金汉宫的住宅没有很好的共鸣；她的出生日期与它的能量相冲突。虽然她现在有更大的力量，但这不会有多大影响。在丈夫执政期间，她不会有更大的影响力，她更愿意站在旁边。尽管如此，卡米拉在宫里生活时可能会有一些健康问题，但她未来几年应该会有积极的表现。

伊丽莎白女王去世后，人们对她的Koh-i-Noor（光之山）钻石王冠有很多猜测：它会戴在查尔斯国王的头上吗？如果查尔斯在统治期间选择不戴这顶王冠，他的天眼将闭上。金星作用于皇冠脉轮，但如果查尔斯不"拥有"他已故母亲的皇冠，他的决定可能就没有充分的依据。事实上,他的预见力是很模糊的,与伊丽莎白女王大不相同,伊丽莎白女王天生具有超凡的直觉。

戴安娜王妃

出生日期:1961年7月1日

1981年2月24日宣布与查尔斯王子订婚

与查尔斯王子结婚日期:1981年7月29日

离婚:1996年8月28日

去世:1997年8月31日

早在1997年8月31日戴安娜去世震惊世界之前,我就一直在研究查尔斯王子和戴安娜王妃的能量。我一直对他们的婚姻很好奇。看到他们婚礼的照片,我很好奇她婚纱腰带上挂着一个镶满钻石的马蹄铁:马蹄铁是正面朝上,这样它就可以抓住并保持好运,还是倒置,这样好运就会用完呢?我很好奇,有着许多玄学传统的英国,怎么会没发现这两个人所代表的冲突能量。

从出生日期和名字来看,查尔斯的能量充满了水星和海王星能量。戴安娜出生时有太阳和月亮的能量。戴安娜这个名字有微弱的木星能量,表现为一个愿意为他人牺牲、无私善良的女人,但查尔斯有一个海王星的名字,这让他会很难理解。有趣的是,当木星的能量包含在名字中时,它会带来突出和名声。前总统罗纳德·里根、前副总统阿尔·戈尔、演员威尔·史密斯和许多其他著名的政治和电影名人的名字中都有这种能量。但我们必须记住,对家庭起作用的能量不一定对名字起作用。

我的经验告诉我,拥有木星和海王星名字的伴侣之间的婚姻从来不会很顺利。戴安娜和查尔斯的能量并没有把他们拉到一起;他们的婚姻从一开始就遇到了困难。

1997年8月的最后一天,我正要搬进新房子,戴安娜王妃突然去世的消息传遍了电视,震惊了全世界。她去世后不久,我记得曾与一位著名的中国大师谈论过这些名字的能量,以及这些名字将它们分开的原因。我还记得和这位大师谈过戴安娜婚纱上缝的马蹄铁。我非常好奇英国有这么多的唯心主义者和直觉主义者，他们为什么都没有预见到这场冲突。这位中国大师问我为什么没有公开向媒体提供这些信息。也许当时时机不对。

教皇保罗二世

本名：卡罗尔·约瑟夫·沃伊蒂瓦

出生日期：1920年5月18日

当选第264任教皇：1978年10月16日

被暗杀：1981年5月13日

去世：2005年4月2日

被封为天主教圣徒：2014年4月27日（同一天教皇约翰二十三世被封为圣徒）

教皇保罗二世的名字散发出与耶稣基督的名字能量完全相同的能量。教皇的出生日期，1920年5月18日，具有强大的金星+水星能量。这真的是一个圣人：他的名字和出生日期，以及他作为圣人的生活方式，都能够说明一切。

教皇本笃十六世

本名：约瑟夫·阿洛伊斯·拉辛格

出生日期：1927年4月16日

当选第265任教皇：2005年4月19日

在第四轮投票中，以出席红衣主教的三分之二多数票当选

前红衣主教拉辛格的本名具有月亮、金星和木星的能量。但他选择的教皇名字本笃十六世具有月亮能量，这并不是精神领袖需要拥有的那种能量。由于这个名字，教皇本笃十六世没有给人留下前任教皇约翰·保罗二世那样的超凡魅力。

教皇本笃十六世的出生日期为4月16日，具有太阳和月亮的能

量，这也不利于他作为一个强大的精神领袖去吸引大众。由于他的出生日期能量很强大，他很难获得约翰·保罗二世那样的尊重。他身上残留着欺骗性的能量，但很难说是什么样的：这可能与他的健康、工作人员或其他公众未知的情况有关。

教皇本笃十六世在2006年9月12日于德国雷根斯堡发表的演讲中引用了伊斯兰教的话，这激怒了世界各地的许多穆斯林，并要求他道歉，并就基督教和伊斯兰教之间的关系发表了一份新的声明，对教皇绝对正确的整个教义提出了质疑。

教皇本笃十六世于2013年2月28日成为大约600年来第一位自愿退位的教皇。

教皇方济各

本名：豪尔赫·马里奥·贝尔格里奥

出生日期：1936年12月17日

当选第266任教皇：2013年3月13日

教皇方济各生于1936年12月17日，原名豪尔赫·马里奥·贝尔格里奥。有趣的是，教皇方济各是第266位教皇，这加起来是一个数字14，水星能量，可以使他处于强大的影响力地位。随着2023年12月的临近，他将进入人生的第87个年头。在接下来的两年里，直到2025年，他将不得不注意自己的健康，甚至可能选择退休。

根据教皇方济各的数字，他是注定要成为第266位教皇的；他不可能成为第265或267任教皇。我对于一个人的数字是如何在生命的特定时期始终如一地将他提升到某种力量的事实非常着迷！

奥普拉·温弗瑞

全名：奥普拉·温弗瑞

出生日期：1954年1月29日

哈珀(Harpo)股份有限公司是一个很好的名字，尤其是奥普拉(Oprah)参与的企业。哈珀带着最高和最佳的形式的水星能量；当它与股份有限公司一词结合时，会添加火星能量。这使它成为一个很好的企业名称。这两颗行星结合在一起，获得了一种专为金钱和通信业务而设计的水星能量。她用自己的名字倒过来给公司命名，这是一个非常棒的举措。再说一次，奥普拉是一个精神力很强的人，也许她有一位玄学大师或老师引导她做出了这个决定。

她的名字奥普拉也含有水星能量，这对她的沟通工作非常有利。当与温弗瑞结合时，它就变成了一种强大的金星能量。在这种情况下，她很聪明，说话就像律师一样：快速、犀利、无所不包。她的出生日期具有水星+海王星的能量，正是她的海王星能量使她如此直观。

然而，她的网络OWN并没有像公司名称哈珀股份有限公司那样释放出高水平的能量。OWN承载的火星能量多于水星能量；这就是为什么我们不再像以前那么常听到奥普拉的原因。

史蒂文·斯皮尔伯格

本名：史蒂文·斯皮尔伯格

出生日期：1946年12月18日

这是一个"名字的魔力"的例子。有时候，一个强有力的名字可以克服出生日期的负面影响，但12月18日是一个携带智力能量、强大的木星+金星能量的日期，不需要克服。斯皮尔伯格的名字极具影响力，这个名字的能量与他的出生日期完全一致。它具有太阳+水星的能量，代表着名声、智慧和由这种特定组合产生的创造力。

有趣的是，斯皮尔伯格和奥普拉·温弗瑞的名字有着相似的能量，两个人都是不同领域的家喻户晓的名字。斯皮尔伯格唯一需要注意的危险就是开车的时候；他出生日期的火星能量有时会出乎意料地把一个人送进医院！

第十四章

金刚和水晶

金刚菩提石

我第一次知道金刚菩提石是在我加入印度武装部队时。我在廓尔喀步枪队服役,我的大部分部队都是从尼泊尔中部地区招募的。1982年,我是派往尼泊尔招募的一个团队的一员,并参观了陆军在那里维持的所有招募中心。正是在那个时候,当我徒步穿过尼泊尔的山丘,到达加德满都和波克拉时,我了解到了金刚菩提石。在我们应该招募年轻人的小村庄停下来时,我们注意到附近长着一些金刚菩提石树(Elaeocarpus ganitrus roxb)。我的一位助手是尼泊尔人,他说圣人都把树上的果实金刚菩提石戴在脖子上。

随着时间的推移,我发现尼赫鲁家族,印度政治的主要家族,多年来一直有一个最稀有的穆提金刚菩提石。穆提是金刚菩提石的一种类型,通常在1到21之间。众所周知,尼赫鲁家族自1947年8月15日独立以来,由于其金刚菩提石所携带的精神力量,半个世纪以来一直主导着印度的政治舞台。

我曾经有机会遇到一位著名的瑜伽修行者,他正乘坐从查谟到新德里的航班旅行。我立刻就认出了他,因为他与总理英迪拉·甘地夫人关系密切,是她的精神向导。他有两个女助理,当我们降落在新德里时,我和其中一个谈过。我表示有兴趣亲自去见他。联系很容易就建立起来了,我在他位于新德里市中心的静修所(隐居处)见到了他。我问他脖子上戴的金刚菩提石是什么,表示我被它们吸引了,非常想了解它们。我记得他告诉我,他给了英迪拉·甘地夫人一个。

后来,在印度南部担任军事训练讲师期间,我被分配到一个享有盛誉的职位，担任首席训练讲师。我以前在国防学院的一个同学碰巧参加了我教的一门课程。他之前两次没有通过这门课程，这是他通过课程或从武装部队退役的最后机会。在我们职业生涯的早期与他关系密切，我鼓励他，在上帝的恩典下，他终于通过了，能够继续他的军事生涯。临走前，他亲自来接我，送给我一份"小礼物"。

通常，作为培训机构的讲师，我们不允许接受学员的礼物。但在这种情况下，因为他是我的同学，也是我的同事，我觉得一定要见到他。他从脖子上掏出一个金刚菩提石。我记得很清楚：这是一个Gauri Shankar，一个非常有影响力的金刚菩提石。他坚持要我把它戴在脖子上，以促进我的精神成长和保护。起初，我拒绝了这份礼物，觉得我不可能接受它。我意识到了它到底是什么，并为收到它而感到尴尬。但他坚持并明确表示，在我接受之前，他不会离开我的住处。

我觉得，为了他自己的舒适和幸福，我必须接受。于是我把它戴在了脖子上。当我来到美国时，我就戴着这件金刚菩提石：当我独自一人在这个国家寻找方向时，我感到被引导和保护。我清楚地记得尤巴市棚屋里的那一天，金刚菩提石突然不见了。我到处找（棚屋很小）了，但找不到。当时，我的移民文件已经归档，我手里拿着工作许可证。现在看来，金刚菩提石在完成了对我的使命后，似乎去给另一个人提供帮助了。

多年来，我与其他人讨论过这个问题，他们告诉我，金刚菩提石就是这样的：他们在你需要的时候和你在一起，然后就消失了。

金刚菩提石有很多种形式，就像它们在树上生长一样。他们中最幸运的是穆提。有很多地方出售金刚菩提石，我意识到许多假冒的金刚菩提石被卖给了不知道仿制品和真品区别的人。真正的金刚菩提石总是会沉入一碗牛奶中，而假的金刚菩提石则会漂浮起来。如果在热水中煮沸，真正的金刚菩提石不会改变其颜色或外观，而假冒的金刚菩提石会漂浮、变色和收缩。在寻找金刚菩提石时，记住这些品质非常重要。也有人说，真正的金刚菩提石会从属灵的人那里来到你身边。几乎不可能买到一个真正的穆提金刚菩提石。可以购买其他一些，但买家必须知识渊博，来源必须信誉良好。

戴着正宗的金刚菩提石可以防止负面能量，保持身体和情绪的平衡，并有助于集中注意力。我目前拥有八个三穆提金刚菩提石。我把它们戴在脖子上，以保持内心的平静，并与更高的能量保持联系。

水晶

在吠陀体系中，每个行星传统上都与一种特定的水晶相关联：太阳与红宝石、水星与祖母绿、金星与钻石、月亮与珍珠、火星与红珊瑚、木星与黄蓝宝石、土星与蓝蓝宝石或马蹄环、天王星与猫眼、海王星与珍珠或猫眼。次级晶体有时可以替代这些主要晶体。

对于那些能量与蓝宝石兼容的人来说，佩戴蓝宝石和祖母绿被认为是一种吉祥的组合。蓝色蓝宝石的替代品是马蹄铁带，即由马蹄铁制成。它拥有与蓝宝石相同的能量，但必须通过背诵土星能量咒语来激活。众所周知，如果你的土星很弱，它会不断带来财务问题。

如果土星在你的出生星盘中处于不利位置，它会阻挡你全身的能量。但也有人说，强大的土星能量足以平衡一个人出生星盘中其他行星的任何负能量。在印度，有许多供奉土星的寺庙，人们在周六参观这些寺庙，通过捐赠油、黑布、豆类和铁钉来安抚土星神。青金石主要在阿富汗和伊朗部分地区开采，也被用作蓝宝石的替代品。青金石具有精神力量，可以打开你的第六只眼。泰姬陵的大理石上就镶嵌着青金石。

据说，只有在咨询吠陀占星家后，才能戴猫眼石。它必须适合你的计划，因为猫眼的力量可以非常强大，以至于它可以复活一家几乎倒闭的企业，带来客户和资金。当佩戴黄色蓝宝石（代表木星）时，它的力量会成倍增加。

石榴石，如果激活得当，可以保护你免受看不见的敌人的攻击。石榴石与黄色蓝宝石搭配时效果显著。据说，这种能量如此之强，以至于在古代，战士们会穿着它去战斗，以保护身体免受伤害。

金星是财富的创造者，她也代表爱情和金钱。与金星相配的水晶是白色珊瑚和钻石。同样，钻石并不适合每个人的能量。对于那些戴钻石感到不舒服或能量不匹配的人来说，白珊瑚同样有效。许多著名的东印度男女演员都戴着这些水晶。玫瑰石英也有类似的能量，爱的能量。玫瑰石英最好呈球形，应该放在家里一个值得尊重的地方。它会散发出心轮能量，这是爱和给予的能量。这种能量有助于平衡和维持婚姻，并鼓励双方之间的爱情流动。

钻石和锆有助于抑制天王星能量的过剩情况。一个有天王星名字的人，如果在右手无名指上戴一颗铂金钻石，或者在左手无名指上佩戴一颗铂金戒指，会受益匪浅。

珍珠和猫眼会平息海王星能量的过剩。海王星能量带来的特质是精神工作、音乐、电影、创造力、魔法和神秘。如果某人拥有一家音乐公司或组织，那么珍珠或猫眼都是有益的，这同样取决于这个人的特定数字命理学。海王星代表数字7。贾吉特·辛格是一位以演唱ghazals（一种高度结构化和困难的诗歌形式）而闻名的印度歌手，他总是和包括他自己在内的七个人一起表演。音阶中有七个音符，而贾吉特·辛格用一位表演者来致敬每个音符。

紫水晶是一种非常受欢迎的水晶。人们通常把它戴在戒指和吊坠上。水晶经常被放置在家里和办公室里。一对靠近家庭或企业大门的紫水晶测地线就可以神奇地发挥最大的能量。在建造新家时，许多亚洲人在前门的两侧埋下两个紫水晶测线，说这是吉祥的，会带来好运。在印度，许多人用紫水晶代替蓝宝石。虽然紫水晶只是一种半宝石，但由于其颜色，它仍然具有连接最高脉轮的特性。

如果黑曜石靠近或面对入口门，则会被认为是具有偶然性的。它可以抵御负能量。我在家里用黑曜石很多年了，感觉到了它的力量。在印度，有些人会在睡眠区放置一尊金星雕像，以求在财务和健康方面获得提升。

在印度南部，人们喜欢戴一枚名为Navaratna的戒指，意思是九颗珠宝。它是通过将红宝石（太阳能量）放在中间，其他石头围绕它来组成的。所有的能量都围绕着太阳旋转。因为南印度的文化与北方不同，他们分析能量或看待占星术的方式也不同。

一旦你认识到哪些水晶最有利于你的能量，你就可以穿上合适的水晶，激活它们的力量来治愈、平衡和提升生活的任何方面。

关于作者

杰西是世界著名的数字命理学家。他专注于住宅和商业数字命理学,对数字的力量及其如何影响人们的生活方面有宝贵的见解。在他的著作《家庭数字的力量》和《关于数字的一切》中,他将自己在东方的成长经历与西方的经历相结合,以提高人们对这一现象的认识和理解。

在过去的二十年里,杰西为数千人提供了咨询服务,并积极影响了他们的生活。他的客户包括著名的商界人士和非常成功的通信和娱乐公司。杰西曾出现在美国的许多广播和电视节目中,他对数字命理学的独特见解时常让观众感到惊喜。

杰西是一位成功的房地产经纪人,也是美国联邦航空管理局认证的飞行教练,并持有商业飞行员执照。他在印度获得了学士学位,并在加利福尼亚州旧金山金门大学获得国际法律研究法学硕士学位。

杰西毕业于印度国防学院,并在印度军事学院深造。他曾担任廓尔喀步枪队第三营第一营的上尉,该营以前被称为"女王亲卫"。杰西本打算将一生奉献给军事,当他在查谟和克什米尔边境被告知自己的真实生活目的时,他选择离开了军队。他最初来到美国是学习飞行的,但最终回到了这里在加利福尼亚安家。

杰西·凯尔西现在和他的家人住在加利福尼亚州。

杰西·凯尔西著

关于数字:根据你的数字吸引运气、富足和快乐

Waterside Productions, 2021